1988年黄胜年（左1）叶宗垣（右2）在导师钱三强（左2）和何泽慧家中

1994年在钱三强铜像前：左至右叶宗垣，何泽慧，黄胜年

1994年在钱三强先生铜像前，左到右：杨桢，顾以藩，何泽慧，孙汉城，黄胜年，张焕乔

1987年黄胜年（左）在核工业研究生部与汪德熙先生（右）在一起

1992年黄胜年（中）在研究生开学典礼上讲话，右边是研究生部主任罗璋琳，左边是党书记高存恕

1989年黄胜年在核工业部编审会议期间

1979年黄胜年当选为核工业部劳动模范

1989年黄胜年（前排左1）参加评审会议期间与钱皋韵（后排左3）李毅（左4）王甘棠（后排左1本书作者）等在一起

1996年黄胜年在院士大会上

黄胜年（前左1）在科技进步奖评比会上

2004年原子能院中子物理研究室新老研究人员共同为原研究室主任何泽慧先生祝贺九十大寿，第二排左起第八位是何泽慧，第九位是黄胜年

1948年黄胜年写作的"赋",由母亲徐剑秋抄写保存下来。

1947年黄家祖孙三代全家合影。前排居中二位是祖父,祖母。后排居中二位是父亲母亲,前排左2为黄胜年

1982年黄胜年和父母姐弟五人共庆年龄总和三百岁

1955年黄胜年（右1）在列宁格勒与留学生同学在一起

1953年黄胜年（左2）与留苏同学在一起

1955年黄胜年（右1）在列宁格勒与中国留学生同学在一起

1958年中国邮政发行的核反应堆纪念邮票

1985年黄胜年在贝克莱访问

1995年黄胜年（右）与弟弟黄振年在一起

1996年黄胜年(前左2)姐(左)弟(右)三人与上海中学领导合照

2004年全家合影,前排左至右:小鸥,平平,江鲁,胜年,宗垣;后排左至右:新捷,洪岩,海峰

2005年黄胜年,叶宗垣夫妇在"院士楼"前

主编

吴阶平　杨福家　吴文俊　袁隆平
孙家栋　谢家麟　李家洋　陈清泉
刘国光　汝信

中华当代著名科学家
传记书系

黄胜年

核物理学家
中国首颗原子弹核部件的低本底中子测定者
核工业研究生部创建者
科坛诗豪

当第一颗原子弹爆炸成功的消息公布之时，我想，全国所有人都欢欣鼓舞。但只有少数人真正接触到这项艰巨任务的核心部分，这少数人要比其他人更高兴得多。而我却有机会也成为这少数人中的一个。确实是十分幸福的。

王甘棠　著

中国农业科学技术出版社

图书在版编目（CIP）数据

黄胜年 / 王甘棠著. —北京：中国农业科学技术出版社，2015.7

ISBN 978-7-5116-2031-6

Ⅰ. ①黄… Ⅱ. ①王… Ⅲ. ①黄胜年（1932—2009）—传记 Ⅳ. ① K826.16

中国版本图书馆 CIP 数据核字（2015）第 065281 号

责任编辑　邵世磊　黄　朝
责任校对　贾海霞

出　　版	中国农业科学技术出版社
	北京市中关村南大街 12 号　　邮编：100081
电　　话	（010）82106650（编辑室）
	（010）82109702（发行部）　（010）82109709（读者服务部）
传　　真	（010）82106650
网　　址	http://www.castp.cn
经　　销	各地新华书店
印　　刷	北京科信印刷有限公司
开　　本	710 mm×1 000 mm　1/16
印　　张	22.5
彩　　插	8 面
字　　数	324 千字
版　　次	2015 年 7 月第 1 版　2015 年 7 月第 1 次印刷
定　　价	68.00 元

版权所有·翻印必究

中华当代著名科学家传记书系

永久编著出版委员会

主 编

吴阶平　杨福家　吴文俊　袁隆平　孙家栋　谢家麟
李家洋　陈清泉　刘国光　汝　信

执行主编

唐廷友　唐　洁　赵岩青　刘忠勤　骆建忠　张应禄

副主编

单天伦　张　维　马京生　马胜云　王　霞　王建蒙
王庭槐　彭洁清　邵世磊　牛敏杰　张孝安　闫庆健
徐　毅　李　雪　崔改泵

编　委（以姓氏笔画为序）

山　立　马　兰　马　进　马　越　马京生　马胜云
马新生　王　霞　王建蒙　王庭槐　王增藩　牛敏杰
卢毓明　刘国光　刘忠勤　闫庆健　汝　信　孙家栋
李　雪　李大耀　李忠效　李家洋　杨照德　杨福家
吴文俊　吴阶平　宋兆法　张　维　张孝安　张应禄
陈　弘　陈清泉　邵世磊　郑绍唐　单天伦　孟　佳
赵岩青　柳天明　骆　义　骆建忠　袁隆平　顾迈男
徐　毅　唐　洁　唐廷友　常甲辰　崔改泵　彭洁清
曾先才　曾庆瑞　谢长江　谢家麟　谭邦治　熊延岭

书系策划

唐廷友　唐　洁　赵岩青　刘忠勤　单天伦　张　维
马京生　马胜云　王　霞　王建蒙　王庭槐　彭洁清
骆建忠　张应禄　邵世磊

总序

吴阶平　杨福家　吴文俊　袁隆平　孙家栋
谢家麟　李家洋　陈清泉　刘国光　汝　信
（二〇〇八年八月八日）

中华民族，为自身的发展与人类的进步，已经奋斗了数千年，不断地作出重要的贡献。

中华民族历来十分注重科技进步与创新，即使在内部祸乱和外来入侵的历史时期，也从未放弃与间断过科学技术的发展。古代有造纸术、指南针等诸多重大发明与创造，为中华和人类的进步发展发挥了重大而持续的推动作用。近现代以来，中华学人为探求中华科学技术的重新辉煌和推进人类的和平发展，进行了长时期前赴后继的艰难奋斗。

当代中华广大学人及从他们当中成长起来的著名科学家们，坚持创新、顽强拼搏、艰苦奋斗，为加速提升中华民族的自主创新能力和攀登世界科技新的高峰作出了新的重大的贡献。在他们身上集中体现了中华民族自强不息、勇于创新、安和友善的优良传统。他们的人生理想、优秀品格、科学思维、科学方法、科学成就，是民族精神与科学精神的生动体现，也是他们为中华民族与人类社会创造的宝贵的物质财富与精神财富，要将这些宝贵财富传承下去、发扬光大，使之不断地为中华兴旺发达与人类进步发展提供巨大的推动力量。

《中华当代著名科学家传记书系》（以下简称《书系》），正是根据时代发展的需要编著出版的。本编委会于20世纪末即论证决定永久地编著出版这套书。科学与社会永久发展，著名科学家不断涌现，传记书系的编著出版必须永久地与时俱进。本《书系》将选录两岸四地和海外的诸多高层次的中华自然科学家、工程科学家和社会科学家。被选录的每一位科学家，都将由编委会和出版社为其编著出版一种既侧重于科学生涯，又全面记述人生经历的经典性传记图书。

《书系》是一套面向社会公众，能够被图书馆珍藏和向社会各界展现中华当代著名科学家们献身科技创新、力推经济社会发展、为中华文明与人类文明贡献毕生心血的高品位读物。本《书系》将生动记述科学家们赤诚中华、献身科学、勇于创新、严谨治学、大力协同、艰苦奋斗的精神与品格，展示他们的不懈追求、科学思维、科学成就、奋斗历程，以榜样的力量激励人们奋发进取，为中华与世界的科学腾飞、经济发展和社会进步不断地再创辉煌。

《书系》通过科学家生平展现了中华民族对世界科学与人类社会发展作出的重要贡献，尊重知识尊重人才、安和友善精诚团结的优良传统，以及努力攀登世界科技高峰、为人类进步发展争做更大贡献的决心与信心。《书系》是一套严肃规范、内容准确的经典性传记，具有成规模和系统地集锦科学成就、珍储科学史料的档案功能，并为长远的、多方面的用途提供诸多具有代表性与系列性的精要蓝本，具有很高的和久远的存用价值，定将存传永久。《书系》也将在传播科学精神和科技知识，培育全社会创新意识，激励科技创新，推进科技与经济社会发展方面，发挥重要与深远的影响。

先进的科学技术，是先进生产力的集中体现与主要标志。著名科学家群体，是先进科学技术的领军团队。具有灿烂文明和辉煌科技史的当代中华学人及其著名科学家们，定会站在时代前列，传承发扬民族精神，为中华文明的复兴长久与人类的永恒发展，作出更大的贡献。

引言

话从中子说起。

黄胜年似乎天生与中子有缘。就在他刚刚出生之后,正赶上一项划时代的重大发现。这就是英国核物理学家查德威克发现了中子。

中子的发现,为人类打开核能宝库提供了金钥匙。从而拉开了核能时代的序幕。查德威克因这项发现而摘走了1935年诺贝尔物理奖的桂冠。

神奇的中子,作用非凡。从原子核的构成,到核反应堆、核电站、原子弹、氢弹、中子弹、直到中子星,它扮演着重要角色,到处都有它的身影。

当今世界,人们对中子并不陌生,中子已走进人们的生活,例如中子治癌、中子照相、中子育种等。中子正在影响社会、政治、经济和军事等各个方面。

发现中子的查德威克是诺贝尔奖获得者卢瑟福的学生。卢瑟福因发现原子核等一系列贡献被称为"原子巨人",是世界核物理大师。他早在1920年就预言:在原子核内部可能存在一种质量与质子相近的中性粒子,它应该能够自由地通过物质,而且可能无法用一个容器把它保存起来。此后,查德威克一直在找寻中子。

在核科学史上,有一个著名的故事,这就是关于中子发现的"德国、法国、英国三部曲",已为许多人所熟知。但是,很少有人知道,有中国学者曾在这个故事中扮演了相关角色。他们后来成为中国的核物理大师。

1930年,德国物理学家博特和他的学生贝克尝试用α粒子轰击各种元素的原子核,当轰击元素铍(Be)时,发现有一种贯穿力很强的辐射产生,当时称为"铍辐射"。实际上,他们已经触摸到了中子,但却认为是一种"能量很高的γ射线"。

1931年,法国核物理学家约里奥-居里夫妇改用电离室代替盖革计数器为探测器,并采用更强的α粒子源,重复"铍辐射"实验。他们不仅测到了"铍辐射",而且还发现这种辐射能从石蜡和其他含氢物质中打出能量很高的质子。但是他们仍没有超越这一步,解释为是一种能量很高的γ射线,类似于γ射线在电子上散射的康普顿效应。于是一项划时代的发现从他们的手中溜走了。

1932年,英国的查德威克看到了法国居里实验室的实验成果,立即去报告卢瑟福,但是卢瑟福很激动地说,我不相信。查德威克采用电离室,盖革计数器和云雾室探测器,重复"铍辐射"实验,证实这种辐射正是卢瑟福预言的中子,并计算出中子的质量。

中子发现的消息传出后,德国和法国的核物理学家大为后悔。

在德国,当时的中国留学生王淦昌正在威廉皇家化学研究所师从著名物理学家迈特纳夫人(爱因斯坦称她为"德国的居里夫人")进行核物理研究。他听过有关"铍辐射"的报告,感到不可思议,γ射线会有那么高的能量。于是两次建议导师采用云室重复"铍辐射"实验。但是导师的直觉和兴趣没有学生敏锐,始终没有同意。中子发现以后,迈特纳夫人不无遗憾地对王淦昌说,这是个运气问题。后来发现中子的查德威克也说,迈特纳夫人长期从事γ射线的研究,以她的经验和能力,她最有可能首先发现中子。

在法国居里实验室,约里奥-居里更是后悔不已。他对他的中国学生钱三强说,真笨死了,所有的证据都摆在那里了,我们怎么会想不到这一点呢!这件事使钱三强明白了一个道理,在思想没有准备的时候,眼睛是认识不到的。

中子发现前夕,在美国留学的赵忠尧,与正电子的发现擦肩而过,失之交背。在回国时,他特地取道英国,到剑桥大学卡文迪许实验室拜访核物理大师卢瑟福,并向他取经。卢瑟福对他说,你们中国有人在这里学习过,可是一回去就没有声音了。赵忠尧甚是遗憾,回国后,他把γ射线反常吸收的实验成果首先寄给卢瑟福,并在《自然》杂志上发表。卢瑟福还在文章上加了一个附注。更使这位中国最早涉足核物理研究领域的长者感到欣慰的是,半个世纪之后,世界核物理研究的圣地和诞生中子的故乡卡文迪许实验室,终于有了中国人的声音,他就是黄胜年。

1956年黄胜年从前苏联回国后，来到发现铀核三分裂、四分裂的著名核物理学家钱三强和何泽慧的门下，并成为他们的得意门生。他在中子物理研究室，与中子打了几十年的交道，终于成为知名的中子物理学家。

1982年，他应邀访问了英国剑桥大学卡文迪许实验室，并在那里参加了中子发现50周年国际学术大会，报告了中国中子物理研究的进展，受到了国际同行的瞩目。他还有幸与中子一起度过了50岁生日的庆祝活动。

泥湿步留痕。这是黄胜年的诗句。让我们沿着他的的足迹，走进中子物理，走进他的人生。

业精于勤,求真务实。

——黄胜年

黄胜年简介

黄胜年（1932—2009），核物理学家，江苏太仓人。1950年进入清华大学物理系，1952年调入北京俄专二部（留苏预备班），同年赴前苏联列宁格勒大学物理系学习。1955调入中国赴前苏联核科技实习团，在前苏联"热工实验室"（后来公开的名称为"苏联科学院理论与实验物理研究所"）实习。1956年回国。在中国科学院物理研究所（1958年改称"原子能研究所"，1985年改称"中国原子能科学研究院"）参加工作。历任研究实习员，助理研究员，副研究员，研究员，博士生导师，以及中子物理研究室主任，核物理研究所科技委主任，核工业研究生部副主任、主任等职。兼任中国核数据委员会委员、顾问和全国自然科学名词审定委员会委员、核物理教材审定委员会委员。1991年当选为中国科学院学部委员（院士）。

长期从事中子物理实验研究，首次在国内完成了热中子引起一系列核素的裂变中子数测量，填补了中国中子核数据的空白。此后继续完成了裂变谱中子引起的铀、钚、钍等裂变核素的裂变中子数测量，铀238和钚240自发裂变的精确测量。此外还进行了快中子截面，快中子能谱，核探测技术，光中子反应，裂变产额和裂变势垒高度等多方面的实验研究。为核武器研制和核工程建设提供了必要的基础数据，并澄清了国外一些关键核数据的分歧。在没有直接参考资料的情况下，建立方法和装置，完成了中国第一颗原子弹核部件的低本底中子测定。在基础研究方面对锎252自发裂变这种典型的低激发能裂变事件进行了系统深入的研究，观察到裂变碎片高动能事件质量分布的精细结构，并得出氚和 α 粒子伴随裂变（三分裂）的各种关联特性。

重视和热爱教育事业，培养出一批高素质的研究生，与老一辈核化学家汪德熙先生一起创建了核工业研究生部。为我国核科技队伍输送了成千计的研究生和博士研究生。

是一位一丝不苟、求真务实的科学家，又是一位热爱诗文的诗人，被称为"科坛诗豪"，能写一手规矩严格叫绝的古律。

目录

第一章 成才之路 001

- 第一节 逃难童年 003
- 第二节 一顿板子之后 007
- 第三节 饱读古典诗文 009
- 第四节 困苦的日子 014
- 第五节 选择了物理 018
- 第六节 清华园的第一名 025
- 第七节 在物理大师身旁 030
- 第八节 跨出国门 035
- 第九节 走进原子 043
- 第十节 告别前苏联 050

第二章 裂变中子之光 055

- 第一节 来到钱三强和何泽慧的门下 057
- 第二节 白手起家 从零开始 062
- 第三节 从无到有 填补空白 065
- 第四节 差之毫厘 失之千里 069
- 第五节 为原子弹诊脉 072
- 第六节 广阔的天地经风雨 078

第七节	在崎岖小路上　无尽的探索	083
第八节	"试管中的太阳"失踪之谜	087

第三章　园丁之歌　　091

第一节	平等相交　倾心培养	093
第二节	共创高层研究人才的摇篮	097
第三节	获奖的历史书	102
第四节	告别讲坛的最后一课	108

第四章　科坛诗豪　　115

第一节	与诗为伴	117
第二节	诗选《泥湿步留痕》	121
	梅　花	121
	夹竹桃	122
	春　光　六首	122
	春　光　六首补二	124
	京津道中	124
	去国用鲁迅韵	125
	附：鲁迅原诗	125
	怀　乡	125
	附：王粲登楼赋	126
	读陆游沈园二首有感即用原韵	126
	附：陆游原诗	127
	记　事　四首	127
	十　年　三首	128

藕　枝	129
感旧用夏完淳韵	129
附：夏完淳原诗	130
南乡子　廿二楼	130
菩萨蛮　旅途	131
浣溪沙　西湖二首	131
斯　陵　二首	132
叹克里姆林兼及时事　三首	133
闻肯尼迪殒命　二首	134
满江红　次韵和郭沫若	135
附：郭沫若原词	136
满江红　听红线女	136
三十一初度	137
西行漫记　十一首	137
岭西植树	140
满江红　戈壁	141
满江红　梦苏	141
国庆十五周年	142
为珊瑚颂改词	142
春节述怀用先大父韵　四首	143
附：先大父七十述怀原诗	144
鹊踏枝　洋河姚寨	145
满江红　茶房	146
菩萨蛮　仿胡乔木咏原子弹	147
胡乔木　菩萨蛮三首	147

贺新郎　次韵和赵朴初	147
附：赵朴初先生贺新郎原词	148
敬挽周总理	149
又　仿杜	149
挥手　送宗垣去瑞典	150
贺母校太仓师范八十周年	150
五十八初度	151
悼丁负吾	151
陆长恩先生八十寿诗	152
附：崔雁宾先生（九十五岁）原诗	152
附：步崔雁宾先生韵	152
附：读九五叟崔雁宾赠长恩兄贺诗	153
痛悼钱三强老师　二首	153
研究生部十周年纪念	153
赠顾以藩七十寿辰	154
附：顾以藩和胜年赠句	154
何泽慧先生九十寿辰	154

第三节　诗论《读诗偶记》　155

《读诗偶记》序言	155
附录	157
顾以藩：读胜年《读诗偶记》戏题	157
春风杨柳玉门关	157
王之涣的《出塞》	158
杨昌浚的《左公柳》	158
我的《岭西植树》	158

咏梅绝调	159
郑板桥与邓拓之"恨"	160
孤篇盖全唐	161
陆游和沈园	162
金克木论沈祖棻	164
郭沫若的"鹧鸪天"	165
又是"鹧鸪天"	166
鲁迅"赠许广平"	168
"风怀二百韵"与"鸳鸯湖棹歌"	170
丰子恺的漫画	173
杜少陵七律"失粘"	173
"怨歌行"	174
"看花愁近最高楼"	175
毛泽东论诗词格律	176
谈谈"贺新郎"	177
朱小平的"贺新郎"（游香山）	178
"满江红"	178
先大父七十述怀	179
普希金的小诗	181
"西行漫记"	182
关于"西青散记"	186
"旌旗十万斩阎罗"	187
朱淑真的"减字木兰花"	188
"洞仙歌"	189
"鲁迅忧疑岂偶然"	189

		有关我父亲的诗	190
		"英雄毕竟误苍生"	191
		"远山来与此堂平"	191
		"吴音还比水般柔"	193
	第四节	尾　声	194

第五章　亲朋师生同事共缅怀　　　　195

	第一节	纪念黄胜年先生逝世一周年	197
	第二节	亲情拾遗	203
		早期工作	203
		全民超声波	210
		教育是大事	212
		黄胜年对研究生的培养	215
		父母情怀	216
		光荣的"五七"战士	219
		1978年庐山之行	222
		1987年北戴河休假	224
		1988年成都龙泉驿之行	226
		1990年维也纳之行	230
		愧对院士	232
		大病后的日子	234
		1996年南方还愿之行	237
		2004年春节	240
		结束语	241
	第三节	忆	242

第四节	胜年在前苏联当"科学家面包干"的留学生活片断	242
第五节	与黄胜年同志一起工作的日日夜夜	246
	记铀238自发裂变中子数的测量过程	246
第六节	从冷聚变探索看黄胜年院士的科学风采	250
第七节	亦师亦兄润无声	
	——回忆与黄胜年老师相处的岁月	251
第八节	我在裂变物理组的工作	261
第九节	忆黄胜年老师二三事	263
第十节	走过泥湿地	265
第十一节	一个学生的回忆	268
第十二节	缅怀黄老	269
第十三节	颂黄公（有感泥湿步留痕）	270
第十四节	蘑菇云可以作证	271
第十五节	人物风彩　黄胜年	273
	清华状元处世低调	273
	自幼聪明总得高分	274
	玩命工作不顾身体	274
	坚持与病魔抗争	275
	迷恋文学著就诗集	276
	在原子能院的工作经历	276
第十六节	悼念黄胜年	277
第十七节	我们为这位院士自豪	
	——推荐《黄胜年诗文集》	277
第十八节	院士本色是诗家——缅怀黄胜年院士	279

第十九节　科坛诗豪　院士情怀	280
第二十节　因为了介荡　所以感动	282
第二十一节　远亲未必不如近邻	284
妹弟黄胜年二三轶事	284
难过的俄文关	285
历史不会重演，但总会惊人地相似	286
再一次考验毅力	288
淡泊明志，重义忘利	289
第二十二节　我们一家	291
国难八年　我们一家	291
我的弟弟——黄胜年	298
胜年琐事	302

附　录

附录1　黄胜年生平活动年表	309
附录2　黄胜年主要著作和论文目录	312
（一）主要著作	312
（二）主要论文目录	315
附录3　这张邮票上有一个我	323

第一章

——

成才之路

第一节 逃难童年

1931年，发生了难忘的"九·一八"事变。此后不久，东北三省全境沦陷。接着，1932年又发生了"一·二八"事变。日军蓄谋侵占上海，在1月28日深夜，从日租界虹口出兵攻打闸北。当时驻守上海的第十九路军在蔡廷锴将军的指挥下奋起抵抗，并得到全国抗日的声援。特别是得到了上海各界民众的各种形式的大力支援。几天后日军又增派两个师，从太仓县的浏河登陆，并出动飞机扔炸弹，到处狂轰乱炸。这就使驻守上海的第十九路军腹背受敌，被迫撤至嘉定。于是，他的家乡太仓一带就成了前线。

小时候，黄胜年常听妈妈说，在他出生半个月就逃难了。这正是"一·二八"事变。当时，父亲不在家，母亲抱着他，姑姑带着他刚满两岁的姐姐，与家人一起仓皇逃出城关北门，走了18里路，才找到一只小船，逃到无锡乡下一个叫荡口的地方。他的母亲刚分娩十几天，拖儿带女，再加上又急又怕，全家人都吃了不少苦。住了一段时间，战争停息后，才回到太仓。而黄胜年这个可怜的婴儿，刚出生不久就经受了一场战争炮火的洗礼，他艰难地活了下来，只因为营养不良，体弱多病。

黄胜年的小名叫"幸"，是祝愿他一生幸福的意思。学名"胜年"是祖父起的，是希望在他出生的那一年中国能打胜日本侵略者，这也是当时所有有良心的中国人的希望。不过那一年还是打败了。真正胜利延迟了13年之久，直到1945年，才取得了中国的抗日战争和整个第二次世界大战反法西斯的胜利。总算祖父没有白起这个名字。

3岁时的黄胜年

儿时的黄胜年，主要是在大家庭里度过的。祖父黄守之是一家之主，他是一位教师，在当地中学里教生物学。他18岁就考上了秀才，但不久清朝政府废了科举，他就想到日本留学。可是他的母亲坚决不同意，因而没有去成，不得已求其次，到苏州上学。他还是一个大孝子，上臂留有一块"割骨疗亲"的大伤疤，在当地很受人尊重。祖母徐鼎玉是个家庭妇女。她虽然没有上过学，但在婚后祖父帮助她识字学文化，后来能毫无困难地看信读书，只是很少写字。父亲黄圣时开始也是教师，先教过小学，后来又教中学。母亲徐剑秋从女师毕业后，也当了小学教师，生了黄胜年之后就没有时间再去教书了。在这个大家庭中，还有二叔，婶娘和三叔以及一些堂兄弟妹。

幼儿时期的黄胜年，在开始有记忆的时候，有几个模糊的印象，经常浮现在脑海里。当大人们谈起这些事的时候，自己也确乎记得真有其事。大约在他3岁时，生了一场大病，大人们以为他要死了，后来一位叫周士英的医生总算把他抢救了回来。在这过程中，他有一个印象很深的镜头，就是他躺在一条床单上，而祖父和妈妈拉着床单四角把他从楼梯上抬下来。还有个镜头，就是他与姐姐黄太年一起被送进幼稚园。

1936年，黄胜年的父亲在镇江谋得一份工作，母亲带着3个子女（她又生了个小名叫阿庆的弟弟）到了镇江。姐姐和胜年继续上幼稚园。不幸的是，他们的弟弟因患脑膜炎而夭折了，全家都很悲伤。

在镇江的好时光过了不久，1937年爆发了全面抗战。"八·一三"之后，祖父母领着太仓家里的人都逃到镇江来。原来他们住的两小间屋子一下子就挤得满满的。开始人们最害怕的是日本飞机会来扔炸弹，当时还没有防空洞。拉空袭警报时，大人们唯一的办法就是叫孩子们钻在桌子底下，而在桌子上铺上厚厚的被子。

不久，上海失守，日军一路打进来，镇江也危急了。恰巧在这时候，胜年的母亲又生育了，又添了一个小弟弟，因为生在镇江，小名叫"镇"，上学时的学名叫"振年"。他与胜年相似，也是刚生下来不久就得逃难。他们的母亲真是命苦，又一次在分娩以后不久就逃难了。没有什么办法，他们一家人只好逃到苏北泰州乡下一个叫"嘶马镇"的地方，在镇旁附近的一个小村子里安身。

关于在镇江的这次逃难,黄胜年在自己的回忆录中有这样一段记述:

最近(20世纪90年代中期)我才知道,1937年日军攻占镇江后,那里的老百姓,和举世震惊的南京大屠杀一样,遭受过类似的命运。所以如果当年我家没有逃到苏北,那么全家十来口人,就很难说究竟能有几个活下来了。

他的父亲没有同往泰州,因为他还得工作。没想到日军的攻势很快,国土大片沦陷。父亲从镇江而南京、至武汉、长沙、常德、桂林、贵阳,一直到了重庆,与家人天各一方,整整9年之久。"父亲"或者"爹爹"这个称呼,对黄胜年来说只是一个抽象的概念,只能在寄来的信纸上字里行间去想象。虽然抽象,但在他们3个孩子心中,父亲是他们的希望,只要抗战得胜,他就能回来,全家的苦难就会过去,生活当然会变好,幸福就会来临。更

在小学时期的黄胜年

重要的方面,父亲在重庆那边,代表全家参加全民抗战事业,是全家的骄傲。

在泰州乡下住了近半年,战争的情况越来越对他们不利。父亲杳无音信,全家在那里也毫无生计。1938年春天,祖父和二叔商量再三,决定还是逃到上海去,因为那时上海的租界还没有被日军占领,称为孤岛。到上海去要通过封锁线,风险很大。为了生存的一线希望,就顾不了这些了。全家人登上一只不大的木船,后来又换乘较大轮船,偷渡到当时中国最大的城市上海。

初到上海,祖父带领一家人住在英租界极司非尔路(后改名梵皇渡路,现称万航渡路)72号。这是一座外观漂亮的3层洋房,前面还有个小小的庭院,地处幽静的住宅区。可是对他们这些逃难的难民,没有钱,全家十来口人只能挤在一间房间里面。尽管很挤,就这样也住不起。住

了不久,就搬到法租界辣斐德路(现名复兴路中路)402号。这也是一座3层楼房,虽然紧临马路,有无轨电车通过,可还算幽静。楼前还有一小块空地,栽着少量花木。他们一家十来口人仍是挤在2楼一个房间里,床间用布帘相隔。没有厨房,用来做饭的煤油炉就在楼梯末端一个不大的地方。空出来的煤油桶是装粮食的上好器具。生活越是艰难,黄胜年的母亲越是后悔,她悔恨自己在逃难中丢失了自己的首饰。这是她出嫁时的一点嫁妆,为掩人耳目,在苏北泰州逃难上船时,藏在一件棉背心里,然后塞在一个网篮里。可是到了上海后怎么也找不到那个网篮了。剩下的只有无休无止和毫无理由的自责和痛悔。如果不丢的话,这些东西变卖后能维持母子4人一年的生活费用。

后来,与父亲恢复了联系。据说是父亲到大后方,得不到全家的任何消息,无奈之下,在报纸上登广告寻找家人。虽然取得了联系,实际上通信还是很困难的。一封信从重庆到上海,要走一个月,反过来也一样。尽管如此,相隔一年之后,总算有了通信联系。在抗日战争期间,抗战区和日占区能够通信,虽然不易但总还通的。不过,通邮是通邮,但都不能汇款,因为两个地区使用不同的钞票。有一段时间,他们找到一家人家,有年轻人在大后方读书,他们需要寄钱去。联系之后,两家便通过互换,由父亲在那边给那个年轻人寄钱,而由他上海的家人还给黄胜年的妈妈。要是碰不到这样的巧事,那就没有办法了。黄胜年一家的生活就会更加窘迫了。

从1938年到1942年,他们在上海法租界里住了4年。祖父后来找到一份工作,在高桥中学当老师,仍然是教生物学。高桥地处浦东,路很远,平时只好住在那里,只有周末,才能回来一次。二叔也在一家饭馆里得到一个收钱记账的工作。

1941年12月6日,日本偷袭美国珍珠港,美国向日本宣战,太平洋战争爆发。此后,日本军队便开进了租界,欧洲的殖民者也成了难民。原来避在这里的中国老百姓就更遭殃了。

当时,上海在日军统治下,生活必需品奇缺,物价飞涨,老百姓的日子越来越艰难。黄胜年他们一家人在那里挨了半年,再也挨不下去了。

大人们商量，还不如回老家太仓。反正到处都是沦陷区，都是日本人统治。上海毕竟物价要高得多，回到自己熟悉的故乡，万事总要好办些。于是，1942年，全家就从上海搬回了太仓老家。

第二节 一顿板子之后

逃难来到上海，在法租界辣斐德路安顿下来之后，孩子们的上学问题成了当务之急。因为学校都已开学了。胜年在镇江时上过幼稚园，照说应该从一年级读起。可是考虑到他的年龄（因为逃难耽误了1年），家里长辈决定让他直接上二年级。

马路对面有一个弄堂，进去不远就有个小学，名叫"浙江旅沪小学"。一打听，并非只收浙江来的孩子，所以就把他送进去了。刚去不久，他上二年级又是插班，适应不了。老师教的东西，他没有理解接受。有一次算术测验，只得了50分。当时这个学校的规矩，是要打手心的。那天老师宣布每个人的成绩，并说明凡不及格者当场受罚，少几分就打几下。于是他就被叫到前面，只好乖乖地伸出手来。老师拉着他手重重地打了10下。当然很痛，但主要是丢人。不及格的孩子很少，这使他格外难为情，简直不知道该怎么办才好。回家后，也没有敢跟大人说，但第二天早上他就坚决不肯上学了。家人见他赖学，千方百计地说服，但他不说原因，只是不肯走，最后是祖父抱着他出了门才算完事。这是他第一次，也是最后一次因学习不好而受罚。他在回忆录中写到：

直到现在，我还记得那位女教师穿着阴丹士林布衣服的形象。其实她是一位好老师，她那一顿板子，使我懂得了不好好学习是不行的，当时我好像对她并没有怨恨，长大懂事后更是感激她。

过了1年，该上三年级，转到敦仁小学。这个学校离家也很近，而且连马路不用过，校舍就是一所居民住宅楼。在这里他上了1年半，各门功课成绩还过得去，他与姐姐黄太年（比他高一年级）两人都考到了奖学金。此外，有一次学校举行演讲比赛，他还得了奖。奖品是这一块玻璃镇纸，一面贴着画，是苏州宝带桥的风景。当时他爱如至宝，那块镇纸一直陪伴了他好几年。上海重视英语教育，所以小学三年级就开始学起了英文。他清楚的记得，课本的第1面是"This is a book. That is a pencil."翻过来是"I am a boy. You are a girl."

四年级下学期，又转到阜泰小学，这是因为听说它教学质量好，名气大，只是路远一些。但只读了半年，由于学费太贵，家里承担不起。最后又转到萨坡塞小学。这是一座法租界工部局设立的学校。设备是数一数二的，老师又极好，收费又不贵。从五年级起，就要学法文。胜年清楚的记得，第一课法文老师告诉大家："虽然法国灭亡了，但法国的文化是不会灭亡的。"当时法国本土已被希特勒德国占领，但上海法租界还是法国殖民者在统治者。他念了1年法文，后来全部忘了。脑海里只剩下了1个问号，为什么"桌子"属于阳性，而"椅子"却属于阴性呢？长期不能理解。

他在法文上没有留下任何成绩，但在国文（即现在的语文）方面，却有了明显的进步。在家里，他的二叔常半正经地考考他，见他还不笨，就对他母亲说，可以让他学点简单的古文。母亲觉得是个好主意，就采纳了。二叔的书法是很好的，有时还替人家写匾。当时没有书，二叔就为他写来了《桃花源记》《五柳先生传》和《李白夜晏桃李园序》等文章。于是，他与姐姐一起就开始学文言文了。虽能背诵，其实有许多内容如"大块假我以文章"之类，是懂不了的。好在母亲能耐心地教，也就越读越有兴趣，小学里的国文老师也大加鼓励和赞扬。

读完五年级以后，他们全家从上海返回太仓老家。进入城中小学六年级。在日占区上学，有许多令人生气的事。首先要学日文，由日本人来教。孩子们谁也不愿意好好地学，日本"老师"尽管很凶，学生们不学，他再凶也没有办法。于是每学期都以"阿伊乌哀喔"教起，后来上初中时也是如此。其实在日本统治时期，谁要是念日文，马上就会被周围的同学们瞧不起，甚至被指为汉奸，亡国奴的。几十年之后，国家实行改革开放，国际间的学术交流增多，因为要赴日本参加学术会议，黄胜年曾想稍微学一点日语，那时才有一点点后悔，小时候要是好好学习日语，就不用这么费劲了。另外的一件事是，学校规定，小学生每天早上走进校门的时候，要向校门里的国旗鞠躬敬礼。汪精卫伪政权的"国旗"与原来国民党政府的（青天白日满地旗）是相同的，只是加上一个小小的三角形布条，上书"和平反共救国"6个字。就是因为这个布条，学生们都不肯鞠躬。日伪学校也无可奈何，常常是只当没看见。

在这所小学上了1年，常与几个要好的同班同学同来同往同玩耍，有些后来一起升入初中，多数人到高中以后就很少来往。但有1位同学，小学毕业后就到上海去了，过了几年胜年到上海考高中时，还曾到他家玩过。50年代留苏回国前在莫斯科偶然见面，这才知道他也去前苏联了。"文化大革命"前后，他们因为单位业务上的来往，又见过几次面。1991年，他们同时被选举为中国科学院院士。在院士大会上相见甚欢。这是他迄今保持联系的小学同学，他就是邹世昌，曾担任过中国科学院上海冶金所所长和中共中央候补委员。这种神奇的巧遇，只能说吴越文脉之盛！

第三节　饱读古典诗文

他与一伙好同学，常常会打打闹闹，但从不伤和气。有的同学比他知道的更多，从他们那里听说了"破关兵三英战吕布"等三国故事，于是他也就开始读《三国演义》。许多字不认识，就自己瞎念，硬按上一个读音。所以他这样过了许多年，还是认了许多别字，纠正起来反而很困难。例如"乃"字，他一直读成"仍"字，持续多年，尽管心里再清楚自己的读音是错的。除了三国，还有一部《水浒》，也是他们男孩子们所喜欢的。开始时他没有找到书来看，就从人家那里把一百〇八将的星名、外号和姓名端端正正地抄下来，比写作业还规矩得多，非常虔诚。

城中有个茶馆，是他们放学时必经之路。有时茶馆请来了说大书（苏州一带的评弹叫做说小书，而只说不唱的评书就称为说大书。小书讲的是才子佳人，而大书则讲英雄武侠之类）的艺人来开讲《三国演义》或《水浒》之类的小说，大家都非常兴奋，放学路过总要听一段才肯回家。

从此他爱上了古典名著。家中的存书翻遍了，又到亲戚家去找，还到县图书馆借书。他阅读速度极快,用他自己的话来说,是"逼"出来的。有时见小同伴在看一本书,他就凑过去"揩油"一起同看。别人翻页了,你还没看完,那可不行。于是就发誓练习快速阅读。练呀练的,居然越来越快,真是一目十行。自然,一是不求甚解,二是看到后面就忘了前面。不过也有个好处,他可以大胆地借书,人家犹豫不想借,他就说只借一天,明天这个时候保证还你。一天一本书,的确是看完了的。黄胜年的姐姐黄太年大夫在一篇回忆录中写道:

妈妈常夸赞弟弟喜欢看书,无师自通。早在小学毕业后的暑假,就天天去县图书馆。馆里的书几乎被他翻个彻底。我是女孩要帮助母亲做家务不能外出,就要弟弟把好看的书借回来大家读读。他看书很快,低头不作声就蹲在客厅与天井的门槛旁,目不转睛的看着,我连个书名还未认清他已经看完了。我叔叔好奇地对我母亲说,你可知道阿幸在看什么书?母亲以为弟弟看的是"坏书",赶紧抢来一看,才知原来那是文言文的《聊斋志异》!大人们又以为他不一定读得懂,叔叔就带头考他,谁知他回答得一清二楚,字义也能一一解释,深为大家钦佩。由此以后,我们姐弟二人一有空就到一位藏书最多的亲戚家,因这家家长是位国外留学的学者,可以带回不少书籍,非常开放。在他那儿,我们接触了不少外国的文学读物。只一个暑假的工夫,便把他家所藏的中外儿童读物都看完,丰富了我们不少文学知识。

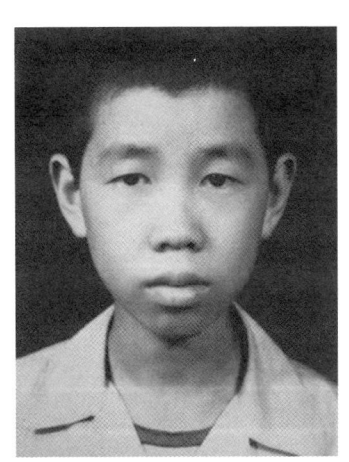

在中学时期的黄胜年

1943年,黄胜年结束了小学生活,进入太仓师范初中部。这个学校是太仓的最高学府,建于1909年。先后不止一次从师范改为高中,过几年又改过来。他去的时候正好又是高中,叫做江苏省立第五中学。不过不管怎么改,初中或是附属初中,都是一样的。

刚到中学的时候,他在校园一角发现一块碑,是纪念当过5年校长的顾仲超(名钟骅,仲超是他的字)的。碑文忘光了，只记得第一句："仲超先生长学五载……。"此人是他母亲的嫡系姑父，孩子们当面叫他公公，背后提起来则外加两个字，叫做顾家公公，以有别于别的公公。这两家来往极多，非常之熟。一来是谊在主亲，母亲与姑姑从小就在一起玩耍一起上学，年龄相差不大。二来则是两家的人们情趣相投。他们家有4个孩子，都稍大些。后来又一起到上海逃难。1944年，日本侵略者兴起大狱，在上海及附近各县（包括常熟和太仓）逮捕了一批人。主要是知识界，指为抗日分子（当然这个指控并不错），顾仲超也在其内。虽然日寇威逼利诱，始终不屈，过了几个月才被放出来，总算捡了一条命。黄胜年在回忆录中写道：

现在看来，我们之所以愿意常到他家去，并不只是因为可以看到和借到许多好书，更重要的是因为，他家里有一种宁静温馨的气氛，自然而然地吸引着我们。确实他们亲慈子孝，从没有发生争吵，连斥骂声都听不到。与其他一般人家（包括我们多数亲戚家）的情形很不一样。自然他们家所有的人，对我们也非常的好。

进了中学之后，多数功课很令他感兴趣，尤其是数学和语文。他的祖父也在这所中学教书，同时教高中的生物和初中的生理卫生。在初中一年级时，有一次考试，黄胜年的生理卫生课得了98分。他再三核对，找不出答错了什么会被扣掉两分。找不到错误所在，只能回家问祖父。祖父回答说，你没有什么错，就因为你是我的孙子，不能给100分。原来是这样，他不再想了。

此后，他应对正经功课的考试，可以说绰绰有余，主要的精力用在课外读书。他在回忆录中写道：

不过主要的兴趣还是在于读书。正经功课不肯去花太多力气，一般只在考试前临时抱抱佛脚就算了。而且有的功课我甚至还猜出老师大概会出些什么题，因而不太费劲也能拿到好成绩。大量的课余时间都花在闲书上。首先是古典小说，大部头的长篇一本接着一本，如《三国演义》（小学时已读过，初中又读了一遍）、《水浒》《镜花缘》《儒林外史》等，最后还有《红楼梦》。其次为现代作家，那时有一位堂祖叔带了几本三联书局出的选集给我祖父看，那个体例是12位当代最著名的作家，每位一本。头上4位就是鲁迅、郭沫若、周作人和茅盾。后面那些人的次序记不太清楚了,反正有林语堂、冰心、徐志摩、郁达夫、巴金、叶绍钧、黄庐隐和丁玲。当然并不是上述作家我都读了,其实我拿到手读了的只有郭沫若等一两本。我是说从这里开拓了一个新天地,开始知道还有那么多好作家的那么好的作品可去读!现在还记得清的是,从郭沫若选集,读了《孟夫子出妻》《楚霸王自杀》《贾长沙痛哭》《司马迁发奋》等历史短篇小说;读了从他年轻时初出夔门到日本留学这一段自传,更重要的是读了《北伐途次》。这些都大大地开阔了我的眼界。过了一段时间,读了冰心的很多作品,喜欢她那种"满怀着温柔,总带着忧愁"的心态。又读了林语堂的长篇小说《京华烟云》等。好多书是和姐姐一起读的。

对于诗词的爱好,也是从初中开始的。小学时最初不过是念念简单的唐诗,母亲教他的第一首诗是李白的"床前明月光,疑是地上霜;举头望明月,低头思故乡。"可是,他从窗子望出去,只见月光如水,照亮了前面的屋顶。因此,他认为月光照不到自己的床前,而且霜也不会跑到房间里来,如果看见床前有白色也不会想到是霜。于是就把它改了,说是:"窗前明月光,疑是屋上霜。"他觉得这样才合乎当时的实际情景。进了初中之后,就拿到唐诗三百首这本书。虽然不是从头到尾记得,却也背了不少。他和姐姐一起学《琵琶行》《长恨歌》,还有那些七律与七绝,不但词句美妙,而且念起来音调悠扬,实在令他们心醉。初二时,一位国文老先生顺便为学生们朗诵了李后主的两首小令,于是马上又激起了他对词的爱好。其实,他与词的接触远在10岁以前。那时用的小楷字帖是《星录书词》,经常写的就是秦观的《满庭芳》,可是年幼不懂它的意思,而且常常读不断句,不知道该怎么念。后来,他的外祖父用一个毛笔的竹笔帽,按了印泥,一句一句地为他边读边点,点断了全书的句子。这时他才知道过去自己读错了好些地方。不过帖上的词也太深了一些,不像李后主的,又短又好懂。这样,他又背了不少五代与两宋词人的佳作。

1946年当他初中毕业时,见父亲从重庆回来,带回一部大书,24开线装本共 8 册，名叫《赋字正鹄》。书中收了历代的名赋，但大部分都是清人的作品。当年看到这部书，很好奇，他下了些功夫，大致快速读了一遍。这使他父亲大吃一惊，没想到这么快就念下来。1948 年，他曾经仿照这种四六骈文的格式，写过一篇清新典雅的《乡居消夏赋》。几十年之后，他的母亲用娟秀的小楷把它重抄了一遍，因而居然能够保存下来（见书首彩图第 5 页）。

从这篇小赋中，可以看出他在古典文学汉赋方面的功力。更不用说所谓"熟读唐诗三百首，不会吟诗也会吟"了。

对于唐宋八大家，更是谈起来津津有味，如醉如痴。他在回忆录写道：

> 国文课本上，既有文言文，又有白话文。虽然对于一些非常优美的白话文也很喜欢，但主要的兴趣还是集中在古来的名篇，即文言文上。课本上的东西总是有限，于是就找《古文观止》。听人说：读了诸葛亮的《出师表》和李密的《陈情表》而不下泪的，一定不是忠臣孝子。我读后果然感到动人。外祖父告诉我说，唐宋八大家之中，最好的是韩潮苏海。我听了他的话后，读了不少韩愈的名篇，如《师说》《原道》《进学解》等。对于苏轼，最欣赏他对韩愈的赞语："匹夫而为百代师，一言而为天下法"，"文起八代之衰，而道济天下之溺；忠犯人主之怒，而勇夺三军之帅。"觉得他写得实在太好。可是使我受到最大震动的却是祭文。有一位同学约我一起背诵欧阳修的《祭石曼卿文》，这篇短文音韵优美，一唱三叹，我们两个人越背越起劲，觉得这实在是千古绝妙好词。心灵上也仿佛看到了石曼卿那飘逸的仙姿，以及欧阳修痛悼好友又为之无限骄傲的神情。韩愈的文章虽多，但我最喜欢的却是《祭十二郎文》，尤其后面那一大段，简直是一恸到底，每次重读，让我陪上的眼泪也真是不少。（后来清代袁枚有篇《祭妹文》，也很感人。）反过来，像韩愈的《与于襄阳书》和《上宰相书》，我就很不喜欢，认为他为了想做官而不惜拍马屁，挺不应该。我又喜欢柳宗元，特别欣赏他的《永州八记》，尤其是《小石潭记》。总之，当时我只有 12 岁，不可能对一些较深的名篇有什么理解，所以就只能欣赏那些浅显易懂的了。

第四节　困苦的日子

生活的困苦,是一座课堂。自从黄胜年进入中学,家里的生活有了一些改变。远在大后方重庆的父亲越来越不能扶养他们了。记得有一次,母亲叫上他,让他陪着自己一起到飞云桥北边,找到一位姓朱的人。前面曾经说过,他的父亲千方百计与沦陷区交换家用钱,这位朱先生应该还他们家的钱,但却赖掉了不少。母亲想与他讲清道理,以为也许只是误会。谁知道他欺侮弱小,又凶又恨地要把他们两人赶出来。最后给了很小很小的半袋米,似乎是在打发叫花子。母亲当时受到的屈辱和痛苦,

母亲抱着黄胜年旁边是他的姐姐

以及当时的情景,经常展现在黄胜年的眼前。自此以后,他父亲的供养完全断了。家里的生活开支只能由母亲向亲戚借贷,父亲则写信向他们一再保证,将来一有可能就一定加倍奉还。借钱借得最多的是从外祖父和一位姨夫那里,主要是骨肉至亲,其次是还有那么一点可能。尽管从他们那里还能借到钱,可是总不敢多借,万一将来还不上那该怎么办,而且母亲也不知道丈夫究竟有多大的还债能力。

在这种情况下,母亲决定再重新去小学教书。那时候,她第三个孩子已到了上学年龄,可以随去。而另外两个孩子也能帮点忙了。那时到小学教课,能得到的报酬是极少的。但总能因而少借些钱。他们一家每天早晨起来,母亲准备好两顿饭,急急忙忙赶去上课。中午又得争分夺

秒。原来可在白天做的活计，现在只能在夜里做了。除了每天必不可少的柴米油盐之外，她要为3个孩子准备衣服鞋袜。不提别的，只说做鞋，那就得耗上多少个晚上！当年做鞋子，工序很多：破布要粘成硬衬，连浆糊也得自己调；加上荷包兜，剪好样子，叠在一起；纳鞋底的粗线，要自己绞合成以后才能用；再就是工作量极大的纳鞋底。一双双新鞋做好了，但是孩子们穿上去，没过多久就坏了。所以不断地做鞋就成了母亲的长期苦工。当然做鞋是当年妇女人人都要干的事，可是他的母亲独自带着3个孩子在困苦中生活，做鞋也就成了一个重负。最使黄胜年后悔不已的是，幼年的孩子不知愁，有一个时期，只要是他一个人上学，总喜欢一路走一路踢着一块小砖块或者小瓦片，甚至从家门口一直踢到学校，显然这大大加速了脚上鞋子的损坏程度。

当时一家4口，姐姐只有13岁，她很希望能帮助母亲做点什么。有一次，机会来了，不知谁告诉她，在县政府里面，需要抄写一批类似档案的材料，抄得好可以拿到一点抄写费。因此姐姐叫上弟弟陪着她走在从前州衙门里长长的甬道上。甬道里见不到人，阴森森的，两人很有点害怕，到尽头才遇到人。拿到材料与纸之后回家，两个人就迫不及待地用毛笔抄起来。原来是田亩面积，地点（属于什么区域，用"都"和"图"来表示），"四至"，以及每年的钱粮数目等。有许多数字，都用过去的中文简写（如"九"写作"玖"，一二三四既可横写又可竖写等）。写完一批，又去换另一批。那段时间他与姐姐多次穿过那阴森的甬道，每次都还感到害怕。可是到了最后，拿到一笔钱，回家交给母亲，心中却比什么都高兴。这是他们姐弟俩头一次为家里挣的钱。

那个时候，他们已经读过夏丏尊译的《爱的教育》这本书。里面有一段讲一个男孩每天晚上悄悄地帮他父亲做抄写工作的事。他姐姐的这个主意，很可能是受到《爱的教育》里这个故事的启发而来。不过，在黄胜年看来，姐姐做这件事是有资格的，因为她的毛笔字写得很好，像母亲的字一样，都十分娟秀。而自己，在他们家里，字写得虽然不是最差的，但也是比较差的一个。小时候，母亲花了不少精力来指导，常受到批评或责骂。自己也不知道为什么，一直写不好。但是，母亲没有骂他。黄胜年说，在他们家里人中，字都写得很好。其中要算母亲最好，大概得自外祖父的真传，从小就下过很多的功夫。据说她年轻时的一笔"灵飞经"小楷，是无人不赞的。祖父是秀才出身，写的毛笔字当然也很不错；二叔的大字更突出，他有时为人家写匾；三叔的钢笔字写得很刚劲；姑姑除了自己写得好之外，还生了一个表弟，长大后成为货真价实的书法家兼画家。姐姐的字很像母亲，非常秀丽，弟弟的字比较潇洒。而最差的却是他的父亲。这一点，母亲说他应该排最末，而他父亲自己回来后也承认。其实也不是不好，应该说还过得去，只是不像别人的字那样或娟秀或飘逸或遒劲而已。至于说到他自己，在他们家里被排到倒数第二名。其实，熟悉黄胜年的人都知道，他的字写得很好很有功底。一笔一画，工工整整，一丝不苟，从不潦草。特别是到晚年，用左手写的字与右手一样好。

　　说到写字和学习书法，在这里顺便说一下，黄胜年在成长过程中，有过一些亲身经验教训和深刻的体会，可能会对于当今教育孩子学习是很有启迪的。大概是在小学三年级的时候，黄胜年开始学写字了，当然是毛笔字。大楷的字帖是玄秘塔、柳公权的。这本帖一直用到初中毕业。问题是他的字总是写得乱七八糟，几乎毫无进步，为此也就总让母亲批评。可是她骂只管骂，而他的字还是依然如故。因此不断的写《唐故左街僧录内供奉……》。可能他下意识地对柳字有些反感，多少年之后，字写得好一些了，也有可能看到别的大字帖，于是他一下子喜欢上了颜真卿的多宝塔，不由自主地买了下来，也临摹了它好几年。他说要是当初就让他写颜体字，说不定写字的兴趣会高得多，因而大字写得会更好些。从这里他体会到：

　　如果有可能，应该一开始就把各种字帖让小孩们自由选择，因为孩子会有他自己的欣赏能力与选择标准。当然不用说，当时我家没有钱，大概不会去买第二本字帖的。尽管如此，成年后常有人对我说，你的字肯定是学的柳公权。真使我感到有点悲哀。我讨厌柳字，想改掉柳字，丢掉柳字，却几乎已经不可能了。

　　学习小楷的情形有点不一样。开始临的是《星录书词》。翻开便是秦观的"满庭芳",所以写得最多的就是"晚色云开,春随人意,骤雨才过还晴。古台芳谢,飞燕蹴红英……"。但并不懂。后来他的母亲请外祖父为他不断写来字帖,因为外祖父的字是写得非常非常的好。比较晚的有韩愈的《进学解》;有嵇康的《与山巨源绝交书》;还有不知作者为何人的《无怒轩记》。那时他上初中,已都能把它们当作好文章来仔细读了,毕竟还是孩子,他每次写到嵇康所说不能去当官的原因"七不堪之一,是常要睡懒觉","每常小便,尝忍不起,会胞中略转,乃起身",忍不住总要偷偷发笑,想这个人怎么会如此不害羞,竟把这样的事情也写在文章里。

正式的书法只是要学楷书。他从祖父那里拿到一本吴梅村写的《雕桥庄歌》,是一本影印书,那时还没有复印机,很可能是玻璃板印的,与真迹差不多。吴梅村写的字当然非常之好,于是就照着临摹下去。这样他也学了一点行书。有意思的是,在学行书的时候,顺便也把这首长诗熟读了,以致许多年之后,还能背诵出来其中的许多句子。1991年,他在中国康复中心附设的博爱医院治疗脑溢血后遗症时,有一种治疗,医学上叫做"利手转换"。为了弥补他已经残废的右手功能,大夫要求每天用剩下的左手练习写字,他就在稿纸上默写《雕桥庄歌》。当然只能用硬笔写。结果有一个在医院指导工作的日本专家看见后,很感兴趣,问是否可以送给他。黄胜年欣然同意了。那张字写得很差,日本专家的兴趣很可能只在那首长诗上。这似乎不是很出名的诗篇,但说不定读过它的人还不太少。他曾在《参考消息》上看

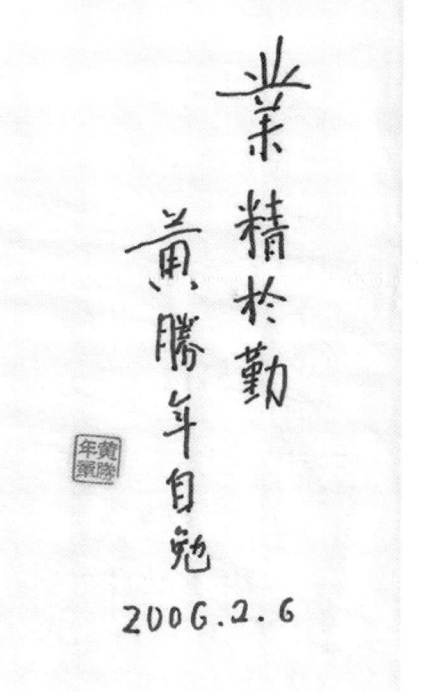

2006年黄胜年左手写的自勉词

到，20世纪80年代，宋美龄在台湾的一次讲话中，就引用过"老干新枝"的句子，似乎说明她也熟悉吴梅村的这首诗作。

熟悉黄胜年的人，当看到他用左手写的字，都十分惊喜，左手字与过去的右手字几乎一样好。

但是他在小时候，因为写字不好，被排到全家倒数第二名，常受到母亲的训斥。只是进了高中之后，突然之间有一天，他看到周围同学们的字都好看，很漂亮，他想，为什么自己就不如他们，就写不好呢？一念之间，就下决心了。练了不到两个月，果然就大有起色。此后母亲再也没训斥他了。于是他在自己的回忆录中告诫现今的家长们，他说：

但在这里可以想一下，对于孩子的教育，恐怕只能用启发和表扬的方法，而不要多责备。孩子自己不想学，大人再使劲，也是很难奏效的，哪一天他想学了，成绩自然就上去了。

第五节　选择了物理

1945年，抗战胜利以后，黄胜年的父亲从重庆回到上海工作，能经常回太仓老家看看，一大早赶头班车回去上班。此时，家里的经济状况好一些，住房也宽敞了许多。原来的老宅院是两层楼，两开间，原有三进，加起来共有12间房，前面一进长期出租，是一个姓甘的老伯伯在那里开了个杂货店。自家住了两进8间。第一进屋子后面有垛墙，墙的西部是所谓的"寨门"。门楼和门框上有许多精细的砖雕。门楣上端端正正刻着"厚德载福"4个大字（与古时经典书籍上的"君子以厚德载物"略有不同）。这似乎是他们家的家训。还有个后院，也叫后花园。后院的尽头就是横贯太仓城东西的小河。在河边有属于自家的"水桥"，即一直延伸到水下的石砌台阶，也可以说成是"码头"，因为可以由此上下船。1937年，日本飞机来轰炸，一颗炸弹刚巧落在他们家与隔壁糖坊的隔墙上，他们家第三进屋子被炸毁了，还留有一个很深的大坑。有人说这是一颗五百磅的炸弹。幸亏大家都逃走了，没有人伤亡。太平洋战争爆发后，他们家就搬回太仓的老家，住进剩下的4间屋，因为孩子们已经长大了，所以就挤一些。

刚巧来了一个机会。黄胜年有一位表姑母，也就是祖母的侄女，她要到嘉定去工作，连家也得全搬去。她家住的房子却是黄胜年的一位姨父马家的。她们一走，就有人要来借住。但房主马家更愿意把房子租借给近亲，于是就找到黄家商量说，你们本来就挤一点，那边空出来了，何不分一房搬过去呢？大人们都动了心，于是又讨论谁到那边去住。方案只能有两个，结果是黄胜年的母亲带着三个孩子搬了过去。二叔一家留在原处。

新居在原来老屋的东面，在同一条街上，距离并不算远。走过飞云桥不远就到。房屋结构相对简单，一进门是一个院子，地上铺着水泥，只留一个小小的花池。由于是大片的水泥地，显得很干净，也很开阔。正房是两上两下，底下合成一大间，算是客堂。会客起居等，平素全体都在那里活动。迁入新居后，黄胜年特别开心。他们每人所占的地方都变大了。尤其是后来姐姐黄太年到镇江上学，黄胜年一个人占据一间卧室，看书不受约束，这是最重要的好处。暑假时，他把想看的各种书籍统统放在床上，一面躺着，一面读书，想看那本，就可拿到那本，方便之至，真是愉快极了。有一天，祖父偶然来到楼上（平时他一般只到楼下来看他们），突然发现床上堆着好几十本书，吃了一惊。等他回过神来，知道是孙子读的，不禁笑了。但又告诉黄胜年，以后不要躺在床上看书，那会弄坏眼睛的。

1946年，黄胜年初中毕业。在初中的几年里，每一个学期他都要生病，而且病起来很厉害。但又查不出有什么重要的慢性病，只能说是体质太差，而体质差，又黄又瘦是很明显的。在这种情况下，祖父提出了一个惊人的主意，下令在初中毕业后休学一年，不许学习，把身体养好再说。黄胜年很不愿意，因为这等于是留级一年了。父亲刚从重庆回来，对他的情况不了解。即使了解后有别的想法，他也不会或不愿违背祖父的意愿。母亲也同意，她不担心孩子的功课，只担心他的健康。因此，黄胜年没有办法，只得服从。这一年，真是他毕生中最美妙的日子，一方面没有任何负担；另一方面没有人来管束他，可以随意地看书，非常自由。他充分利用了这段时间,读了不少书,可能有相当一部分是同龄人没有读到的。虽然他没能去上学,但也没有虚掷光阴。在这一年的夏天,曾到上海与父亲小聚,并乘机参加了上海的高中考试,投考了两三个高中,目的是摸摸底。结果是大名鼎鼎的上海中学没有录取,别的学校似乎考上了。反正不能去上,只是试一试。所以录取不录取都无所谓。

第二年夏天,黄胜年重返上海,这次要动真格了,目标是报考那个有名的上海中学。不过,他的父亲并没有给他任何压力,他似乎会满足于上海的一流中学,虽不是最好的,但也名声远扬,例如格致、育才等,甚至还可以再低一些。

上海中学的考场就是在他过去曾就读的萨坡赛小学。赴考之前他曾问了一下,高中理科最难,总共有6 000人报考,只收100名。因为理科每年200人,有100人留给本校初中直升。总之录取比例为1/60。他坐在教室里,环顾四周,心里想着,平均来说,这个教室里也只能有一个幸运者。因为这里还不到60人呢。休息间隙,他与周围的同考学生交流,互相交换了姓名,后来入学后,的确一个也没有遇到。当年的中考,就像一场非常激烈的战斗。上海中学所以难考,还有一个原因,这就是学费相对便宜,因为它是省立的。在上海并非没有类似的好学校,如南洋模范,可那是私立的,学费要贵得多。黄胜年回忆说,那个时候也有走后门的,只是不用这个说法而已。有的学生分数稍差一点,找学校说

上海中学校门

情，那也可以破例，条件是家长认捐一根或几根金条，作为学校建设校舍之用。这样的事虽不完全公开，好像校方并不讳言，因为学校当局并没有把钱装入自己的腰包。报纸舆论也不说什么，与现在的走后门似乎略有差异。反正这只能发生在极少数人身上。

黄胜年考上了上海中学，家里的人都很高兴，也许最高兴的莫过于他的母亲了。儿子争气，自然妈妈最有光彩，因为是她生的，又是她一手抚养大和教育大的。可是她一方面高兴，另一方面又为即将到来的分离伤感。她细心地为儿子准备上学的一切必需品，更重要的是，再三叮嘱要记住的许多在他当时看来是不那么要紧的话。因为在此之前，他们母子还没有过较长的分离。而自此以后，儿子将要脱离母亲的怀抱，飞出这个温馨而又狭窄的家，到别的地方去。有时像刚出窝的小鸟，海阔天空，高兴地自由飞翔，有时候则会遇到许多艰难困苦，但已很难再得到双亲的庇护了。事实也正是如此，他从15岁离开家之后，除了几次因假期回到父母身边之外，一方面是越走越远；另一方面是越来越难得回去了。参加工作以后，也很少回去探亲。接母亲来北京住，也只有父亲逝世后的两次加起来还不到1年半的时间。

上海中学是很有特点的，尤其是高中，分为理、工、商三科，工科与商科实际上是职业高中，但毕业生也可以考入相应专业的高等学校继续深造。而理科则完全是为升大学准备的，因而特别加强数理化各门功课，讲授的量比普通高中几乎要大一倍。另一个特点是学生不能走读，统统住校，这样既易于管理，又使学生集中精力，一心向学。

黄胜年刚到上海的时候，与父亲挤在一张小床上。父亲住的房子是三叔单位借住的，当时他还没有结婚。另外还有一位堂叔一家已借住在那里，占了大部分地方。父亲只能在楼梯下面一个角落里搭一张床，因为没有窗，总是黑洞洞的。用黄胜年的话说，他们父子是住在一个螺丝壳里。直到新中国成立后，1952年父亲才分到了住房，父母得以团聚。先在中汇大楼，后来搬到淮海中路704号。在那里一住就是30多年。

在中学时代，黄胜年受到了良好的教育。在上海中学有很多出色的好老师，对他们成长和学习兴趣的拓展起了重要作用。

上海中学有一批极好的数学老师。当时最出名的是朱凤豪,其次是余元庆、余元希两兄弟。他们3人分别教高三、高二和高一。到了第二学期,学校选拔优秀学生参加上海市的数学竞赛,每个年级各三分之一。高一年级的前二名很快定了下来,因为他们已在课外学过微积分,数学成绩遥遥领先。过了一天才找到黄胜年,因为他的数学成绩还不算突出。那时不像现在的奥林匹克比赛,考题非常之难,事先也没有准备和专门的培训。黄胜年回忆说:

考场设在上海市内一个中学里,我已经不记得具体地点了。考题好像并不如想象的那么难,至少有些题目不太难,但题量却非常之大,我拼命做也做不完。时间到了,只能交卷,这种情况是我参加考试以来从来没有过的。我知道考坏了,但回去还得告诉余老师。老师看我懊丧的样子,拼命地安慰我。同学们也来劝慰我,陪我散心。我也就想,考不好拉倒吧。

过了一些日子,传来了好消息:上海中学的9名全部榜上有名。黄胜年获得了第三名的好成绩。这个消息,使得全校的老师和同学都很高兴。那时上海中学虽然名满天下,一般的中学都难望其项背。但就在上海,它还有一个强有力的竞争对手,就是南洋模范。南模也拥有一批极好的老师,学生水平也非常高。两校暗地里总在互相竞争。而这一次的数学竞争,上中拔得头筹,压倒了南模,自然全校觉得扬眉吐气。从此之后,黄胜年对数学等课程学得更努力了。增强了自己的自信心。而过去,经常缺乏自信,因而失败居多。

黄胜年从小学三年级就开始学习英语,此后还学过法语和日语。进入初中后,遇到一位严厉的英语老师张麟士,他在教学中很重视打好基础,在教国际音标时,总是一个音一个音地纠正学生的错误发音,直到发音完全正确为止。张老师不仅对发音要求严格,在其他方面的要求也非常严格。黄胜年在《自述》中写道:

张老师不光课上得好,对学生也很严格。有一次,我大概是累了,一只脚斜伸了出去。张老师严厉地提醒道:"黄胜年,你的脚!"我怵然而惊,立即恢复了正确的姿势。这件事对我的印象很深,开始懂得了一个人应该一丝不苟，不能懈怠。现在回忆少年时类似的事，真是"不以规矩，不能成方圆。"。

上海中学的英语老师姓夏。除了课本以外，他教了不少"短篇英语背诵文选"，要求大家在晚自修时轮流到教室前面来，面向全体背诵。黄胜年回忆说，他至今还记得林肯关于民有、民治、民享的著名演说。夏老师对发音也非常重视，耐心地纠正学生的每一个错误。而且他还是一位博学多才的人，他有银铃般的嗓音，说起话来好听极了。由于是两位老师的精心教导，才使黄胜年这个在外语学习上不太勤奋的学生也记住了一些语法和单词，在此后多少年，再也没有正儿八经学习英语机会的情况下，在真正用得着的时候，凭着在中学打下的一点基础，居然还能应付得下来。1982年他在荷兰访问，遇到一位年纪相当大的科学家好奇地问他，是在何时何地学的英语？回答是在30多年前在中学里学的。他立即称赞说，那你一定有一位极好的老师。后来在1985年到美国访问，不止一次有人问他，你是不是以前在英国生活过？开始他还不理解这是为什么，事后回味起来，才理解原来是他的"伦敦音"起了作用。说明在中学的两位老师教的发音确实非常之准。

生物老师袁善徵是秉志的学生。上起课来常常有一些滑稽的表现。从秋到春，好像无论冷暖，总是戴着一顶样式很特别的"土耳其帽子"。不止一次地向同学们解释或演示这项帽子的好处，说得大家止不住笑。上课时总要求学生把课文中重要的段落都画上红线（或蓝线），学生要是不画，还一再地催促。他的这种做法产生了料想不到的后果。一些学生很容易猜到考题的范围，大大缩小了复习的内容。有一次上实验课，要求把盘子里的鱼样本画出来。黄胜年看那条鱼有许多鳞片，就大致地画了一下，自以为还画得不错，很像。可是老师过来一看，却说你画得不对呀！最后他才弄清楚，原来是鳞片数目错了。这才理解到科学与美术要求很不一样。每排有几个鳞片就得画几个，多一个或少一个都不行。

化学老师徐子威，是个戴黑边眼镜的高个子，给学生们的印象是很有学者风度。当年上海中学曾经提倡过用英语给学生讲课。后来已经不这样要求了。在黄胜年听过课的所有老师中，除了英语老师之外，徐老师是用英语讲课最好的。他虽然上课时很严肃，课后也不太与学生们说笑，但实际上却是非常和气的。当时他们班上有一位同学，围棋下得特别好，在学生里找不到对手，同学们就怂恿他去向老师挑战。有一次，黄胜年提议去找老师中围棋下得最好的徐老师。几个同学拿着棋子和棋盘来到徐老师家。老师一听是来找他下棋的，马上高兴地答应了。摆开棋盘，不假思索，就杀起来。谁知下到一半，大家看出来，老师看来要输。徐老师说："这盘输了，能否再来一盘？也许我轻敌了，下一盘好好用心。"于是又下起来，老师尽管用尽他的本领，最后还是告负。然后老师请大家坐下来，问他是从哪位老师学的？学生回答说是无师自通。徐老师不断地称赞他聪明，棋下得好。自己甘拜下风。这件事给同学们很深的印象。这才知道徐老师并不总是上课时那样严肃，也有活泼和气的一面。

国文老师陈文波是黄胜年认识的第一位上海中学的老师。原因是这样：父亲工作单位有一位同事，听说黄胜年要去上海中学，就说他认识那儿的一位老师，可以托他关照一下。父亲当然很高兴。这位老师是他同事的姑父，本来要去探望，正好就带着黄胜年去了。原来他的姑父就是陈文波老师。他风度翩翩，是北方人，说得一口地道的国语。当场就认识了，他说以后有什么事可以去找他。可是后来也没有什么需要找他帮助解决的问题，所以一直没有再找他。直到高三时才上他的课。当时黄胜年正在学写旧诗，曾经请他在作文本上修改过他的习作。他改了几处，并写道："你的旧诗规矩尚好，但要写好不容易。不鼓励去学"。见老师不赞成，后来就没有再找他改了。黄胜年在回忆录中写道：

陈先生对我最大的影响却并不在语文方面。那年我们高三学生主要的问题是升学，尤其要考虑报考哪一个大学和哪一个专业。在这方面高中老师自然就成为最好的顾问。陈先生原来在清华大学教过书，于是他就不断地向我们灌输"清华意识"，形容那里的老师是如何如何的好，清华园又是如何如何的美，甚至拿出校园地图给同学们看。使相当多的应届毕业生都下定了考清华、非清华不上的决心。我当然也是其中之一，成为一个"清华迷"。这一理想的学校虽然远在北京，可我却自以为已经对它有了一些了解，什么"水木清华"呀，"工字厅"呀，"古月堂"呀，神往得很。几个月后，我宁肯冒着没有学校上的危险，也坚决不去浙大，其动力就是来自陈老师的鼓吹。

如果陈老师的介绍使黄胜年想去清华大学学习，那么，专业的选择就要归功于高三物理老师杨逢挺了。后来知道，他也是清华校友。对杨逢挺，黄胜年印象最为深刻的一件事，是他运用物理学发展史上"波粒二象性"的争论作为例子，向学生们讲解唯物辩证法。那就是，起初是牛顿通过光的反射实验提出"光的微粒论"，后来惠更斯通过光的衍射实验提出"光的波动论"，否定了"光的微粒论"。再后来爱因斯坦提出"光量子理论"，这又是对"光的波动论"的否定，即否定的否定。后来证明，光既是粒子，又是波，也就是光的"波粒二重性"。杨老师深入浅出的讲解，不仅引起同学们对马列主义哲学的兴趣，而更加激起的却是对物理学的兴趣。黄胜年听得入了迷，觉得物理太奇妙了。他在回忆录中写道：

原来在高二的时候我曾经下了决心要学化学（当然是受徐子威先生的影响），可是到了高三，上了杨先生的物理课，很快就"背叛"了化学而投向物理。可见学校老师，尤其是一位好老师，对年轻学生的影响有多么大。

几十年之后，黄胜年夫妇在一次闲聊中，叶宗垣开玩笑地说，你如果不当物理学家，还能当个文学家。黄笑了笑说，如果当初选择了文学，说不定会成为"右派"的。

第六节　清华园的第一名

1949年，上海解放。1950年夏天，黄胜年从上海中学毕业了，面临全国高考。早在五六月份，东北解放区派了一个招聘团到上海，为东北的建设网罗人才。招聘团几乎什么样的人才都需要，连正在上高中三年级的学生都可以直接到东北去上大学。他们班里有一批同学，没等毕业，就已报名去沈阳等地的高校了。剩下的人就等当年南北两次联合招生。南方的大学考得早,包括上海的交大、复旦、同济和杭州的浙大等校,发榜也早。8月份,浙大物理系的录取通知书就送到黄胜年的手上了。北方的学校有清华、北大和天津的南开等,很晚才考。或许是要送回北方去阅卷,因而迟迟不知道结果。

当年的高考,比较容易录取。不像现在那样竞争激烈,尤其是理科。当黄胜年与同班同学顾以藩一起到复旦大学(招考所在地)去报名,路上遇到一位同学先报完了往回走,问他报考物理系的人多不多?他回答说:"小猫三只四只"!这意思是人很少,去一看果真如此。那时大多数考生都想学工科,因为觉得工科专业对于建设新中国有用。理科就差一些,文科就更差。北方大学的联考也在复旦进行,考题在黄胜年看来不算很难。例如数学,解答完了还剩不少时间。他把答案又复验了两遍。他知道,提前交卷也不会加分,除了自我得意之外,是没有任何好处的。可是最后终于忍不住,早早的第一个交了卷,出去准备下一门功课了。总之,一方面竞争并不激烈,另一方面他自觉考得还可以,心里好像有点底。考完之后就只管玩,看看闲书,坐等学校的通知。

对于大学的选择,在他心里早有定论。首先是上海的大学不去,因为他看到交大和复旦的校园都很小,连上海中学都比不上。浙江大学地处西湖,环境幽雅,而且听说老师也非常之好。不过比起清华来,总还要差一等。所以尽管已在8月10日前后,浙江大学又给他寄来了希望早日去报到的欢迎信,并附来学校与物理系的详细介绍,但他却没为所动。他的父亲为此相当着急,与家里的其他长辈都看好浙大,一方面是学校很有名,另一方面是离家不远,气候相近,容易习惯,相对来说也好照顾。因此他们一门心思劝说他赶快决定去报到,至少也应该回一封信,表示愿意到那里去。这样,即使考不上清华,也不致落空。他们越劝,他越不干,并生气地说,请你们不用管,最多上不了大学。见他这样执拗,不讲道理,大人们也没有办法。在等待清华大学录取通知书的那些日子里,表面上他不那么着急,其实在心里还是很有些担忧的,万一呢?到了8月下旬,清华的录取通知书终于来了,他和比他更着急的父亲都放下心来。直到此时,父亲脸上才露出笑容,对他说:"原来你是有把握的！小鬼头，我算白操心了。"

9月4日，他与上千人的新生和老生登上一列学生专列，很是得意。其实，这列专列实际上是最慢最慢的慢车。因为是临时加车，路上不论遇到什么车次，都要礼让，说停就停，停停开开，开开停停。从上海到北京，原来应该走30多个小时，可他们整整走了56个小时。或许因为兴奋，黄胜年两天两夜都没有合眼，也吃不下饭。第一次坐火车，饱览了沿途风光。第三天实在熬不住了，以致调皮同学开玩笑，摘掉他的眼镜，他仍沉睡不醒。多年之后，他回忆起当年在上海车站离别家人时的情景，正是："长车三日赴京华，一片童心竟别家"。

第四天清明，车箱里响起欢快的音乐，列车到达了终点站北京正阳门火车站。学校派了一些卡车来接他们。一走出西直门，只见两旁都是农田，晨风夹着刺骨的寒气，这些第一次到北方的南方学生，一下子领教了北京的寒冷，真是名不虚传啊。

黄胜年来到清华园之后，一切都比他原来想象的要好。这使他心旷神怡。他在自己的回忆录中写到：

> 进入清华大学，心里真高兴。那时学校里都是黄沙路，经常有工友们在路上泼沙泼水，以保持路面完好。最令我喜欢的是校园里的树木，那比上海中学要多得不知多少倍。校园真大，那时全校的人也比现在少得多，所以真是非常幽雅静谧。尤其令我喜欢的是那些清华特有的景点，比没到学校时从上中教师介绍的话中想象的还要好。比如说，一进西校门，就是一条幽长的道路，一直通到二校门，路两旁都是密密的树林，而一边还伴着潺潺的小河（那时的河水不像现在那么脏），时有白石小桥作点缀。在路的北面稍微一拐弯，豁然开朗，就是看来荒芜但野趣天成的"荒岛"。类似这样的景色，在上海几乎是绝对看不到的。有一

清华大学南校门

些地方，简直如入古人诗画之中，如从朱自清散文中就熟悉了的"荷塘月色"；依山临水、朱槛雕梁的"水木清华"等。还有一些则是令人肃然起敬的纪念性建筑，如建在小山顶上的闻亭，那是专门纪念闻一多先生的。亭上还挂有一口明朝铸造的铜钟（全校用来报时的工具）。更多的是学校教学和教育用的建筑：如展开两翼似乎在欢迎学子前来阅读的图书馆（其中有当时北京地区学校里唯一的游泳池）；还有，式样大小与颜色各不相同的各系的系馆；如电机馆、土木馆、机械馆、水利馆以及我们物理系的科学馆等。所有的楼房建筑，都非常雅致。当然印象最深的要算上面标有"清华学堂"四字的那座主要的办公楼，和与清华王府几无二致的"工字厅"了。白石建成的二校门，造型非常优美，两旁都是松柏。而从正面望进去，越过一块相当宽阔的大草坪（那时在干旱的北方是十分难得的），正对着红白相间庄严典雅的大礼堂。二校门上题额的"人那桐"，一看就知道是个满族大官。后来一打听，知道他是清末的"大学士"，可惜其名声似乎一点也不好，但为了保留原有的历史情况，也就不动它了。总之，水木明瑟的清华园，给了我极大的满足。

物理系一年级全班共有 40 人。除了政治课之外，主要是普通物理、微积分和普通化学三门大课。物理课在科学馆上，化学课在化学馆，但微积分这门数学课却在生物馆底层的一个教室里进行。课程表排得挺紧，早上第一堂两小时物理，紧接着就微积分，中间只有十分钟休息时间。所以一下课，学生们就得赶快往生物馆方向噼里啪啦一阵小跑。当然只能走最近的路，就是闻亭边上那青石的平台。在那画栋雕梁的屋子旁边走过。那里有两根大柱子，上面排着一幅白底黑字的抱柱对。上联是"槛外山花，历春夏秋冬，万千变幻，都非凡境"，下联是："窗中云彩，任东西南北，去来涤荡，洵足仙居。"中间横额四个大字，就是"水木清华"。因为经常看，经常念，黄胜年很快就背熟了。

住的条件与上海中学相差不大。先在善斋，二年级改住平斋，3 或 4 个人一间屋。男生宿舍离食堂很近。中午 12 点食堂准时开门，黄胜年每天 12 点过 5 分，已吃完午饭回到宿舍里了。之所以如此快速，原因之一是，每人吃饭的桌子和位置是固定不变的，而且 8 份菜也是开门以前都放好在桌子上了。学生们只要拿起饭碗盛高粱米或拿块玉米面做的丝糕就行。后来,黄胜年经常怀念当年这种吃饭不排队的舒服日子。到了北京,不能吃大米了,主食是高粱米和玉米面,细粮很少。菜就天天是白菜萝卜。每个月会打一两次牙祭(即吃一点肉),大家都很高兴。还有一个人人都学得会的好办法,买一点辣椒酱,就能很轻松地把饭菜送下肚子去了。黄胜年就是在此时学会了吃辣椒。不过他觉得清华的伙食比上海中学要好,因为上海中学末期,学生天天都吃发过霉的米煮熟的饭,让他一进食堂总要难受,甚至想呕吐,简直有点不想去吃饭。

入校不久,一年级新生在科学馆做物理实验。黄胜年进去以后就全神贯注在实验上,没有注意到门外有人和不大的说话声。实验做完之后,就有同学告诉他,刚才门口来了好些助教先生,都是来看你的。黄胜年大为惊讶,不知道自己做错了什么,赶快反问,那是为什么?很快弄清楚原因,原来是由于他在入校考试时得了全校第一名,那些教师不认识。今天新生来做实验,就顺便乘机来看看。他们在门外指指点点,小声说:"就是那个剃光头的"。这不过是

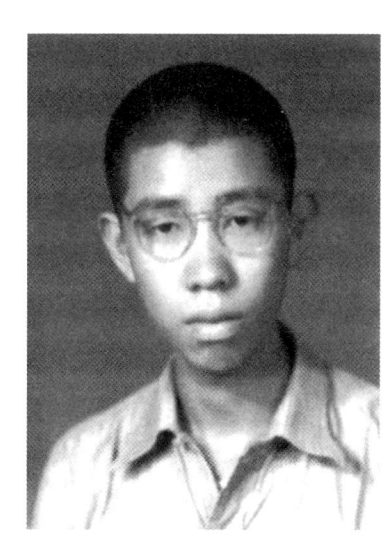

清华一年级新生黄胜年

些年轻老师的好奇而已,却在全班传开了。听到这个消息,黄胜年谦虚地对自己说,班里比自己强的人多得很,这不过是"侥幸的第一名"。那时候,不像现在,高考的分数是不公布的。后来知道,当年清华新生中,考分排在前十名的,除了一个(第七名是电机系的)之外,全都集中在物理系。

不过,当他知道了这个"第一名"之后,心里还是相当得意的。至少是很高兴的。证据之一就是他写信告诉了家人。而全家的反应都是出乎意料的热烈。黄胜年在回忆中说:

我想,一个人哪怕得到很小的荣誉时,其真正的意义,就在于各人

母亲的欣喜。以前当我考取上海中学的时候，母亲就曾以此为荣了。后来被选拔留苏，当然更加高兴。最大的遗憾在于，1992年年初，得到被选为中国科学院院士（当时称学部委员）的消息时，我的母亲竟没有赶上，她于十来天之前在沪去世。而我家其余的亲长，除一位姑姑和两位舅舅之外，早都已经陆续仙逝。因此这一荣誉对我的意义，实在是大大减色了。

初冬的一天，黄胜年早晨起来觉得有点冷，就把棉鞋穿上了。那天刚巧是个星期天，几个同学跑来相约，说是出去玩一玩，他就跟着走了。没想到，出了校门往西北，大家一高兴就说要爬山，一忽悠都去了。清华西北那里的山，看着挺近，实际相当远，所谓看山跑死马。光秃秃的山上没有树，地下都是大小不一的石头。好不容易爬上山顶，气喘吁吁但又很高兴。因为他还从来没有爬过这么高的山。听说这山比香山鬼见愁还要高。回来时就走得慢很多，到学校已近晚饭了，尽管只有玉米丝糕加上一碟没油的青菜，还觉得十分香甜，吃得特别多。可是回到宿舍后，突然脚底下有些异常。脱下鞋仔细一看，糟了！棉鞋已经磨破，无法再穿。要知道这是一双第一天才穿上脚的新鞋呀。更重要的是，它是妈妈因为他要到北京上大学，知道北京天冷，赶着做好后，临走塞在他包里的。如今可怎么向母亲交代呢？真是又悔又恨。第二年暑假回家，不敢对妈妈说，因而两个冬天他都没有穿棉鞋。

第七节 在物理大师身旁

一年级头一学期最主要的课程"普通物理"，由霍秉权先生讲授。教室就在科学馆里。霍先生是英国诺贝尔物理奖获得者威尔逊退休前招收的最后一个研究生，1934年获得博士学位后回国，在清华大学物理系任教。他改进了"威尔逊云室"的结构，并在中国研制出第一台用于探测带电粒子的"威尔逊云室"。黄胜年对霍先生印象很深的是，他讲课很认真，举止也是一丝不苟，保持百分之百的英国绅士风度。到了夏天，他还是穿着西装进教室，讲着讲着，实在太热，满头大汗，忍不住了，他才向学生们道歉说，对不起，请允许我把外衣脱一下。学生们想笑又不敢笑，内心里佩服他的规矩。

就在这年 10 月，发生了抗美援朝战争。中国人民志愿军跨过鸭绿江，与以美国为首的所谓联合国军交手。当时的大学生，离解放前的学生运动不远，政治敏感性很高，对局势的发展非常关心。很快清华就停课了。同学们走出校门，到了街头，到了郊区的农村，用各种方式为抗美援朝做政治宣传。因此黄胜年有机会看看北京，他觉得北京与上海不同，虽然有长安街、王府井，但在城区里面仍有大片的农田，农民的生活还非常贫穷。

当时全国各界轰轰烈烈地掀起抗美援朝捐献飞机大炮的群众运动。穷大学生当然也不能落后。但是怎样才能挣到钱去捐献呢？班里团支部想出了一个办法，就是写文章到杂志上去投稿，可以得到稿费。写什么内容呢？商量之下，决定给《中学生》杂志写科普文章。最后想好是可以连载的"物理学讲座"。这件事情，大家就交给了黄胜年负责，他当时是团支部宣传委员。他到东城找到了杂志社，即后来的科学出版社。那时《中学生》已经改为《进步青年》了。接待他的人并不很热心。但联系两次后，也就同意试试。于是大家又推选他写第一篇。他怕写得不好，改了几次，仍犹豫着不敢交出去。这时候有位高年级同学向他建议，何不把稿子给王竹溪先生看看，请他提出修改意见。这位同学怕他不敢去找，还补充说，王老师虽然名气很高，但对青年学生很热情，不会拒绝这样的小事。王先生当时是物理系主任，是著名理论物理学家，后来还兼任过中国科学院原子能研究所金属物理研究室主任。可是那一年正好赶上他轮休作研究，黄胜年还从来没有与他打过交道。于是冒着斗胆找了他。王先生说，把文章留下吧。过了两三天，先生找他了，说你的这篇文章很好，我认为用不着做什么修改，只给你修改了一个字，知识的"知"字你写成了"智"，改过来就行了。这篇文章很快在《进步青年》上登了出来。但也许是办刊方针有了什么变化，编辑先生告诉他说，只登这一篇，以后就不再登了。所以只拿到 20 万元（相当于后来的 20 元）稿费，随即捐了出去。

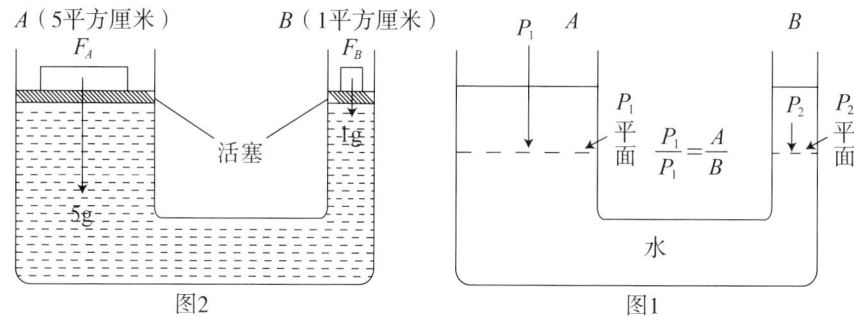

在《进步青年》上发表文章用图

1951年的7月1日,是中国共产党成立30周年纪念日。6月30日,在北京先农坛举行隆重的大会,有4万人参加。黄胜年当时还没有入党,已经是党组织的培养对象。所以派他与班上的3名党员一起去参加。天在下雨,大家都拿着雨具出发,先在清华集合,坐卡车到了前门外。先在天坛等待,雨是忽下忽停。下起来就很大。那时候还没有塑料雨衣,所以不管穿没穿雨衣,大家身上全都湿透了。但是如果雨停阳光晒晒,衣服又会变干些。过了很久,才按命令继续进入先农坛会场。他们的位置刚巧在主席台底下。恰巧在开会前一刻钟,不但雨停了,还有太阳。主席台上出现了几个人。有一位向大家说,一会儿要唱国际歌,全场有四万人合唱,可能不容易唱齐,因此现在要练一练,于是就练了两遍。参加的人们是年轻人居多,一声号令,立刻就放声大唱起来。台子实在不算高,有不少人未必看得到指挥的手势,所以只能跟着附近人的声音。结果是这边唱完了,还听到那边唱最后的一两句。不过在练第二篇时就要好一些。时间已到,不允许再练下去。

大会开始时是傍晚,主席台上来了许多人。有毛泽东、刘少奇、周恩来、朱德,这些都是黄胜年早已认识的。还有些也就没去注意。一宣布开会,接着就唱国际歌。还是刚才那个人指挥,不知什么原因,这次正式唱倒唱得相当好,至少没听出什么毛病来。

会上由刘少奇作报告。讲着讲着,雨又下开了。有人拿了雨衣来,请台上的领导人穿上。只见给毛主席穿的一件是特别的,即颜色比较红,而其他领导人则是浅黄色的。这样参加大会的群众就识别毛主席了。

黄胜年身上已多次湿透，反正无所谓，好在下了不久雨又停了。至于刘少奇报告的内容他可是记不清了，其中最重要的一点，就是第一次提出"中国共产党是一个伟大的、光荣的、正确的党"。

没有想到，在这个场合，黄胜年居然还见到了郭沫若先生。他当时是无党派民主人士，任中国科学院院长。他在大会上发言之后，给大家朗诵了自己刚写出来的一首新诗。在这之前，他还没有过这样的机会。听过他特有的卷舌声和抑扬顿挫的朗诵，真是一辈子也不会忘掉。要知道，在那个年代，能在"近在咫尺"的距离上看到最高的革命领袖们（与在天安门广场不一样）非常光荣和幸运的。而且还听到了自己崇敬的诗人郭沫若先生带着川音而别致的朗诵，也是机会难得。

1952年2月，清华大学开始选拔留苏生。1951年，留苏生是从高中毕业生在高考里面选出来的。可是到了那边以后，发现他们相当困难，首先是缺乏俄语准备。另外，看来前苏联大学里的课程比较深，一时赶不上。所以相当多的留学生只能在那里先上一年补习班，第二年再入学。这样做当然不合算。因为在前苏联的生活费用要比中国高得多。因此，教育部决定，第二年将要从上过一年大学的学生中选拔，而且事先在国内学好俄文（预定一年左右）。这样出国之后跟着前苏联学生从一年级念起不该再有困难了。有一天，黄胜年得到通知，要他去参加一个会议。当时大家正在忙于"三反"、"五反"和思想改造运动，在参加会议之前他认为肯定也是这方面的内容。后来知道是要他参加留苏生的选拔工作。具体任务就是做一些秘书性的事务。例如要把学校党组织的建议与教授们的意见互相沟通起来。黄胜年当时理解为就是跑跑腿的工作。既然参加这项工作，自然也就说明本人已在被选拔的内定范围之外，不过他没有去多想什么，只想把工作做好就行。

关于选拔留苏生的第一次会议在清华学堂的二楼举行，由校长（当时称校务委员会主任）叶企孙先生主持。当时黄胜年不知为什么，校长让他坐在自己的身旁。叶企孙先生是中国四大物理先驱者之一，1918年毕业于清华学校，1920年获得美国芝加哥大学理学学士学位，1923年获得哈佛大学博士学位。他精确测定了普朗克常数，这个常数在国际上一直沿用了 16 年之久，1924 年回国在东南大学执教。1925 年清华学校成立大学部，应聘到清华，先后创建了清华大学物理系和理学院，并任系主任和院长，培养了大批杰出人才。1929 年，他把物理系的 3 名毕业生分别派往德国、法国和美国深造。其中王淦昌在德国著名物理学家、裂变理论的奠基人 L.迈特纳的指导下从事核物理研究，1934 年获博士学位，1959 年发现反西格玛负超子，1999 年荣获"两弹一星功勋奖章"。施士元被派往法国居里实验室，师从玛丽·居里夫人从事核能谱研究，1937 年获博士学位，回国后一直从事教学，培养了大批核物理人才。这次清华选拔留苏生，黄胜年这个优秀的学生早已进入这位物理大师的视线。而黄胜年还是第一次走近这位物理大师，当时他给物理系高年级上课。

叶企孙先生和他的塑像

在这次会议上，叶企孙首先传达了上级的有关文件，并对选拔工作进行了具体的安排。随后在纸条上写出了分配各系的名额。黄胜年注意到，他还是习惯用毛笔。各系的名额互相是保密的，由黄胜年一一分送到来开会的老师手里。在选拔的过程中，黄胜年了解到，各方意见稍有不同。无非是教授们倾向于学习好的，而党组织则倾向于政治可靠的。不久之后，没有料到，他自己也被选上了。全校共选拔了十几人，指定他任组长或召集人。此后他离开清华，也再没有什么机会亲聆这位大师的教诲了。后来知道，叶先生在 1938 年曾秘密组织部分清华师生配合冀中军区制造和运输军工器材，为抗日战争做出过贡献。1955 年当选为中国科学院学部委员（院士），但在"文化大革命"中，受冀中抗日根据地"熊大缜案件"的牵连（此案也涉及到汪德熙先生，他后来与黄胜年一起筹建核工业研究生部），受到许多批评和凌辱。"四人帮"被粉碎后，冤案也没有马上得到昭雪。直到1977年初，先生在重病中含冤去世。黄胜年在回忆中写道：

这样的事，在"文化大革命"中当然不算少。可是叶先生在清华数十年，一心为学，好几代人都受过他的恩惠，真可说是桃李满天下，尤其是道德文章是为后生典范。这样的人，竟会遇到这样的厄运，实在不能不令人叹息流涕！

1980年，叶企孙先生的冤案得到彻底平反。1987年，为了纪念他的功绩，中国物理学会设立了"叶企孙物理奖"，奖励那些在凝聚态物理领域做出突出成就的青年物理学家。

第八节　跨出国门

清华大学选拔出来的十几名留苏生被抽调出来，不再参与当时的政治运动和课程学习了。离校的时间还有两周。作为召集人的黄胜年考虑到，在这段时间让大家做些什么呢？他想，对于俄语，所有的人都是一窍不通的。以后总要学，何不先启蒙一下呢。于是他就跑到外语系的俄语教研室，找到一位姓柳的教授，这位教授曾写过一本很好的俄语教材，问他有没有可能给他们这十几个人上一点课，没想到这位老师非常热情，一口答应。几乎天天来，从头讲起，因此，他们在进入俄专之前，就已经打了一点最初步的基础了。

3月底，他们来到北京俄文专修学校二部（简称俄专二部，也叫留苏预备部）报到。这是个临时筹备起来的学校，实际上与俄专一部无关。当时算是中共中央的一个直属部门，校长就是曾经为毛主席等领导人访苏做翻译的师哲。学校借住在北京西四护国寺附近的辅仁大学院内上课。这里是清代的某个重要王府，规模很大。宿舍在王府外面一间破而不漏的小屋，里面有十几张双人床。屋前有个小小的院子，遍地碎砖烂瓦，总算有一个水龙头，供大家洗漱。但那时没有人觉得条件不好，大家只顾拼命地学习。老师全是女性，由当时前苏联专家的夫人担任。黄胜年还是头一次见到世界上竟有这么肥胖的人。简直是一个比一个胖。她们虽然魁梧，其实却十分和气。学生约有300多人，其中一半是原已学过俄语的，有一定的水平（大部分是从哈尔滨等东北城市来的），共分成12个班。一班到六班，计划是学几个月后，在当年秋天派出。七班到十二班，计划学习1年半后出去。从清华来的同学都分开了。只有黄胜年等3人分在七班。班里的学生年龄偏大，也就是说都已大学毕业参加工作了的，只有清华的3人是在校大学生。因为年轻，学外语却是有利条件，因此在互帮互学的过程中，他们总要当"小先生"。入学前的那段"启蒙"也给他们带来了优势。

学校算供给制。学生的待遇是，每月的伙食标准约10余万元（即后来的10余元），饭菜当然要比清华好多了。此外，每人发3万零花钱。从这个时候开始，黄胜年就再也不用父亲寄钱了。他记得头一次拿到3万块钱，心里别提多高兴了。首先用它买了厚厚一本斯大林著作（是前苏联印刷的中文版）。余下的给自己买了一件汗背心。

说是俄专算个高等学校，其实只能是初级而又初级。黄胜年举了一个例子说：

期中考试的时候，学生都相当的紧张。前苏联老师都讲究用口试方式，学生们站在教室门外，老师叫一个，就进去一个。照规矩每人进去该鞠一个躬，说一声"您好！"答完出来时则道一声"再见！"。可是在俄语里"您好"这个词与"万岁"很相像，有些人平时就弄不太清楚。结果是，有一位同学考试一紧张，进去的时候叫了一声"再见！"，而出来却是一声"您好！"而另外一位同学则更加精彩，进去一声"万岁！"出来又是一声"万岁！"弄得大家忍不住捧腹大笑。

称黄胜年"小先生"的人中，有一位军人，名叫王良，来自东北，在班里年龄最大。在密切接触之中，他在政治思想上对黄胜年帮助很大。几个月以后，由他和另一位党员介绍，黄胜年入了党。

黄胜年在清华时，就是党组织的培养对象。当时班上党员团支部书记庆承瑞与他联系。还有几位党员经常关心他在政治上的进步。高一年级的党员同学齐卉荃和唐孝威也曾找他谈过话。因为出国后，就不能发展党员了。而且，在前苏联除了苏共之外，绝对不允许任何其他政党进行任何组织活动。于是，俄专二部的党组织根据黄胜年的表现，抓紧吸收他入了党，并在7月28日的支部大会上正式通过。

此时，一到六班的同学就要考虑出国的准备工作了。校方经过考察，认为不但前6个班可以出去学习了，而且从后面6个班中，也可抽出少量学得好的学生，与他们一起分批走，用不着再学一年了。于是就给这些人准备衣服等行李物品。黄胜年被挑上了，从清华来的多数同学也被挑上了。包括清华大学同班同学庆承瑞和顾以藩。校方通知他们3人，还有一位来自武汉大学的李方华，属于中国科学院的派出名额，到前苏联列宁格勒大学学习物理。科学院还派了一个干部来，与他们4个谈了一次话。出国前，学校还用卡车送留苏生们到中南海去听刘少奇的讲话。这是黄胜年第一次进中南海。

黄胜年本来可以回到家乡，或是请父母来京，共度几天惜别的日子。可是他没有这样做。其原因，当然主要是省得花那么多的钱。何况一年前刚刚出来。他在心里想，不过就是四五年，时间很快就会过去的。反正家里知道儿子要到前苏联留学，都非常高兴，不会不放心的。可是他后来很后悔当时那些傻想法，没有想过作父母的心情。

10月初，他们登上火车，开始了到前苏联留学的征途。入夜之后，黄胜年久久不能入睡，他在回忆录中这样写道：

入夜后，同伴们大都睡着了。可是我一个人心情兴奋，思绪万千。忽然想起了郭沫若在"七·七"事变之后从日本逃回的时候用鲁迅诗韵写的诗。鲁迅的那首七律：

"惯于长夜过春时，挈妇将雏鬓有丝；梦里依稀慈母泪，城头变幻大王旗。忍看朋辈成新鬼，怒向刀丛觅小诗；吟罢低眉无写处，月光如水照缁衣。"

是人们非常熟悉的。而郭沫若的，则知道的人可能少一些：

"又当投笔请缨时，别妇抛雏断藕丝；去国十年余泪血，登舟三宿见旌旗。欣将残骨埋诸夏，哭吐精诚赋此诗；四万万人齐蹈厉，同心同德一戎衣。"

我就一面默念着两位大文豪的句子,一面自己依韵和了一首:

"长夜正逢去国时,似蚕心绪满怀丝;思回金水桥边路,梦忆天安门上旗。壮士万千卫祖国,工农五亿写史诗;誓将不负人民托,嘱咐声声记在衣。"

当然写得很幼稚,但却的确是当时的心里话。

到了满洲里,行李都得拿下来。那时两国铁路轨距不同,要换乘前苏联的列车。他们提着重重的两个箱子走很长一段路,才把行里送上苏方的车箱。晚上住在满洲里的一个招待所里,中方给他们准备了一顿丰盛的晚饭,说这是你们"最后的晚餐",此后就吃不上中国菜了。

在火车上经过10天的旅途,到达了莫斯科。休息了两天之后,又向列宁格勒(今圣彼德堡)进发。一下车就前往留学生宿舍。宿舍在涅瓦河边上,出门可以望到大名鼎鼎的冬宫。他们住的是一幢6层楼的房子,当时学校所有的外国留学生都住在这里,每间房间均配有前苏联学生陪着住。黄胜年在4层,同屋的有朝鲜和民主德国的学生,还有一位中国学生是新闻系的。

黄胜年(右1)与中国同学在一起

这里已有不少中国留学生，大部分是 1951 年来的，其中物理系只有罗安仁 1 人。他们新来的 4 人在国内已进入大学二年级，在这里又要从一年级读起。大家都觉得多读一年没有必要。有一天，他们 4 人坐在楼下客厅里一起讨论，都知道插班二年级会有许多困难，两国的课程有些差别，而首先就是语言问题。但是，多花 1 年不合算，4 人下决心要拼一下，无论如何不能后退。于是准备第二天找系主任去力争。

要见系主任，先得见系秘书。秘书是位老太太，一听他们要求直接插班二年级，几乎把头摇得快要掉下来。见了系主任宾京，情况更是如此。他说："现在已是 10 月下旬，学期过了一小半，你们在中国只学了 4 个月的俄语，即使上一年级，要赶上也是非常困难的。怎么能考虑上二年级呢？"

当天，不管他们怎么要求，主任就是一百万个不同意。暂时只好到一年级去上课了。

在一年级上了大约两个星期的课，大致情况都弄清楚了。确实，一年级课程的主要部分，他们在国内差不多已经学过了。虽然语言不大通，可是数学、物理等重点课，也还可以大体理解。于是一有空就去找系主任要求插班。几乎天天去磨。主任说："你们说中国急需人才，应是越早回去越好，可是中国的建设需要的是合格的人才，我不能把不合格的毕业生送回去吧？你们不要太着急，先把俄语学好再说。"

到后来，主任失去了耐心。他说："现在很快就要考试了。你们如想插班，那就非但要努力跟上当前的讲授；而且还得把本学期已经上过的课程全都补起来；此外，每周 4 小时的实验课都要补做，1 次也不能少；还有，你们还得加上每周 10 小时的俄语课；时间那么紧，每门考试都必须通过。你们能做得到吗？"

他没有料到，他们四人斩钉截铁，同声回答：一定可以做到。在这样坚决的要求下，总算同意他们插班学习了。

目的达到了，他们 4 个人都很高兴。但是接着而来的是十分艰苦的学习。每天上课时间大约 8～10 个小时。课后匆忙吃点简单的晚餐，就得做作业。还要把前苏联同学的笔记借来做重点抄录，总要弄到深夜两点钟才能睡觉。困难比他们预想要多得多，因为前苏联高校的功课相当重。例如理论物理吧，在清华讲了一个学期，这里只用了几个星期就讲过去了。更重要的是，当年在清华的学生要参加政治活动，例如抗美援朝、三反五反，等等，经常是"停课闹革命"，实际上课时间不多，而且也没有好好地学。在黑板上数理课程的符号是可以理解的，最麻烦的是政治课，老师满堂灌，几乎一点听不懂。只好课后用中俄文两种版本的联共党史对着念。为应付考试拼命地背。黄胜年说，这是他一生中最紧张也是最努力的时期之一。

一分辛勤一分收获。两个月之后，考试结束。4个人的成绩是，门门功课都是5分，给中国人争了光。

第二年进入三年级，学生要按专业分班。物理系的5位中国留学生聚在一起，商量他们几个人的专业安排。经过大使馆留学生管理处同意，决定罗安仁和庆承瑞学原子核物理，在第一班；黄胜年学分子物理，在第二班；李方华学X光物理，在第六班；顾以藩学光学，在七班。

与国内不同，到了三年级，不光有专业课，还要做年级论文。学生每周至少花一个半天，到物理研究所相关的实验室去做实验，课题由指导老师提供。实际上就是做科研工作的开始。三四年级的"年级论文"做得好，到五年级做毕业论文就有基础了。

黄胜年被分配到超声波实验室做年级论文。头一个任务是做一个直流300伏的稳压电源。完成后，正经的研究题目是"组合振子"。当年世界上各种新塑料刚刚被研制出来，该题目就是测量这些新材料的声学参数。于是他就正式进入研究工作程序，从调研国际有关文献开始，到准备实验设备，获取实验数据，做理论分析，然后写出论文。

这种研究与国内大学已知知识的实验课有很大的不同，这是教你学会和掌握探索未知的实验研究方法。为了做好三、四年级论文，黄胜年不仅要经常到实验室亲自动手，还要经常在图书馆里了解世界上同行们的工作情况，查阅有关的文献。他在回忆中说：

索老师给了我一批文献，一看大多在"Physical Review"上。这杂志是英语的，我那时英语忘得差不多了，要重新拣起来。书要从图书馆去找。刚巧有一个机会,我们外国留学生,即使只是大学生,也按研究生来优待,因而可以到前苏联科学院图书馆去看书,不仅进入普通的阅览室,而且可进到研究人员的阅览室。这好处可不小,我可以一下子就借好多本书(一般杂志都是合订本,又厚又重),这些书就归在我的名下,每次我来,到借阅口一站,女馆员就把那一堆书全抱出来给我。离开时还给她们,还放在我的账号下,下次照样给我。当然可以还掉一本或几本,或增加几本,只要总数不超过规定的数目就行。于是,我们几个人,除了上课之外,每天都到前苏联科学院图书馆用功去了。星期天更是从早到晚不出来,只带块面包去吃,当作午饭。总是图书馆要关门了,才恋恋不舍地走出来。"前苏联科学院图书馆"的俄文简称,与"洗澡堂"一词发音很相近,因此路上碰到前苏联同学问起,你到什么地方去了,我一回答,他们就以为去洗澡回来。有时他们奇怪,怎么你冬天还天天洗澡?说清楚了,彼此莞尔。

在科学院图书馆看书,对他还有一个特别的好处:那就是可以查阅到中文书籍。不过大部分都是古书,即线装本。有时他阅读物理类英语文献疲倦了,想稍稍休息一下,作为调节,就换一本中文书来看。

黄胜年在列宁格勒留学3年,也并非全是在教室、实验室或图书馆里度过的。在假日,也会随同学们参加郊游。列宁格勒(旧名彼德堡,今名又称圣彼德堡)是一个美丽的城市。可惜气候太差,经常阴雨绵绵。假日里遇到好天气,同学们就会结队外出郊游。交通十分方便,从城市的各个方向都有电气火车到达,且票价也十分便宜,可以随便在哪个车站下车,周围或是农田,或是草坪,或

黄胜年(左)和罗安仁(右)在一起

是树林，尽可踏青游玩。

1953年夏天，他曾有一次到拉脱维亚去旅行的机会。原因是那一年他得了肺结核病，经过医疗，前苏联医生建议他去疗养一段时间。当时罗安仁是列宁格勒城中国留学生的学生会副主席，很快为他弄到了疗养的"比列特"（билет即疗养证），叫他快去，争取把病彻底养好。

那个疗养院的地址在拉脱维亚首都里加附近。这座幽雅的小城，据说有"波罗的海岸边的巴黎"或"小巴黎"之称。在疗养期间黄胜年留下一张照片背面一首小诗。

松风隔岸传人语，
桥下清泉激石行；
採得山中松仁果，
碎投水面引游鱼。

黄胜年在疗养期间

1955年，他还到芬兰湾的一个集体农庄参加了一个星期的劳动，种玉米。每天的劳动时间比较少，派两位女同学轮流做饭。农庄负责供给基本食物：牛奶、黑面包和土豆，全是敞开供应。因为裸麦和土豆种得非常多，根本吃不完。当然，要是全靠农庄里的那些劳力，大概是种不了的，至少收不了那么多。

光阴荏苒，在列宁格勒的3年留学生活很快就要结束了。黄胜年没有想到，由于争取插班跳级，赢得了宝贵的1年时间，又赶上了一次难得的机会，使他这个还差最后1年尚未毕业的大学生，直接跨越到研究生的学习和工作岗位上。这是他求学生涯中最后一次跳级。参加了中国在前苏联的科学实习团，并确定了自己终生的专业方向。

第九节　走进原子

1955年的暑期，黄胜年参加了中国留学生们自己组织的旅游活动。因为他们手上的卢布不多，不可能去那些如克里米亚、索契等的避暑胜地，只能选择乌克兰的基铺和奥德萨，回程取道莫斯科，已经很满足了。旅游回来后，正打算收心，以准备迎接最后1年的学习。这是关键的1年，要学习许多专业课程，还要做毕业论文，当然还要争取拿到好成绩。但是，就在这个时候，物理系的4位中国留学生接到了中国大使馆的通知，要求他们立即回莫斯科到实习团报到。这4人是罗安仁、黄胜年、顾以藩以及1953年来攻读研究生的杨桢。

早在1955年初，前苏联政府发表声明，表示愿意在促进原子能和平利用方面给予社会主义国家以科学、技术和工业上的帮助。中国最高领导层迅速做出反应，1月15日毛泽东主席召开中共中央政治局扩大会议，做出发展核工业的战略决策。接着，应前苏联政府的邀请，中国政府派代表团赴前苏联参加谈判。并于4月27日签订了关于前苏联援助中国发展原子核物理研究与和平利用原子能的协定。协定的主要内容包括由前苏联为中国援建一座7 000千瓦的重水实验反应堆和一台磁极直径为1.2米的回旋加速器，并接受中国工程技术人员和核物理研究人员到前苏联进行培训和实习。

此后,中国科学院物理研究所(后来为原子能研究所)所长钱三强开始选拔优秀科技人才,准备组团赴前苏联参加培训和实习。但是,由于国内人才不足,于是他把目光转向已在前苏联的中国留学生和研究生的身上。经过与高等教育部商定,同意从中选拔。最后组成39人的实习团,其中包括已在前苏联的中国留学生或研究生13人,于10月至11月先后到达莫斯科,准备接受为期一年的实习和培训。

列宁格勒大学的杨桢和罗安仁在接到通知后,很快就走了。但是,黄胜年和顾以藩却一时走不成,原因是中方虽有明确的通知,而苏方却说,他们没有接到文件。一直等到11月下旬,才知道苏方把他们的身份由大学生写成了研究生,以致耽误了两个月。其间他们去问了不止一次,可见前苏联的官僚主义也是真够厉害的。他们两人乘火车到了莫斯科,先去中国驻前苏联大使馆商务参赞处见一位叫李强的参赞。当时他还很年轻,意气风发,也很和气,后来出任中国外贸部长。李强让他们休息一下,然后把地址交代清楚,要他们去找钱三强先生报到。

黄胜年最早知道钱三强和何泽慧的大名,是在高中读书的时候,在一本杂志上偶然读到了介绍他们发现三分裂和四分裂的文章。但没有想到时过7年之后会与他们见面,并且以后成为他们的学生,并长期在他们领导之下工作。

实习团在离高尔基大街不远的一家简陋的小旅馆里。白天在研究所里参加实习,晚上才回来。黄胜年在回忆录中写道:

我们先见到的是何先生。出乎我的意料,她穿了一件棉背心,外表和一个普通的家庭妇女没有什么差别,非常朴素,笑眯眯地和我们谈话,介绍实习团的情况和我们的任务,一点也没有架子。我们在她面前很快就没有拘束了。不久钱先生也回来了,他给我的最初印象是面带红光,精力充沛而又非常和蔼。能够在他们领导下参加到最先进的科学工作中去,我心中感到万分的高兴。

实习团的全体人员住的小旅馆名叫"十月",位于莫斯科市中心。之所以选择这个旅馆,只是因为它便宜,实习团要在莫斯科长住,当然不

在"联合原子核研究所"成立全权代表会议上（1956年春莫斯科）
前排左起：3. 赵忠尧 4. 刘杰 5. 钱三强 6. 彭桓武

在列宁格勒参观"阿芙乐尔"舰时留影（1956年4月苏联）
左起：赵忠尧、钱三强、何泽慧

能去住较好的也就是较贵的旅馆。旅馆楼下有个"涅瓦"餐厅，对外也对内。因为太贵，他们是吃不起的。午饭是在研究所食堂里吃，早晚就各人自便了。以开水或面包为基础，或买一些熟食，或到小吃店里花几个卢布对付一顿。团里只有一人不在旅馆里住，他就是刘允斌。他是前国家主席刘少奇的儿子，15岁时送到前苏联。毕业于莫斯科大学化学系，取得了副博士学位。已结婚，夫人是俄罗斯人。还有一份待遇丰厚的工作。他在团里俄语是最好的，但是中文很蹩脚。操一口湖南话，很爱说话，常常闹一些笑话。例如把"部下"说成"下部"，弄得大家啼笑皆非。他为人诚恳，平易近人，丝毫没有高干子弟常见的那种傲气或不良习气，他放弃了在国外优越的生活和工作，坚决要求回国参加社会主义建设。这对黄胜年的感触非常深。刘允斌回国后曾任原子能研究所放射化学研究室主任。60年代初调任包头核燃料元件厂锂同位素分离研究室主任，为氢弹核燃料的生产做出重要贡献，万分可惜的是，在文化大革命中由于他父亲的关系，被迫卧轨自杀，这使黄胜年痛心不已。

吃住等生活问题，对黄胜年来说是容易解决的。但要完成艰巨的实习任务，则使他感到望而生畏的压力。因为他原来的专业不完全相符，

黄胜年在莫斯科红场

许多基础知识都没有接触过，那些专门名词和术语连听都未曾听说过。当然，这个困难并不是他一个人所独有的。

实习团中除了反应堆和加速器两个组外，还有一部分是做物理实验的，这些人原来的专业各不相同，有分子光谱、超声波、光学、微波等，多数人对原子核物理都知之甚少。要跟上工作，必须在短时期内补上核物理的基础知识。黄胜年在回忆录中写道：

这时钱、何两位先生想出了一个培训我们的好方法：就是利用业余时间进行自学，加上讨论，互教互学，一起提高。把我们几个人组织起来，系统地学习核物理基础理论。每周开一次讨论会。每人分一个专题，自己阅读文献，然后在组内作报告，讲给大家听，随时进行讨论。两位先生每次都从头至尾参加，跟大家一起提问题，一起寻求答案。记得罗安仁给我们讲 α 衰变，钱臬韵讲 γ 谱学，杨桢、项志遴、吴治华和顾以藩讲中子物理（因这是重点，所以年轻人多些），我则分到了 β 衰变。当时我们这些二十多岁的年轻人都不甘落后，学习很刻苦，就像我们在俄专学俄文的时候，非常自觉。几个月过去了，自学加讨论的培训方法取得了巨大的成功。很快大家都掌握了基本的知识，跟上了各自在所在组的工作，并在里面起了明显的作用，受到苏方的好评。

其实，这个培训干部的方法，他们早在50年代初期就使用过。那时近代物理研究所（即后来的原子能研究所）刚刚成立，国内还没有培养核科技人才的专门学校。对调来的科技人员或分配来的新大学生，都要补上核物理或放射化学基础知识这一课。这个方法正是在这个时期积累起来的培训经验。

另一个提高年轻人的重要方式是学术活动。当时，研究所内几乎每周都有报告会，涉及的范围也很广，大部分报告他们是听不懂的。但是，钱三强和何泽慧要求大家一定要去听。说"听不懂的话，硬着头皮也要听，时间久了逐渐就会听懂"。他们按照先生的话这样做了，确实从中受益。黄胜年回忆说：

我见到过一些在报告会或工作讨论时爱讲话的科学家，其中之一是常来热工实验室听报告的前苏联著名物理学家朗道院士。他兴趣广泛，思路敏捷,每次都坐在第一排。虽是理论家,可对实验问题也相当熟悉,总爱打断别人,随时发问并阐述自己的判断,滔滔不绝,常常把报告人弄得下不了台。钱先生和何先生却不是这样。他们总是注意引导和鼓励年轻人自己去讨论。即使发言,也是出于普通听众的身份和平等的态度。这种态度,使与会的人思想放开,积极考虑问题。讨论在多数人之间展开,更加活跃,有时争论得面红耳赤,疑难问题易于得到解决,而每个人都在这种讨论中提高了科学水平。

实习的地方在"热工实验室"。这是个保密的代号。当时正式的名称是"苏联科学院热工实验室"(后改为"理论与实验物理研究所")。是前苏联早期发展原子能科学技术的少数研究所之一,位于莫斯科市的南郊,是利用一个俄罗斯贵族的花园改建的,仍保留了原来的庄园大厅等一些建筑物。所内装备有重水反应堆和回旋加速器。当时的所长是著名宇宙线物理学家阿里哈罗夫院士。

按照原来计划,黄胜年要去学习一项氚的研究。可是在不久前,他们操作氚时出了事故。氚的半衰期是12年,短时间处理不干净,只能把实验室暂时封起来。后来转到一号楼,跟着库兹涅佐夫老师研制一种新的用于探测宇宙射线高能粒子的特殊气泡室,并成为他的主要助手。

气泡室是一种粒子探测器,那时刚刚问世不久。1952年由美国人发明,并获得了1960年诺贝尔物理奖。后来,世界上几乎每台高能加速器旁,都建有大小不等、性能各异的气泡室。后来,我国核物理学家王淦昌在联合原子核研究所发现的反西格玛负超子,就是用一台丙烷气泡室完成的。

老师只交给任务,如何完成则全由他自己考虑。除了参加整个安装过程外,他还独立承担了大部分辅助设备的研制,包括宇宙线望远镜,氙灯照明及控制系统等。为了学到更新更多的知识,他还主动要求参加一台液氢气泡室的调试和液氙气泡室的部分准备工作。通过近1年的实习,在独立研究能力和核物理实验技术方面受到了很好的锻炼。

在这期间,有一件事对他的触动很大。在1956年的一次国际学术会议上,我国一位理论学家作报告时,一位外国人态度十分傲慢,说中国人做不了实验验证,工作没有太大价值。这使在场的黄胜年受到很大的刺激。此刻,他暗下决心,回到国内一定要做出自己的实验成果来,使外国人不敢小看我们的祖国。

1956年是中苏友谊最好的时期。继1955年的援助协定之后,又于8月17日签订了关于前苏联为中国建立原子能工业方面提供技术援助的协定。为完成这项协定,中国政府于3月派出以刘杰、钱三强为首的政府代表团赴前苏联考察访问。代表团有一个庞大的顾问班子。此时此刻,中国几乎所有著名的核物理学家,诸如钱三强、赵忠尧、王淦昌、彭桓武、何泽慧以及朱光亚、胡济民、黄祖洽等,都云集莫斯科。代表团与实习团不同,这次住进高级的宾馆。

赵忠尧(左2)朱光亚(右2)等在莫斯科

为了确定援建项目,要到相关领域参观、访问调研,历时两个多月。在这期间,因为要用到专业俄语,于是核物理专业的留学生和研究生们派上了用场。黄胜年与这些老前辈们有了更多的接触。为他们参观访问、谈判或作学术报告时做翻译。有时为他们带路外出。

有一次,王淦昌问他愿不愿意到刚刚成立的杜布纳联合原子核研究所工作。黄胜年知道,联合所的科研条件比国内好得多,容易出成绩。但他认为,在国外,你工作再好,说起成绩来总还是属于外国的。于是他坚决表示要早日回国。钱三强得知他的想法之后说,那你就回去跟我一起做裂变物理实验吧。

第十节 告别前苏联

实习团在前苏联为期 1 年的实习任务即将结束了。在反应堆和加速器上的实习人员,最先完成实习任务。他们在 1956 年 4、5 月间,已分批回国了。剩下物理、化学、生物和其他专业的人员,则其期限是不一定的,即要等到所参加的研究课题告一段落后,才能结束实习。此外有几个人(主要是反应堆组的留苏研究生们)一心一意想完成他们的副博士论文,非要戴上副博士的帽子才罢休。开始团里党组织的领导不理解,认为他们是名利思想作怪,因而不予考虑,不予同意。一时间闹得很僵。后来经过钱三强做工作,调解开了,总算得到同意。这些人也回到原来的学校做他们的副博士论文去了。对这件事黄胜年有他自己的看法。他说:

我的想法与他们不同,自从在高能大会上亲眼看到中国人因落后而被瞧不起之后,一心一意想早日回到国内好好工作,为祖国争一点气。特别是我进入这个实习团,知道了今后的任务,尤其兴奋,简直在国外一天也不想多留了。

1956 年 6 月下旬的一天,黄胜年从研究所(热工实验室)回来,路过一个地铁站,在长长的自动电梯上,从下往上,旁边另一个电梯从上往下,两个电梯上全都站满了人,几乎不能动弹,这在莫斯科是常有的事。突然间有一些人连声喊"黄胜年!黄胜年!"声音来自旁边那座又长又高的电梯的上部。他抬头一看,不禁喜出望外,原来是列宁格勒大学的同学,他们今年毕业了,正要回国。这次巧遇之后,黄胜年马上就作出决定,请他们多买一张火车票,要和他们一起搭伴回国。

本来黄胜年已计划很快回国。当时团里反应堆和加速器组走得最早,然后钱三强和何泽慧两位先生也都回国了,他们物理实验组的钱皋韵等人也走了,其余几位的实习工作还远没有完,所以他想一个人走。碰上这么多同学做旅伴,正是他求之不得的。而且他们还想在莫斯科稍稍停留一段时间，去参观一些过去没有看过的地方，这样他可以抓紧处理一些未了事宜，时间上也来得及。

所谓未了事宜，其实也没有什么太要紧的。研究工作（即用于测量宇宙线的氟利昂气泡室）已经做完，论文提纲也已讨论过，说好由库老师去写。需要带回国的一些资料，他也收拾好了。最后就剩下告别了，可没有想到为了告别，他遭遇了平生头一次的醉酒。

黄胜年到导师库兹涅佐夫那里去，他单身住在一间很有气派的房间里。黄把一幅中国的竹画（彩色山水）送给他作纪念，并再三感谢他对自己的帮助。库老师非常喜欢那幅画，当场就把它挂在墙上。另外也回赠了一套琉璃雕花的小酒杯。黄胜年在回忆当时的情景时说：

> 没想到的是，最后他拿出一瓶白酒，倒了两杯，就要两人一口气喝下去。我过去在出国前是从不喝酒的，到前苏联后与外国同学在一起，有时推不掉，也只喝过很少的红酒。从来没有喝过那么多的伏特加。但见他如此热情，不由得不干。谁知我一喝之下，过不了几分钟，只觉得胸口十分难受，说时迟，那时快，控制不住，一下子就大吐特吐起来。把他房间里的漂亮地板弄得一塌糊涂。我心中明知这太失礼了，狼狈之极，可惜毫无办法。一急之下，很奇怪的，居然醉得"晕过去"，亦即睡着了。库把我轻轻安置在沙发上，然后把地板上的脏东西收拾干净，自己一面看书，一面等我醒来。我一直睡到傍晚才醒，起来向他再三道歉，他说没什么，不要紧的。也许前苏联人对于酗酒比较见得多，不大在乎。最后我是红着脸、带着愧疚的心情离开的。事后估计那天喝的伏特加大约有50克。对于前苏联人那是毫不在意的，可对一般的中国人可就受不了啦。

除了这次醉酒之外，其他的事情处理得都很正常。行李的整理等，已有从列宁格勒到莫斯科的经验，可说是驾轻就熟。麻烦的问题是超重的书籍。黄胜年从小爱看书，后来自己手上有了钱的时候就更喜欢买书。离开列宁格勒时，因为带不了那么多，忍痛丢了或送掉了一大堆书。到莫斯科后，专业改变，又添了一大堆，似乎增加的并不比几个月前丢掉的少。这次他舍不得丢了，心想无论如何要带回北京。不知道他从那里学来的经验,最后的办法就是从邮局寄回去。一包三五本(大的)到七八本(小的),前后折腾了一个礼拜。奇怪的是,他没有想到办理火车托运。论价格,铁路托运要比邮寄便宜很多。上火车时,他手里除开路上吃饭所需,还有整整二百个卢布。事先根本没有考虑还有什么用。按规定,卢布是不能带出境的。

黄胜年(右1)在莫斯科参加5·1游行

在火车上,旅伴们一听还有200卢布,有人立刻欢呼起来,那当然是给我们共产了。于是马上从他手中拿走,全给他们在火车上加餐,或喝点酒,或买烟买糖,花了个净光。问他们还有多少卢布,都说早已处理完了。几十年之后,在20世纪80年代,黄胜年偶然听说,原来有少数人在回国的时候,把积攒下来的卢布存在前苏联的银行里,以备以后有机会再去时可以使用。有人一直存到前苏联解体之后,当然不管当初有多少钱,也就毫无价值了。

4年前,黄胜年出国时,在火车上做了一首诗。那么现在回国的心情是怎样?他在回忆录中写道:

回国的火车车程,与四年前出国时可大不一样,虽然铁道还是原来的，旅伴也差不太多。但来时是十月份，车厢外已是冰雪，而回程时却是夏天，一片绿色。出来时因铁路轨距的宽窄不同，需要换车；而且车速也慢，整整走了十天；而此次只需换车架，旅客们省事得多，并且只要七天了，而最主要的是大家的心情迥异；来时是奔向未知的王国，心里惴惴然；而现在却是回家了。

到了满洲里，就重新踏上了祖国的土地，回到了自己同胞的中间。到此为止，他的求学之路也就算走完了。再回首自己的求学历程时，他全靠记忆背诵了普希金的一首小诗。中文大意是：

> 友情理想，还有那悄悄的荣誉，
> 这些都没有安慰或欺骗我们太久；
> 青年时的欢乐，已经永远地消逝，
> 如同春梦，又像轻纱飘逸的晨雾。

第二章

——

裂变中子之光

第一节　来到钱三强和何泽慧的门下

黄胜年结束了在前苏联理论与实验物理研究所的实习之后，经过七天七夜的车程，回到了阔别四年的祖国首都北京。他一心想尽快地投入到祖国原子能科学事业中去。

他报到的单位是"国家建设委员会建设技术局"。看起来与核物理专业对不上号。实际上，这是国家为建设包括从前苏联引进的重水反应堆和回旋加速器在内的新的原子能科研基地，是早在一年前成立的专门机构，名称是一个保密代号。钱三强兼任这个局的副局长，地址在北京东北郊区的和平里。新建的楼群外边就是农田，长着绿油油的玉米。这里还有一个兄弟单位"地质部三局"，也是个保密代号，即后来的"铀矿地质勘探局"。两个单位共用一个食堂，前苏联专家每天从西郊的友谊宾馆来这里上班，乘坐的是从国外进口的最豪华大轿车，发动机在车尾，特别吸引路人的眼球。他们每天来来往往，为宁静的郊区增添了一丝神秘的色彩。此外，还有一个研究所，这就是钱三强任所长的"中国科学院物理研究所"，是1950年成立的最早从事原子能科学研究的专门机构。这三个兄弟单位，在国家正式成立原子能事业部门之前，三足鼎立。

对于这些机构的隶属关系和相互关系，黄胜年一时还弄不大清楚。又由于保密的原因，也不便多问。他想尽快见到实习团的领导钱三强。但是他白天很忙，只好约在晚上。

钱三强家住在中关村。当时，北京的公交路线不多，尤其是郊区，从和平里到中关村，要经过城里多次换乘才能到达。这使他有机会浏览一下北京的市容。与四年前不同，明显的印象是，这座古老的城市正在迅速向现代化的大都会迈进。一片片新的现代化建筑群正向郊区延伸。特别是中关村，这里与他的母校清华大学比邻，过去是一片农田。而今，一座座高楼大厦，从农田中拔地而起。中国科学院的新园区正在这里发育成长。物理所的科研基地已在这里建成。按照已知的地址，黄胜年找到了钱三强住宅的门号。这是一幢灰砖建筑的三层楼房，楼房的外表与周围的楼房看不出有多少差别。但是，这却是一座高级住宅楼，那时中国科学院的一些著名的大科学家，诸如钱三强、赵忠尧等都住在这里。所谓"高级"，只不过是居室多一些而已，并没有任何豪华的装修。一条狭窄的过道两旁有七八个大小不等的房间。半个世纪以来，他们一家一直住在这里。

黄胜年被引进客厅之后，见已有客人在座。经介绍她就是李林先生。后来知道，她就是著名地质学家李四光的女儿，是一位冶金学家。1951年在英国剑桥大学获博士学位后回国，在中国科学院上海冶金研究所曾因球墨铸铁方面的研究获中国首次颁发的自然科学三等奖。后来正式调入原子能研究所任金属物理研究室副主任，曾为反应堆元件的研制和堆材料的辐照试验做出过重要贡献。1980年当选为中国科学院学部委员（院士）。李林性格开朗，着装艳丽，举止大方。常着花格上衣，下穿绿色裙子，还化妆。在20世纪的50年代和60年代，国内的职业女性根本不化妆，而且很少有人穿裙子。但在原子能研究所大院内却有三位常年穿裙子的女科学家。她们是从法国回来的核物理学家何泽慧，从美国回来的理论物理学家王承书，以及从英国回来的李林。而何泽慧的棉鞋还打了补丁更是传为佳话。在原子能所，她们三人的身影成为人们记忆中的一道独特的风景线。她们三人在中子物理、铀同位素分离理论和反应堆材料试验方面，为我国的"两弹一艇"的研制都做出了重大贡献。

李林的父亲李四光先生，也与原子能有关，并是中国原子能事业的创始人之一。早在1943年，以他为所长的原"中央研究院地质研究所"，首次在广西发现了铀矿物。1954年以他为部长的"中华人民共和国地质部"在综合找矿中，第一次在广西发现铀矿资源的苗头。1955年1月14日，李四光和钱三强应周恩来总理的约请，在中南海向他汇报了国内铀矿资源勘探情况和国内核科学技术研究的进展情况。第二天下午，他们两人应邀出席了中共中央书记处扩大会议。这是一次有重要历史意义的会议。毛泽东主席主持会议。他对两位科学家说："今天，我们这些人当小学生，就原子能有关的问题，请你们来上一课。"就在这次会议上，中共中央做出创建和发展核工业的最高战略决策。李四光和钱三强见证了这一历史时刻。

话题转回到客厅。黄胜年入座后不多一会儿,又来了一位客人,是一位老者。来人见有客人在座,就没进客厅。简单地说明来意,是通知钱所长明天上午去科学院开会。钱先生送老者下楼,回来时对他们两人说,那位是李毅同志,是主管党政工作的副所长,是从解放军调来的高级军官。

黄胜年看看时间已不早了,担心赶不上末班车,于是匆匆说了几句,就提出告辞。钱三强平易近人,善解人意。他说:"你们两个都不要急。把事情谈彻底了再走。公共汽车没有了,我让司机同志送你们走"。就这样,钱三强打开了话匣子,从艰苦创业,谈到未来发展,从组织机构的设置,谈到他们二人的工作安排。从这次谈话中,黄胜年明确了自己的研究方向,找到了自己的坐标和位置。

1956年,是中国原子能事业蓬勃发展和繁荣昌盛的关键一年。

在这一年,毛泽东主席在中共中央政治局扩大会议上的讲话中指出,要有原子弹。他说:"在今天的世界上,我们要不受人家欺侮,就不能没有这个东西"。

在这一年,原子能的和平利用被列为全国科学技术发展的十二年远景规划中十二项重点任务的第一项。说是和平利用,实际上是为军用目的。

在这一年,从前苏联引进的重水反应堆和回旋加速器已经在北京西南郊坨里地区开工建设。

在这一年,国家正式成立了专门从事原子能事业的第三机械工业部(1958年改称二机部,1982年改称核工业部)。最初,毛主席有意效仿美国,成立原子能委员会。后来又为了减少层次,采用了前苏联模式(重型机械工业部)而定名为三机部。首任部长是宋任穷上将,钱三强是四位副部长中唯一的核科学家。

在这一年,"国家建委建筑技术局"与中国科学院物理研究所合并,仍称物理研究所(1958年更名为原子能研究所),接受三机部和中国科学院双重领导。

在这一年,物理研究所迎来了大发展。物理所划分为两个部:一部为中关村;二部为正在北京西南郊坨里(今新镇)兴建的一个包括重水反应堆和回旋加速器的原子能科学研究新基地。全所从原有的4个研究大组发展为8个研究室。其中,第二研究室是中子物理研究室。钱三强所长兼任主任,副主任为何泽慧、朱光亚、力一、连培生等。下设一些研究组,其中,2～4组是裂变中子物理组,组长由钱三强兼任,成员仅有黄胜年一人。从此时起,他成为钱三强和何泽慧门下的一名小卒。钱三强是副部长,又是所长、室主任、组长,而且还有其他兼职,他很忙,那个晚上的谈话之后,黄胜年理解了钱先生为什么总是很忙。

中关村核物理大楼

中子物理研究室成立初期,人才济济,精英荟萃。业务范围很广。黄胜年在20世纪80年代为核军工史写的一篇回忆录中写道:

二室成立之后历经变迁。1958年前后,范围很广。反应堆、加速器都一度划归二室。1958—1960年间,堆物理、电磁法分离同位素、剂量防护以及受控热核反应早期等都在二室。还包括了电子学和探测器部分。

人数最多时达到180多人。后来许多方面独立成室，分离出去了。但其主体部分（中子物理）都一直保留到现在。

如果说原子能研究所是发展中国原子能事业的一只"老母鸡"（见《当代中国的核工业》一书中的评语）。而二室又是原子能所的一只"小母鸡"，从二室派生出七室、九室、十三室、四十五室等许多研究单位。

中子物理研究室在钱、何先生领导下，为中国的核武器计划承担和完成了大量实验研究任务。《当代中国的核工业》一书在记述"突破原子弹技术"时写道：

中子物理和放射化学的研究工作，以原子能所为基础，在所长钱三强的领导和物理学家何泽慧等的指导之下，开展了脉冲中子测量、临界试验物理方案及实验装置的研究，同时开展了中子源的研究和试制。原子能所对此工作十分重视，抽出有经验的研究人员和仪器设备，大力保证各项任务的完成。

作为核武器研制的后方实验基地，中子物理研究室不仅承担和完成了大量其他协作单位无力承担的科研任务，而且向核武器研制机构或有关机构输送了大批优秀科技人才。曾在这个研究室工作过的科学家中，包括钱三强、何泽慧、朱光亚、戴传曾、何祚麻、唐孝威、李德平、钱皋韵、胡仁宇、丁大钊、黄胜年、王乃彦、张焕乔、王世绩等14人先后当选为中国科学院或工程院院士。其中钱三强和朱光亚获得了"两弹一星"功勋奖章的最高荣誉。

黄胜年在钱三强和何泽慧的领导下，从研究实习员干到博士生导师，几十年如一日，勤勤恳恳、一丝不苟，埋头在实验室里做实验。无私奉献了自己的聪明才智和健康。

"文化大革命"结束后，钱三强和何泽慧于1978年先后离开了原子能研究所。继他们之后，黄胜年承担了中子物理研究室领导重任。这个研究室有它的辉煌历史。培养造就了一批又一批优秀的科研人才，为实施国家核计划的神圣任务做出了无私的奉献。钱三强常说，满门忠孝，满门忠孝。

第二节　白手起家　从零开始

自从在钱三强家里的那次谈话之后，黄胜年从和平里来到中关村的物理研究所，被分配到中子物理研究室裂变物理组。当时，研究所虽然在两年前迁入新建的核物理实验大楼。但是，新成立的裂变物理组不仅没有自己的实验室，也没有任何研究设备和仪器。

钱三强给黄胜年的第一个研究题目是"裂变中子的实验测量"。当时他对这个题目感到疑惑，因为这个数据前人已在十多年前就测量过了。链式反应机制已由实验验证，为什么现在还要测量裂变中子呢？他一时还没有完全理解，只是糊里糊涂接下来了。过了若干年之后，他才体会到钱先生的科学远见。

1938年末，德国科学家发现了铀核裂变现象。敏锐的核物理学家们立即想到，当铀原子核吸收一个中子后发生裂变，在释放出能量的同时，会释放出第二代中子，也称次级中子。次级中子如果多于1个，就有可能产生链式裂变反应。此后，各国竞相测量铀核裂变产生的次级中子数目。1939年4月7日，诺贝尔奖获得者约里奥-居里发表的实验结果是：当慢中子引起铀原子核裂变时，会同时发射出第二代中子，每次核反应平均释放出的中子数目接近3个。一周以后，流亡到美国的诺贝尔奖获得者费米发表的实验结果是，每次铀核裂变时，发射出2个第二代中子。他们的实验结果证明了链式裂变反应是可能的。

基于铀核链式裂变反应的原理，世界上第一座核反应堆于1942年在美国芝加哥达到临界，验证了链式裂变反应是可能的，并实现了自持可控的链式核反应，宣告人类已经进入核能时代。1945年，美国第一颗原子弹爆炸试验成功，并将仅有的两颗原子弹投向日本的广岛和长崎。核爆炸震惊了全世界。此后，世界大国之间，开始了核军备竞赛。核恐怖的阴云笼罩着全球。

要制造原子弹，裂变中子数据具有头等重要意义。因为理论设计需要非常精细准确的基础数据，才能准确地计算出裂变反应的速率。当今国际上测量出的平均裂变中子数的精度已达到小数点后的四位，即每次裂变反应平均释放出 2.433 4 个裂变中子。

但是，要测量裂变中子数目谈何容易。

首先要有能发射第一代中子的中子源。用中子去轰击铀靶，使其引起核裂变，发出裂变中子。这个问题已由国家投资引进重水反应堆并且正在建设中。反应堆可以提供源源不断的各种低能量的中子束流。

其次要在反应堆旁建立测试系统，以便能准确分辨和记录裂变中子数。这就是当时的最大困难。因为没有现成的仪器设备。虽然当时能从前苏联或东欧国家进口一点，但是数量有限，远不能满足需要。偶而来一点，各室各组都争着要。为此，钱三强在一次全室大会上宣布：

"正因为我又是所长，又是这个室的室主任，今后凡是遇到分配经费、分配器材等问题，我们这个室不能与别人争，只能吃亏，不能占便宜。"

他是这样说的，也是这样做的。每次分配给自己室的，总是最少的一份，尽量先让给别人，至于裂变物理组就更可怜了，只能发扬建所初期学习延安的革命传统，发扬自力更生精神，"自己动手，丰衣足食"。

开始，裂变物理组除钱三强所长兼组长，国内只有黄胜年一人。他寄居在兄弟组，除自己的桌椅外，一无所有。不久，组内分来了刚毕业的三位大学生。她们是王豫生、叶宗垣和杨惠风，都来自于北京大学技术物理系。这个系根据周恩来总理的批示，是为尽快培养从事原子能事业的科技人才，于 1955 年建立起来的。为了早出人才，高等教育部下令从全国高校选拔三年级优秀学生，到北京大学进行核物理专业培训。于是，一年后有一百名大学毕业生走上原子能事业的新岗位。

根据钱三强的安排，他们要用一半的时间进行文献调研，用另一半的时间准备实验，研制实验需要的仪器设备。

当时的专业文献主要是英文或俄文。黄胜年的俄文当然不成问题。而英文基础也较好，在前苏联留学时已能查阅英文文献。而新来的大学毕业生，她们依靠字典，一字一字的查，一句一句的啃。黄胜年运用钱三强、何泽慧二先生在赴前苏联实习团时采用的培训方法,在组内轮流作文献调研报告,互帮互学,共同提高。就这样,他们翻译了一些专业资料,还翻译出版了《原子核裂变物理》一书。通过文献调研和讨论,他们学习掌握了裂变物理的基础知识。

在实验准备方面,所需的仪器设备,都要靠自己动手研制。从真空系统到一系列的电子学仪器和设备,诸如电离室、放大器、定标器等,都要自己制作。在研制过程中,他们学会了吹玻璃、焊接和板金工,这是一项很好的动手能力的训练,当然所花时间多了一些。叶宗垣在一篇回忆文章中写道:

作实验的准备,相对就要难得多,一切都得从头做起。就像钱三强先生说的:"我们作的事业就像要吃馒头,还得先从种麦子开始"。当然,他是就大方面而说的,具体到我们这个小课题也是如此。

我们的实验工作是要同时记录裂变碎片和裂变中子。记录裂变碎片要使用电离室,为此我做了一个裂变电离室。除设计加工外,还有抽真空和充气的设备、做裂变核样品、能记录碎片的脉冲放大器、定标器等。记录中子用的含硼正比计数管,由另外一个研究组研制。而需要使用的脉冲放大器等电子学仪器,大部分是要我们自己来做。当时,所用的电子学仪器都是用电子管,这样要做一个脉冲放大器,先要在一个线路板上装电子管,再焊接连线。所以除电子学仪器的调试外,板金工、线路焊接大都要自己动手。开始我连电铬铁都不大会用,到反应堆建成时,我做成了整套裂变碎片和中子的脉冲记录系统,积累了经验。为反应堆运行后,开展裂变中子测量打下了基础。

为了研制实验必需的电子学仪器和设备,全靠双手和烙铁还是不够的。当时他们组连一台示波器都没有,需要时,只好到兄弟组借用,两个人从楼上抬下来,看看测试波形之后再送还回去。

就是在这样一个"家徒四壁"的困难条件下,他们从零开始,白手起家,用自己的双手建立起一整套用于测量裂变中子的仪器和设备。为顺利开展实验做好一切必要的准备。

第三节　从无到有　填补空白

1958年，中国正处在"大跃进"的社会主义建设高潮。重水反应堆和回旋加速器建设工程已经完成，转入调试阶段。物理所的中子物理研究室先后陆续从中关村一部搬迁到坨里地区的二部。这里是拥有重水反应堆和回旋加速器的综合性核能研究新基地。

原子能所全景图，图上的高塔是反应堆冷却水塔

重水反应堆厂房左边是冷却塔

那年的 6 月 13 日下午，黄胜年遇到正从重水反应堆厂房出来的钱皋韵，钱精神略显疲惫。他是黄胜年在莫斯科实习团实习时的师兄。黄胜年说，实际上是"半师半友"。这一段时间，他与朱光亚先生带领的一批人在反应堆上没日没夜地做"开堆"实验，即反应堆最初的启动实验。他兴奋地告诉黄胜年，"中国第一个链式反应已经有了"。

这是一个振奋人心的大好消息。但是，不知道为什么所内所外都没有发布这个消息。过了半个多月之后，国家才正式发布了这条新闻。黄胜年为自己能在最早听到这个大好消息而庆幸。

7 月 1 日，《人民日报》正式发布新闻，宣布中国的重水反应堆和回旋加速器已经建成。新华社的通讯报道说：

> 在社会主义建设全面大跃进中，我国第一座实验性原子反应堆已经正式运转，回旋加速器已经建成，正在准备进行科学研究工作。这两项设备是前苏联为了促进我国原子能科学技术的发展所给予我国的伟大的珍贵的援助，它们的建成标志着我国已经跨进了原子能时代。

当天的《人民日报》还同时公开宣布"中国科学院物理研究所"正式更名为"中国科学院原子能研究所"。这个消息对科研人员来说更是振奋人心的。

接着，8 月 22 日，周恩来总理，陈毅、贺龙副总理等领导人陪同外宾西哈努克亲王来原子能所视察。9 月 27 日，为重水反应堆和回旋加速器正式移交生产，国务院在原子能所举行了隆重而盛大的典礼，共有两千多人参加。包括陈毅、聂荣臻、郭沫若等一些党和国家领导人。

聂荣臻副总理代表国家签字验收。他在讲话中说到："原子武器并不是美帝国主义所能够独占和垄断得了的"。

接着，中国科学院院长郭沫若讲话，他说："原子能科学技术已经在中国奠定了坚实的基础。"

前苏联原子能总局副局长叶夫列莫夫在讲话中说："前苏联人民完全拥护赫鲁晓夫同志向艾森豪威尔提出的警告——对中国的进攻就是对前苏联的进攻。"全场报以经久不息的掌声。

就在庆典的第二天，《人民日报》在头版做了详细报道，并发表了反应堆和加速器的照片。在重水反应堆的照片画面中，巨大的反应堆堆体下边，有四个穿白大褂的"小人"正在工作（见封底）。虽然看不清是谁，但是了解内情的人知道，这正是黄胜年领导的裂变物理组的四个人，在现场筹备实验。

黄胜年觉得，他们出现在这张照片里很不合适，因为他们对反应堆的建设没有什么贡献，可能是摄影记者在拍摄时为了彰显巨大的反应堆而特意把他们拍了进去。也可能是记者已经知道，反应堆是用来做科学实验的，有意显示科学实验的场景。不管是怎样，而今已无从查考。但是这张照片已成为瞬间的历史。

重水反应堆达到自持链式裂变反应以后，裂变中子的实验测量课题提上日程，黄胜年他们组的人进入了反应堆实验大厅。反应堆设有一些水平孔道，引出中子束供实验使用，他们分在零号孔道。于是就在这个孔道口安装测量仪器和设备。

实验的步骤看来似乎很简单：开启零号孔道，引出中子束，用引出的中子轰击铀（或钚）样品靶。铀样品靶吸收中子后发生裂变，裂变成两个碎片，同时放出两个以上的裂变中子。用摆放在样品靶周围的探测系统记录下裂变碎片和裂变中子数目。然后分析计算每次裂变平均中子数目。

但是，实际上问题多多，困难重重。当然，由于当时没有经验，现在看来有些问题也许算不上什么。例如，实验一开始，中子计数一大片，记录的中子数远远超过裂变中子的实际数目。经过分析，一是实验大厅潮湿，计数系统接触不良引起的放电，产生了假计数；二是大厅的本底中子过多，成万倍高出裂变中子数。于是，他们在水平孔道出口加了一个中子束准直器，在记数系统后面加一个中子捕集器。为防止反应堆孔道开启后中子散入大厅，在实验装置的周围加全一道 2 米高 40 厘米厚的重混凝土防护墙。

所谓重混凝土，就是往水泥里渗杂了铁金属块。反应堆外壳使用的就是重混凝土。当年的施工给工程技术人员造成了不少的困难。每块水泥砖重约 25 公斤。为砌防护墙，他们全组动手，女同志两个人抬一块，黄胜年虽然身材病弱，却强充硬汉，一人搬一块。从他的劳动态度就可以知道他的工作态度。他总是把重活、苦活、难活和"脏活"（有毒或有放射性危险的活）留给自己。防护墙砌起来了，有时又因为不合适，再推倒重来。他们折腾了很长一段时间，才掌握了中子的"脾气"。终于测到了一组裂变中子的实验数据。这是中国自己测量的第一组中子实验数据，弥补了国内零的空白。在国际核数据库中第一次有了来自中国的中子实验数据。

为此，中国邮政于12月30日发行的一套纪念邮票。一枚是原子反应堆的，面值8分；第二枚是回旋加速器的，面值20分。原子反应堆的图像采用了《人民日报》发表的照片。黄胜年收藏了这张对他来说很有纪念意义的邮票，可是后来丢失了。到了80年代，经朋友介绍，又以多枚国外邮票作为交换，从一位集邮者手中换回了这张邮票。黄胜年还写了一篇博文，题目就叫《这张纪念邮票上有一个我》。文中写道：

下面可以谈谈邮票上的人。自右至左是：黄胜年，叶宗垣（女），杨惠风，最后坐着的是王豫生（女）。前两人正在安装调整中子探测器，后二人正在调整电子线路。总起来说，我们四个是一个研究小组，由钱三强和何泽慧先生领导，当年正在筹备做裂变物理、特别是裂变中子的实验。反应堆初开时，只有很低的功率，但中子的强度比以前（没有反应堆时）用"钋—铍中子源"已经大得多了。利用反应堆的水平孔道，尤其是我们那个零号孔道（热柱）的中子束来作探测器的调整试验是很合适的。照片上记录的就是我们当时实验筹备阶段的一个画面。

四十多年过去了，这四个人当然都有了不少的改变。杨惠风离开得最早，反应堆建成没过多久，他就被调到中国科技大学去了，后来又换了工作单位，早已没有联系。王豫生1971年从干校回来离开了我们，到另一个研究室去了；八十年代又从我们研究所支援到深圳大学，现在仍在广东。差不多每过一两年她会到北京来出差，常有机会与我们见面。剩下的两个不走了，结为夫妇，并在原子能所（后改原子能院）终老了。

第四节　差之毫厘　失之千里

50年代中期，是中苏两国关系最好的时期，中苏核合作得到全方位的发展。1955年，为促进中国开展核科学研究，前苏联援建了"一堆一器"。到1956年，为中国建立核工业又援建了"三矿四厂"。1957年，中苏签订了"国防新技术协定"，前苏联答应向中国提供原子弹教学模型和图纸资料，并协助组建相关的研制基地和工厂。此后，二机部成立了核武器局，并着手筹建核武器研究所。当时，核武器研究所的主要任务是接收和消化前苏联提供的有关原子弹技术资料和调集培训相关的技术人员。

1958年，根据二机部部长宋任穷上将的要求，钱三强"把屁股坐到部大楼里"。此后他把工作的重心转到部的科技领导方面，不再兼任中子物理研究室主任和裂变物理组组长。何泽慧任主任，黄胜年任组长兼中子物理研究室党支部副书记。

为支持核武器研究所的筹建，钱三强推荐从美国回来的年轻理论物理学家，绰号"娃娃博士"的邓稼先调到核武器所任理论部主任，同时还选调了一批优秀的理论研究业务骨干同往。随后又推荐中子物理研究室副主任、从美国回来的年轻核物理学家朱光亚，到核武器所担任主管科研工作的副所长。在此之前，黄胜年召开党支部大会，主持了朱光亚转为中共正式党员的转正仪式。随同朱光亚一起，还选调了一批优秀的核物理实验和放射化学方面的业务骨干，包括胡仁宇、唐孝威、王方定等。不过他们没有立即离开原子能所，因为当时核武器研究所还没有核物理和放射化学方面的实验设施，只能依靠原子能所作为实验基地，开展有关的工作。于是他们这些人具有"双重所籍"。

到了1959年，国际风云突变。中苏友好关系急剧恶化。这段痛心的历史众所周知。核武器研究从1960年开始自力更生，自主研制原子弹。在原子能研究所，当时有一个口号，叫"以任务带学科"，广大科研人员纷纷要求承担任务，为国争光。钱三强在所内传达上级指示精神时，称核武器研究所是前方，原子能研究所为后方，后方要配合前方，为前方服务。前方需要什么就做什么，要什么就给什么。当时原子能所计划部门传出信息，说"题目就在钱所长的口袋里"。

1961年，钱三强所长的左右臂，副所长、著名核物理学家王淦昌，著名理论物理学家彭桓武调到核武器研究所的领导岗位。核武器研究所也陆续派来大批青年科技人员来到原子能所实习。作为原子弹理论设计的领头人，彭桓武与钱三强、何泽慧是清华大学同学，在国外就预约回国一起干。他经常回来与他们一起讨论实验问题，提出理论设计对实验的要求。于是两个研究所利用原子能所的实验条件，开展了紧密有效的合作。正像《当代中国的核工业》一书中记载的那样：

关于中子物理与放射化学的研究，经核武器研究所和原子能所有效合作，在中子探测技术、快中子临界实验装置的理论、实验技术和装置设计方面，都取得了重大进展。理论设计人员主动配合核物理实验人员，对各种次临界的表征方法、不同能谱的中子源、不同结构活性区系统以及中子源放置在活性区的不同位置的临界外推曲线等，进行卓有成效的工作。临界实验物理方案设计人员和装置设计人员相互结合，提出合理的设计技术指标，并确定了临界实验装置方案。中子源的研制方面，也进行了多路探索。在原子能所，王方定小组的青年科学工作者，经过几个月的日夜奋战，研制成功了用于第一颗原子弹核爆试验的中子源材料，并完成了中子源的制备。

在这期间，黄胜年的裂变物理组也充实了人力，周友朴、李泽、郭士伦、周书华等先后调入。核武器所也派来了实习人员，裂变中子实验测量已列入一线任务。他们团结合作，努力改进实验条件，不断提高实验数据的精度和可靠性。

黄胜年知道，用于原子弹理论设计的实验数据必须精确可靠，如果错了，就会差之毫厘，失之千里。他在一篇回忆录中写道：

当年国际上许多重要核数据刚刚解密。我们还拿不准。国外公开发表的数据是否真实可靠（估计不大可能全部真正公开发表）。不经检验就用于武器设计，显然是危险的。尤其是最重要的那些核数据，必须加以验证。另外，当时国外发表的结果，各实验室之间，往往有较大的差别。对于有明显分歧的数据，也必须用自己的实验测量来澄清。举列来说，铀235的标准热中子裂变截面数据，各家结果分布在540～610个巴恩之间。钚239的瞬发中子平均数，美国与前苏联的实验结果相差6%。不用说，对于这样的最关键的数据，我国自己不进行精确测量是不行的。因为设计对它们提出的精度要求非常之高。错了的话，会"差之毫厘，失之千里"。要知道希特勒德国之所以没有发展原子弹研制工作，原因之一就是：德国科学家测得的某些核数据有误。他们以为原子弹在物理上是不大可能实现的。

以后他们建立了一系列实验仪器和设备，开展了一系列系统的实验测量。继1958年对铀、钚、钍等核素进行的裂变中子数的实验测量之后，又在反应堆上建立了两个裂变中子源，四个4π型中子探测系统，对铀235、铀238、钚239等一系列核素的平均瞬发中子数、裂变谱中子截面、铀235的全截面等，进行了系统的精细的实验测量。他们的测量结果澄清了国际数据的分歧，同时也填补了国内的空白，为我国核武器和核工程的设计提供了可靠的基础数据。

在实验测量中，黄胜年一直坚持一丝不苟，精益求精的工作作风，他的信念是业精于勤。例如，他们对铀238自发裂变瞬发中子数进行测量时，为了避免电磁场的干扰，选择在每天人们下班后的晚上和夜间进行。测量中，严格监视探测系统和记录系统的稳定性。测量的第一阶段，得到了令人高兴的结果，与国际理论预言值符合得很好。有人认为可以了。但是，黄胜年并不满足。他认为，在物理世界里，理论预言要通过实验验证。实验的条件必须稳定可靠，无懈可击。如在作铀238自发裂变中子数时，他注意到定标器上记录的裂变脉冲有时同时有两个记数！统计分布似乎比泊松分布宽了一些。是否会有假计数呢？于是他们又开始重新测量。他们在重新测量时，采取了更为严格的措施。一个人用黑布蒙着头，眼睛紧盯示波器屏幕，每来一个脉冲立即报告。另一个人紧盯用于记录裂变数符合中子数和本底中子数的三台定标器，如果发现假

计数即扣除。与黄胜年一起参加实验测量的郭士伦在回忆中这样写道:

为了得到对国家有用的核数据,黄胜年和我全程用示波器监视,两个人的眼睛疲劳过度,视力下降。原来戴100多度的眼镜,从那以后变成300多度了。但我们都感到,只要国家需要,我们都可付出。这件事,可能连我们的家属都不知道。300多度的眼睛并未阻止我们继续完成后来的任务。

第五节　为原子弹诊脉

在当今的世界上,原子弹的技术秘密早已成为普通公众的武器常识了。正像联合国军控人士所指出的那样,如果全世界公开或散布的有关文件资料集中起来,交给两个新毕业的大学生。他们可在三个月内设计出一颗原子弹。

人们已经知道,裂变链式反应是原子弹爆炸的基本原理。也就是说,当铀或钚原子核吸收一个中子就会发生裂变,裂变成两块碎片,并同时释放出 $2 \sim 3$ 个第二代中子。第二代中子又会引起裂变,释放第三代裂变中子……一代一代成指数增殖,即所谓的链式反应。核反应的速率非常之快!引爆原子弹只需几百万分之一秒的时间。所以我们在前面已经说过,裂变中子数是原子弹理论设计至关重要的核数据。

中国第一颗原子弹与美国、前苏联、英国和法国不同,他们使用的核燃料是钚239,而中国使用的是铀235。

中国第一颗铀弹与美国的第一颗铀弹的起爆方式也不同。美国使用的是"枪法",中国使用的是"内爆法"。发现钚的诺贝尔奖获得者,曾任美国原子能委员会主席的西博格在《逆潮流而动》一书中写道:

美国原子能委员会已经对放射性烟云进行了分析。分析的结果使我们惊奇,也使我们信服的是中国人爆炸的装置是使用铀235(其他4个核武器大国,在他们的第一次核试验中都是钚装置)。而且使我们相信中国的核弹要比我们投在广岛的铀235原子弹设计得更加完善,他们使用了先进的内爆型设计来起爆裂变材料。

关于西博格，黄胜年早就有所了解。他在1955年，看过一本叫《原子帝国》的书。是一位前苏联同学送他的，书的内容是谈美国对原子弹的垄断，其中也讲到一些人，包括西博格。1985年黄胜年率中国核数据代表团访问美国时，曾经拜访过他，他在斯坦福大学招待了中国代表团一顿午餐。他坐在旁边，非常平易近人。其间他首先起来致辞。虽然黄胜年没有准备，但也起来做了答辞。饭前在参观化学实验室之后，聊天中，黄提出希望看一下当年发现钚（Pu）的实验室。听到这话，他感到很惊异，他说你们怎么知道我没有给你们看。黄说他曾看过一本叫《原子帝国》的书上有详细的描述。他对黄曾看过这本书觉得非常惊讶，说下午一定让你们去看看这个实验室。其实这个实验室没有什么可看的，让他感到惊奇的是你们中国人居然也看过这本书。

"枪法"原子弹的基本原理是使用两块或多块质量小于临界质量的裂变材料铀235，突然合拢，再加上点火中子源的作用，就会发生快速的裂变链式反应，达到超过临界质量，原子弹就爆炸了。但是，如果铀原来本身发射的中子（就是所谓的"本底中子"）过多的话，则两块核金属尚未完全合拢，就会由于本底中子引起过多的裂变反应、使温度升高、膨胀，甚至使原子弹提前爆炸。这样，原子弹将成为一颗"臭弹"，达不到预期效果。"内爆法"原子弹的原理与"枪法"不同，技术要先进一些，核部件合拢的时间比"枪法"快，但也存在这类问题。因此，原子弹使用的核部件，无论是铀235还是钚239，其本底中子的多少，都是一个重要的指标，必须限制在一定数量之下，尤其钚239的本底中子更多，曾使美国原子弹之父奥本海默大伤脑筋。

核武器研究所在进行理论设计时，考虑到"枪法"要耗费比较多的裂变材料，在技术上也不如"内爆法"先进，于是做了两手准备，"争取高的，准备低的"。后来采用了"内爆法"。

1963年第一颗原子弹的理论设计完成后，原子弹的试验装置开始研制。核武器研究所与酒泉原子能联合企业合作，在北京对浓缩铀部件的精炼、铸造、机械加工和分析检验技术等关键问题，组织了联合攻关。确定了铸造成型工艺，并取得了精炼铸造、切削加工等工艺数据。

1963年6月28日,原子能研究所中子物理研究室室主任何泽慧(此时她和胡仁宇已是核武器研究所原子弹中子点火委员会的成员)向黄胜年布置了一项紧急任务,要为核武器研究所和西北酒泉工厂建立一套中子测量系统,目的是正确而可靠地测量金属铀的本底中子,期限是10月1日前全部完成,装箱运走。核武器所和酒泉工厂还派来张荣福和续庆琳一起参加。

在此之前,何泽慧和黄胜年与核武器所"双重所籍"的胡仁宇、唐孝威等人,常在一起讨论一些科学技术问题。对于研制核武器过程中的一些技术问题,黄也略有一些了解。但是,由于保密制度的限制,当时他们不可能说出具体用途。不过,根据黄胜年的物理知识,经过分析,也可能推测出一些大概的情况。

过了一段时间,胡仁宇以西北酒泉工厂的名义写了一个明确的技术要求,以"9"字打头的任务书正式下达到原子能研究所。其中除了上述要求还有两条,一是要求准确扣除中子倍增的影响(从这里,黄胜年推测出:将来要测量的对象,并非只是小块样品,而是弹体的成品);二是要正确考虑宇宙线的影响(黄胜年推测,原因是生产厂与爆炸试验现场海拔较高,宇宙线与北京不同)。

任务是清楚的,但是,面临的困难不小。首先是时间紧,只有3个月。其次是人少,而且除黄胜年有过一段中子实验的经验之外,张、续二人对这方面都没有任何了解。最大的困难是技术问题,没有现成的方案,也查不到任何直接有关的资料,而且不能随便找人讨论,一切都要自己考虑周到。

那么,用于核武器的核燃料为什么会有本底中子呢?贫化铀或是浓缩铀,其本底中子主要有两个来源:一是铀238的自发裂变;二是 α 粒子衰变与杂质中的轻元素发生了核反应。前者的中子能谱基本上是"裂变谱",中子能量范围从很低能一直延续到15兆电子伏以上。后者的能谱也是连续谱,杂质不同,能谱也不一样。对于铀来说,两种中子的活度都不太高。所以,要解决的问题,基本上是一种连续谱低水平中子测量问题。

根据这样的分析，黄胜年认为，中子探测系统只能选择 4π 型的慢中子探测器。刚好，他们在前几年对于建造这种探测器有一些经验。他想，这也许就是何泽慧先生之所以把任务交给他的主要原因。

经过调研，黄胜年很快提出了建造新探测系统的方案。大体上是采用石蜡作中子慢化体。采用三氟化硼中子正比计数管，分两圈插在待探测样品周围。为降低本底中子，使用硼砂。考虑到为了自己灌注石蜡和硼砂的方便，把外屏蔽层分成上下左右四块，两个人可以抬得动。为了使它可以测量较大的部件，中心空腔留下了足够的空间。为了尽量使探测器效率与中子能量无关，在中子计数管的排列位置上，留了足够的调整余地。

为了抢时间，方案经过讨论后，立即由续庆琳画图，7 月下旬完成了全部图纸并送工厂加工。

然而，真正的困难不在于建造探测系统本身，而在于对它的效率进行刻度。当时，标准镭—铍中子源还没有建立起来，更没有各种其他能量的中子源。黄胜年最关心的是千电子伏和兆电子伏能区的中子探测效率。他说：

中子绝对测量是个难度较大的问题。50 年代世界上主要实验室的水平在 5% 左右，弄不好相差百分之十几是不奇怪的，怎样解决这个绝对刻度问题，是这项任务的主要技术关键。为了解决效率刻度问题，黄胜年着手调查研究。

经过反复调查和考虑，最后确定采取了几个办法，在当时的困难条件下圆满地解决了这个问题。他在回忆中说，这些办法是：

1. 利用一公斤天然金属铀，作为裂变谱中子的标准源（这是一年前我在测量铀 238 自发裂变中子数的实验工作中利用符合法准确刻度过的）。把金属铀本身用作低强度裂变谱标准中子源的主意，是叶宗垣在一九五九年一次实验中想出来的，这次也用上了；2. 利用当时另外一个组李琳培等人刚刚用锰浴法测量的一个镭铍中子源作为参考标准；3. 试制两个光中子源（钠—氘和钠—铍两种），它们能提供 200 千电子伏和 830 千电子伏的单能中子；4. 用石墨棱可变形体和不同能量中子源强度的比较。因为在一个大石墨体内，如果在离中子源某一特定距离的位置放置放热中子探测器的话，则其效率与源的能量无关。

以上办法充分利用了当时所内已有的条件。唯独光中子源需要自己制作，黄胜年心中无底。为了赶进度，尽量简化，尽量自己动手。当时来不及去找人加工特制铍壳，只就找到一瓶铍粉盒后自己封装。铍粉是剧毒材料。当时没有防护设备，来不及去加工手套箱。黄胜年在深夜一个人到实验室，用塑料布做了一个简单的防护层，打开瓶子，封装完毕后，把塑料布卷起来，装在袋内作埋藏处理。他想，万一发生问题，也不会影响别人。

由于多方面的协助，如工厂加工很及时，9月1日，黄胜年小组已把探测系统（包括屏蔽体）灌好石蜡、硼酸，安装调整完毕。熬石蜡的大锅是从食堂借来的，燃料是捡来的树枝和木头。接下来的就是夜以继日，开始刻度实验。总算一切比较顺利，各种方法的测量结果相当一致。9月下旬，装箱运出。

1964年1月14日，兰州铀浓缩厂生产出铀235，浓度达到90%的首批产品。二机部的贺电称这是中国原子能事业发展的一个重要"里程碑"。毛泽东主席批示"很好"。不久，西北酒泉工厂开始了浓缩铀的冶炼、铸造和加工。期间一度因为"气泡"问题花了一些时间。在冶金专家张沛霖总工程师的指导下，终于解决了铸件内部孔洞的缺陷，4月底铸造出合格的坯件。5月1日，由富有经验的车工师傅原公浦承担加工切削任务。虽然他已演练许久，技术娴熟，但是当他真的拿起沉甸甸的比金子还要重的核部件（俗称"核炸药"）时，心中免不了有一点紧张。可能是由于情绪激动，刚进两刀，核部件竟从夹具上当的一声掉到切削盘里。他头上冒汗，衣服也湿透了。在场的部、厂、车间的有关领导和有关科研人员以及监测、记录人员为之一惊。经过安慰，喝了一杯牛奶，休息了一下，第二次切削成功。此时此刻，黄胜年奉命来到这个工厂已有10天，下一幕就该他出场了。他在回忆录中写道：

那时袁成隆副部长在四分厂指导工作，部里的张沛霖总工程师等许多人都在场攻关。姜圣阶总工程师专门见了我，讨论了检验要求。我们把仪器调整好，用几种源重新作了校核，观察了宇宙线的影响。一等到有铸锭出来，就进行测量。我记得先测的是大小不同的两种铸锭，最后是部件成品。有天然铀的，也有浓缩铀的。当时我的心情是很难形容的。因为我知道，多少人盼望的那一天快要来到了。等到载有加工好的部件的小车推到，我戴上手套，双手捧起那半球形的核心部件，胸中一阵激动，泪水不由自主地夺眶而出，大滴大滴地掉在白色的塑料地板上。在那一瞬间，我感到自己是非常幸福的人。能够为这样重大的事业贡献自己一点微薄的力量，可算是不虚此生。

他们三人反复测量，结果比预期的还好。又把各种可能的误差和修正因素都仔细考虑之后，黄胜年认为测量可靠，可以保证这些燃料和产品在本底中子这个指标上完全合格。到这时，他才敢向领导正式提出报告。刚好，核武器研究院副院长朱光亚也来到该厂。当黄胜年向他汇报测试结果时，他连续说了两遍"这很好，这很好。"

黄胜年所以能在很短的时间内，在没有任何参考资料的情况下，顺利建成本底中子测量装置，用他自己的话来说，就是：

1956年，钱先生就让我们筹备进行裂变中子的实验研究，经过几年努力，完成了几项实验。在中子测量和裂变实验方面积累了一定经验。这样，接到任务就能很快解决问题。如果没有前几年的实验基础，没有这些技术储备和条件积累，我想，1963年要完成本底中子的任务，困难肯定要大得多。

1964年10月16日下午18时，中国第一颗原子弹试验装置在新疆维吾尔自治区的罗布泊试验场爆炸成功。东方的巨响，震惊了世界。中华民族扬眉吐气，欢欣鼓舞。深夜，中国政府发布新闻的同时，发表了声明。声明指出：

中国进行核试验，发展核武器，是被迫而为的。中国政府一贯主张禁止和彻底销毁核武器。如果这个主张能够实现，中国本来用不着发展核武器。

中国第一颗原子弹爆炸试验的烟云

中国发展核武器，是为了防御，为了保卫中国人民免受美国发动核战争的威胁。中国政府郑重宣布，中国在任何时候，任何情况下，都不会首先使用核武器。

中国最早提出禁止和彻底销毁核武器的无核武世界的主张。但是40多年后美国总统奥巴马却因提出"无核世界"的主张而获得了诺贝尔和平奖。

黄胜年听了新闻之后，激动万分，久久不能入睡。他回忆说：

几个月之后，当第一颗原子弹爆炸成功的消息公布之时，我想，全国所有人都欢欣鼓舞，但只有少数人真正接触到这项艰巨任务的核心部分，这少数人要比其他人更高兴得多。而我却有机会也成为这少数人中的一个，确实是十分幸福的。直到今天，事过二十多年，每当回忆起当年完成这项工作以及其他类似任务的日日夜夜，心中总有一股说不出来的感觉。

第六节　广阔的天地经风雨

1964年的金秋，国庆节的前夕，黄胜年结束了单身生活。他在前苏联留学期间，也曾有过浪漫的想往。但回国参加工作以后，事业心使他对于婚姻问题的看法更务实。他与本组共事八年的同事叶宗垣建立了爱情，结为终生伴侣。说到婚礼，在那个"以阶级斗争为纲"的时代，根本无法与现在相比，可说简单得不能再简单。孙汉城张罗了一下，大家在一起热闹了一番，仪式也就算办了。孙是钱何门下弟子，曾与何泽慧先生一起因研制核乳胶获得了中国首次颁发的自然科学奖三等奖。号称钱何的"四大金刚"之一（其他三个人是顾以藩、丁大钊和黄胜年）。此后新婚夫妇把铺盖卷搬到一起，就成家了。在这个小家里，在没有别人的时候，黄称叶为"三姐"，因为她大他70天。

婚后不久，黄胜年听到又要搞干部下放劳动的消息。他深知，自从1957年"反右派斗争"以后，知识分子已处在被改造的地位。他向来积极响应党的号召，准备下放农村劳动锻炼。有一次他与钱三强谈话中，表示要求下放劳动，不料钱先生很生气。他说："好，好，你们都走，就剩下我这个老落后"。可是，谁也没有想到，是他首当其冲，先走一步。

当年 10 月 16 日，中国第一颗原子弹装置爆炸试验成功，国外媒体有报道称，钱三强是"中国原子弹之父"（见《参考消息》）。就在原子弹装置爆炸试验成功后的第三天，钱三强奉命带着警卫秘书刘忠孝急冲冲地赶赴河南信阳张家湾，化名徐进，投身到农村的"四清"运动。与农民同吃、同住、同劳动，接受贫下中农再教育。晚上要帮助农民清算工分，清"四不清"。一干就是一年。自从他在人们的视线中消失之后，有人去问何泽慧先生，她说"在广阔天地"。此后，人们议论纷纷，提出各种猜测原因。

继钱三强下放之后，一些副所长、科学家以及大批的中青年科技人员也陆续下放。10 月 28 日，640 余人的下放干部大军开赴河南罗山县，其中就有黄胜年这对新婚夫妻。第二年，1965 年，又有 800 多人分别下放到河南安阳和罗山。其中包括李毅、罗启霖、何泽慧等一些所领导和一些科学家。全所两千多个知识分子几乎轮了个遍。

黄胜年夫妇下放到河南罗山之后，分别在不同的生产队，彼此无法

黄胜年（后排右1）与下放同事在一起

见面，也没有联系。后来奉命转移到信阳，大家都住在一个大仓库里，睡在稻草地铺上。他们见了一面，后来又分到农村不同的生产队。

别看黄胜年身体瘦弱，又患有中枢型类风湿关节炎，腰部已有一点弯曲，但是干起活来，与他对待工作的态度一样，按照共产党员的标准严格要求自己，以身作则，重活累活抢着干，以苦为乐，以苦为荣。

通过一年的劳动锻炼，很多人的身体更强壮了。但是他更加瘦弱，类风湿性关节炎更加重了。腰部弯曲，有强直迹象。后来诊断为强直性脊柱炎。医生坦率地告诉他，西医是无能为力了。他去看了中医，吃中药，也未见有效。

1966年，史无前例的"无产阶级文化大革命"爆发了。知识分子的处境更不好了。排在"地、富、反、坏、右"之后的第九位，被称为"臭老九"。当时，西北酒泉工厂又提出建立两套测量钚本底的中子装置，可是黄胜年当时已处在靠边站的地位，于是丁声耀将这项任务交给叶宗垣、李景文和酒泉工厂的刘玉沛。此时，各方面的条件已与1963年不一样，锰浴法刻度标准中子源、光中子源等均已成熟。所以，他们这次的结果，精度比上次好了许多。

"文化大革命"折腾了三年之后，1969年10月，林彪发出"一号通令"，来了一个"战备下放"。这次可惨了，与以前的劳动下放完全不同。下面是《中国原子能研究院大事记》中的两段记载：

11月7日召开全所大会，宣布下放"五七"干校人员名单。本所下放湖北潜江"五七"干校人员编为第四大队。政委刘书林，大队长乔协胜。总计下放1 169人。其中科研人员和行政人员608人，工人94人，勤杂人员38人，监督劳动人员20人，随职工下放的家属397人。另外还有随爱人单位下放到其他干校的12人。原所领导干部，除钱三强、何泽慧到陕西邠阳部机关干校劳动，郑林留在所里被监督劳动外，李毅、汪德熙、吴征铠等到湖北干校，跟队监督劳动。

11月16日，本所下放湖北"五七"干校的职工及家属扶老携幼，到北坊火车站坐专列离开北京，前往湖北"五七"干校。军管会副主任梁孟双率领一部分军管人员前往干校压阵。这次下放劳动，①不仅下放干部和知识分子，而且下放 130 名工人和勤杂人员；②不仅职工本人下放，而且所有家属包括年老病残的退休工人和幼小婴儿都必须随同下放，不许一人留在所里，同时迁走户口；③下放干校劳动不是轮流，也不是定期下放，而是无限期下放；④下放人员及家属的所有衣物、书籍、生活用具必须全部带走。到干校后还收缴了工作证，实际上不准备让这些人回京回所工作了。

从以上生动细致的记载中，不难看出，这一千多人的下放，实际上是被"扫地出门"的，与封建社会的"发配"、"流放"相似。

黄胜年一家四口，岳母年迈，婴儿只有五个月。被编在湖北潜江"五七"干校的四大队二连二排。他们好像与"二"字有缘，原二室（即中子物理研究室）的一些主要业务骨干如杨桢、孙汉诚、顾以藩、张焕乔等。最初何泽慧先生也在这个排里，但是，后来组织上给予照顾，让她随钱三强先生一起到了部机关在陕西郃阳的"五七"干校。后来听说她在干校敲钟，与广播电台的报时分秒不差。黄胜年还写了一首《七律》抒怀。

常规立足定新奇，科学诊闻究可闻。
三裂四分新发现，无差分秒打钟声。

黄胜年一家的全部家当装进所里统一分发的两个木板箱里，并由所里统一办理托运。11 月 16 日这一天，天气稍有寒意。他们扶老抱幼，身边只带了一些随用的物件，走到南坊火车站。这是个很小的站。站台上站满了"五七"战士和他们的父老儿女。然后徐徐登上了发往武汉的专列。似有走进囚车的感觉。气笛一声长鸣，车轮缓缓启动，他们告别了往日奋战过的核物理研究殿堂，离开了北京，开往一片新的天地，在那儿开始新的生活。

专列到达武汉之后，又换乘轮船，经过 30 多个小时的航行到达了沙市。上岸时，天色已暗，江边有暗淡的灯光。走了不远，进了一个黑古咕咚的巷子。黄胜年高度近视，一脚深，一脚浅，走不快。他的岳母因为年迈又是小脚更走不快。他们一家掉队了。正在慌张中，后面传来了"跟上！跟上"的声音。这个声音似乎很熟悉。果然是老党委书记、常务副所长李毅。正是他第一次带领黄胜年走进人民大会堂去听一个重要领导人的讲话，如今他是跟队劳动的。后来又在沟渠旁走了一段黑路，才乘上一只小木船，只能容纳七八个人。经过曲折辗转总算到达了潜江的柴河生产大队。

这里是一片沼泽地平原，过去是一个湖底，由解放军开垦建起农场。陆路交通不便，所谓"雨天一滩泥，晴天一把刀"（由拖拉机碾压的车辙干结的黏土）。因为行李和床铺都还没运到，头几天晚上只能在农民家中用稻草当铺盖。后来上下双人床到了，就在农民家中门厅安居了。

不久，干校大队部用拖拉机拖着大耙犁运来了每人一个的木板箱，摆在场地上让大家去认领。黄胜年的两个箱子安然无恙，可是顾以藩的箱子因为过重，当抬起时，箱底脱落了。原来多半箱子都是书籍，散落一地。顾以藩与黄胜年从高中到大学，从留学到赴苏实习团，又一起走到"五七"干校，一直在一起。当时他是单身，书籍只能摆在床上或地上。

有一天，军管会的一位负责人来作报告，他在讲话中说："现代化的战争是立体战争"，"这次下放，是为了把你们保护起来"。没有人听信他的胡说八道。有一次在打谷场上与下放干部争执起来，他又以居高临下的姿态训斥人。一位下放干部看不过，指着他的鼻子，指名道姓地说："你不就是个十八级干部，有什么了不起的！"此人是实验工厂的党总支书记赵万福，是一位转业军人，大尉，十七级干部，比他还高一级。后来赵万福顶了军管会的"凉半截"（绰号）传为佳话。

二连二排是负责种菜的，黄胜年和他二室的同事们都参加种菜劳动。只有孙汉诚在连队食堂当事务长兼炊事员，每天要起五更到集市去买菜。

有一次，二连接受了一项为砖窑出砖的任务。战士们从窑内到窑外一字排开，一块一块地往外传。那天风特别大，出砖口风更大，嘟嘟作响。黄胜年站在出砖口，头部露在窗口外边，每送出一块砖，狂风就把砖上的余灰卷走。一场战斗下来，他的脸变成黑色，只有高度近视的眼镜上有几道白圈，活像个"魔鬼"。有人心痛他，埋怨他不该站在那个风口浪尖的地方。晚上他腰痛得睡不着觉，只能靠吞服止痛片入睡。他的精神支柱是"一不怕苦，二不怕死"。

每天风吹日晒的劳动生活，使这些"臭老九"们已度过最初的艰难日子，逐步适应下来。在休闲的时候还能找到一些乐趣，他们或带上自己的子女，去原来的沼泽湖底捡富藏的莲子以及一些稀奇的玩艺儿。

1971年，峰回路转。经过三个年头的"流放"，这群被扫地出门的"五七"战士们，像是经历一场恶梦，终又回到北京，回到原子能研究所。

不过，黄胜年付出了惨重的代价，健康早已透支，他的腰椎变形越来越厉害，回所后病休了两年。期间由组织安排到青岛疗养院休养了三个月，后来不得不穿上钢背心。像上了枷锁一样，很长时间不能适应。他的姐姐黄太年是位医生，在给叶宗垣的一封信中写道：

纵观他的一生，如果在几个关键处或是在工作中能"正确"处理自己的体力或健康的话，或许现在的健康就不致如此糟糕了……又何苦去消耗自己健康来办事呢？使别人觉得你是在"逞能"，也就是"过左"了。要知道你的体力与健康应该要做出更有价值的结果才有价值。

回想这些年来，知识分子所受到的冲击和磨难，有多少心酸的眼泪流淌在心里。他们有聪明的头脑，能解复杂的数理方程；他们有灵巧的双手，会做精密的科学实验。但是，却让他们到广阔的天地，在田间拨草、锄地，"经风雨，见世面"。要知道，国家培养一个科学家，要花多少时间，要花多大的投入，那时候的人们似乎很傻。

第七节　在崎岖小路上　无尽的探索

基础研究，或称学科性研究，是探索未知的研究。也就是说研究的目的在短时期内看不到应用前景。但是，这种研究的水平高低，却能反映出一个国家在科学发展上的软实力。例如，中国第一颗原子弹和氢弹为什么能在很短的时间内研制成功，最关键的因素是，有一支训练有素的核科技队伍。他们在国内或国外都受到过良好的基础研究的训练,知识面广,动手能力强。因此,国家实施核计划的应用性任务下达以后,他们就能驾轻就熟地设法完成。

然而,可悲的是原子能研究所,在20世纪50年代末和60年代初,向核武器研究所输送了一大批精英,其中包括钱三强的左右臂、副所长著名核物理学家王淦昌和著名理论物理学家彭桓武,年轻的理论物理学家邓稼先和核物理学家朱光亚,还有本国土生土长培养出来的理论物理学家于敏、黄祖洽以及一大批优秀的业务骨干。在当时,军用任务性研究压倒一切,基础研究缺乏必要的投入,受到忽视和冲击。再加上"文化大革命"十年动乱的冲击和破坏,原来在国内外享有很高声望的原子能研究所却今非昔比,风光不再,满目疮痍,一片荒芜。重水反应堆已到寿期,回旋加速器已经落伍。基础研究距离国际前沿越来越远而无声无息。

1978年,国家实行改革开放政策以来,王淦昌从核武器研究院回来,接替了钱三强原来的位置,任二机部副部长,兼原子能研究所所长(钱三强已调中国科学院任副院长)。为了开展核物理研究,他一上任就着手筹划引进美国的串列加速器,以便缩短与国际上的差距。但是谈何容易!直到80年代末才建成投入运转。那么,在此之前,核物理研究,裂变中子物理研究向何处去?研究题目的选择很有学问。黄胜年从老师何泽慧那里学到了一条经验。这就是她经常倡导的"少花钱,多办事"的勤俭精神。因为我们的国家还很穷,研究经费还不充裕。她说:

评价一项成果时,应该把所用的经费(人力、物力)放到分母上去除一下。

于是,黄胜年考虑到当前的裂变理论还不完善,有些现象还不能解释,裂变物理实验还有许多工作可做。他想到本室过去曾向英国进口的一个锎252(^{252}Cf)中子源,已经多年不用了,是不是能把它改造一下,用来开展一些裂变物理实验呢?但是,改造涉及放射化学问题。他去请教主持放射化学工作的副所长核化学、化工专家汪德熙先生,说出自己的具体设想,看能不能把锎252中子源锯开,分离出锎252,经过处理做成裂变源，用来研究自发裂变现象。江德熙先生听后大力支持，并将这项工作交给放射化学研究室超钚研究组协助完成。

超钚组过去曾为核武器研究院制备过超钚元素锔242和锎242，还污染了实验室。而对于含有252个中子和质子的锎元素进行分离还是第一次。

锎是一种超钚元素，能够产生自发裂变，人们利用它自发裂变产生的次级中子做成中子源。中子能量虽然不高，但可以做一些裂变物理实验。

锎252中子源只有花生米大小，外层是不锈钢包壳，能够产生自发裂变的锎252附在钯丝上。超钚组的庄人杰和居崇华等人接受了这项任务。他们在装有铅玻璃和水的防护屏蔽下，动手锯开不锈钢外壳，进行溶解分离和提纯，再电镀到不锈钢底衬上。然后课题组运用自转移技术转移到薄膜底衬上。于是锎252中子源就变成裸露的裂变源。在这个过程中，黄胜年一直在旁边坐阵，负责咨询。后来，超钚组的这项工作还受到部里的通报表彰。

锎252由中子源改变成裂变源，通过对锎252的自发裂变就可以探测和观察裂变的机理、规律或新现象。这确实是个少花钱、多办事的创举。在黄胜年的组织领导下，先后有包宗渝、韩洪银、丁声耀等许多人投入了这项研究。经过几年的辛勤工作，对锎252自发裂变这种典型的低激发能裂变进行了系统的详细的实验研究，先后共发表论文20多篇。他们观察到高动能事件碎片质量分布上的精细结构；并得出氚和α粒子伴随裂变（三分裂）的各种关联特性等许多新现象。唐洪庆和叶宗垣在为《科技概览》一书撰写的黄胜年条目中，对所取得的成果做了概括性的介绍，文中写道：

在锎252自发裂变特性研究方面取得了如下主要成果。①在锎252自发二分裂变高碎片总动能区间型（TKE=200 MeV～216 MeV）的质量分布上观察到了裂变碎片壳效应结构的存在。②在研究锎252自发冷裂变的实验测量中观察了从零激发能到高激发能下的裂变碎片通过γ光子和中子发射的退激演变过程。在无中子发射的冷裂变中，γ光子的总能量和总数目随碎片总激发能增加而增加；但当碎片激发能高到能发射中子后，γ光子的总能量和总数目不再随碎片总激发能的增加而发生显著变化，但裂变中子多重性随裂变总激发能增加而增加。③在研究锎252自发三分裂变的碎片动能分布中，不仅以高的精度观测到了氚伴随裂变与α伴随裂变的显著差异，还细致地观测了锎252自发三分裂变的中子和γ光子发射与轻带电粒子（α和氚粒子）能量间的关联。对氚伴随裂变观测到的数据，包括氚伴随裂变的中子发射几率分布，至今仍是国内和国外独有的。

与黄胜年在一起长期共事的中国科学院院士张焕乔对此有高度评价。在他与唐洪庆合写的一篇纪念文章中写道：

> 他系统、深入地研究了 ^{252}Cf 自发裂变体系，获得了具有国际先进水平的结果。20 世纪 70 年代后期，黄胜年建议利用室里一个从英国进口的 ^{252}Cf 中子源进行化学分离，通过电镀制成金属底衬的 ^{252}Cf 源，然后用自转移技术从电镀源中制备薄膜底衬的 ^{252}Cf 裂变源，用以开展 ^{252}Cf 自发裂变特性研究。在当时的原子能研究所副所长汪德熙的支持下，他们成功制备出以铂金和不锈钢为底衬的 ^{252}Cf 电镀源，在随后近 20 年的时间里，利用 ^{252}Cf 裂变源完成了一大批有重要学术意义的研究课题，取得了多项创新性的研究成果，部分中文论文发表后，立即被英文出版的中国物理（Chinese Physics）选载并被国际权威检索机构 SCI 和／或 EI 收录，受到了外国核裂变研究者的关注。

随着国家改革开放的进展，国际学术交流活动增多。黄胜年的英语基础好，曾多次出国访问，或参加学术会议，先后访问了美国、英国、日本、奥地利、匈牙利以及联合国的原子能机构。在这些访问和活动中，尤以 1982 年应邀访问英国，对他来说有点奇特的意味。

这一年，英国在发现中子的故乡剑桥大学卡文迪许实验室，召开"中子发现 50 周年国际学术大会"。黄胜年应邀出席了这次大会。碰巧他几乎与中子同时出生，使这次访问有了一些传奇的色彩。

世界闻名的卡文迪许实验室（剑桥大学物理系），筹建于 1871 年，是世界上最有声望的物理学研究和教育的中心之一。近 100 多年以来，

黄胜年（左1）在西欧访问

对世界物理学的发展起过非常重要的作用。先后培养出诺贝尔奖获得者26人。特别是电子、原子核和中子都是在这里发现的，使这里成为核物理研究的圣地。我国著名核物理学家赵忠尧和王淦昌，他们在结束国外留学回国之前，特地从美国和德国来到这个著名的实验室参观访问。赵忠尧还有幸见到了发现原子核的核物理实验大师卢瑟福，与他进行了有益的交谈。他含有批评意思地说，你们中国也曾有人在这里学习过，不过一回去就没有声音了。后来赵忠尧在《自然杂志》上发表了"γ射线与原子核的相互作用"一文，大师还特地做了点评，加了一个附注。

在这次召开的纪念中子发现50周年的大会上，黄胜年报告了我国在裂变物理研究中的最新进展，受到了国际同行的关注和好评。这个报告，使这块核物理研究的圣地，总算有了中国人的声音，为中国人的脸上争了光，而且他自己也不虚与中子同生，共度了50周年庆祝活动。

第八节 "试管中的太阳"失踪之谜

1989年3月22日，美国犹他大学化学系主任斯坦·庞斯教授和英国南安普敦大学马丁·弗莱希曼教授在新闻发布会上宣布，他们在试管中成功实现了常温条件下的核聚变。消息一经传出，立即轰动了全世界。大家都知道，常识告诉我们，核聚变反应只能在极高的高温条件下才能实现。如果在常温条件下就能实现的话，这意味着关于核聚变的热核反应理论被推翻了。再说，如果真是这样，人类面临的能源危机很快就会解除了。

他们的实验方法非常简单。在 15 厘米高的试管内装满重水（含有氢的同位素氘），温度为 27 摄氏度。试管外面绝缘。试管内插入两根电极，一根是用钯做的阴极，另一根是用铂做的阳极。当两个电极通上电流时，他们惊奇地发现，试管内有大量的能量释放出来。释放的能量为输入能量的 4 倍，后来又提高 100 倍。实验中还发现了氚和中子的数量在增加。于是他们确信，在试管中实现了核聚变反应。被称为"试管中的太阳"。相对于在高温条件下的核聚变，室温核聚变也被称为"冷聚变"。

人们早已知道，太阳的能源来自轻核（例如氘和氚核）的聚变反应。这种反应只能在上千万度的高温条件下实现，所以又称热核反应。在地球上要点燃热核反应是非常困难的。世界上第一颗氢弹爆炸成功，标志着人类在地球上实现了热核反应，同时为人类最终解决能源需求带来了希望。但是，这种利用原子弹点燃的热核反应，其能量的释放是不可控的。而可控释放的热核反应正是当今世界重大的研究课题。

如果能在常温条件下，用普通的电化学方法就能实现核聚变，则此项技术应用前景是非常诱人的。于是，在此后的一个多月的时间里，世界许多国家都竞相再现这个实验。包括中国在内，十几个国家都宣称室温核聚变实验"获得成功"。暂不说国外的报道，只要看看国内新闻报道就知道室温核聚变在当时的科技界、新闻界有多么热，国内的各家相关研究院所都在积极重复国外媒体公布的冷聚变实验，并在材料等方面做相关的改进，以期获得相同或超过国外报道的实验结果。以下是《人民日报》发布的几则报道：

新华社北京 4 月 22 日电（记者姜在忠）记者从国家科委获悉，我国科学家进行"室温核聚变"研究取得重要进展。

一份由北京师范大学数位核物理、电化学、放射化学专家签署的实验报告表明，他们以钯管为阴极，铂丝为阳极，放入重水中，从4月18日下午2时开始通电，20小时后，显示有大量中子产生，液体闪烁探测器计数80分钟，探测到中子约700个。19日23时后，他们换上另一个同样大小的钯阴极，并加上氚收集管，其他条件不变继续实验，到4月20日18时，又发现了较多的中子计数。结果与国际被称为"室温核聚变"的现象相似。

新华社北京4月22日电（通讯员王青、记者胡年秋）中国核工业总公司今天宣布：中国工程物理研究院核物理与化学研究所用两种不同的方法，于4月21日成功地发现了常温下核聚变。该所的一个科研小组在重水中插入铂和钯两个电极，通上电流120小时之后，发现有中子出现，其产额大于每秒100个中子，经专家们认定，实验中出现的中子确定是聚变反应产物。该所的另一个科研小组用氘气和钯电极，采用不同的测试手段，于同一天也观测到了较高产额的核聚变中子。

上述两则新闻，对于关心科学进展和能源危机的人们，无疑是一个极大的鼓舞。当然，很多人正在期望看到那些更为权威的研究机构的最新实验结果。

在这期间，中国最大的核科研机构——中国原子能科学研究院的一个实验室，也进行了类似的实验。作为一个富有实验经验的中子物理学家黄胜年也应邀参加了这次实验的验证。当时，黄胜年对于"试管中的太阳"在理论上是很难接受的，但是他意识到在科学上，对发现的任何新现象，都不能轻易地说这是不可能的。为此，他重温了核裂变现象发现前后的情景和曲折的历史教训。1938年，诺贝尔奖金获得者德国人奥托·哈恩发现了铀原子核裂变现象，但是哈恩自己不敢相信。于是写信请教他原来的老搭档后来成为核裂变理论奠基人的著名女物理学家莉泽·迈特纳。他说：

也许你能提出一些稀奇古怪的解释。我们知道铀确实不可能分裂成为钡。

迈特纳回信说：

你的镭的结果真是惊人，过程由慢中子引起竟导致钡的产生！虽然对我来说，在目前接受这样一次大爆裂的假说是很困难的，但是在核物理领域中，我们已经经历那么多意想不到的事情，所以对于任何事情都不能毫不踌躇地说："这是不可能的。"

哈恩收到复信后，决定把自己的实验结果送《自然》杂志发表。但是，仍然顾虑重重。于是，在文章的最后一段写道：

但是作为很接近物理领域的"核化学家"，我们还不能迈出这么激进的一步，因为它是与核物理学中以前所有的定律相反的。可能由于一系列的不寻常的巧合给我们造成了错误的迹象。

正是由于黄胜年吸取了科学史上的经验教训，他积极地参与了室温核聚变实验，而且在重水电解槽中测到了中子。实验组已将实验结果上报到中国核工业总公司。但是，此时此刻的黄胜年有些不安。他谨慎地思考，实验的各个环节是否可靠，与奥托·哈恩一样，他想到了会不会有不寻常的巧合造成了错误的迹象呢？于是他决定做一次实验检验，建议将重水槽移走，继续观察中子数的变化。不料，重水槽移走后，中子探测器的计数仍无变化。此时在场的人一片茫然。原来测得的中子并不是聚变中子，而是环境本底中子。于是原来准备召开的庆祝会，改为分析总结大会。

室温核聚变的风波，在世界上纷纷扬扬地吹了一个多月。据媒体报道，世界上有数百个实验室力图重复这一实验，但是，大多数都失败了。美国能源部组织科学家调查，对有关的理论解释也基本上是否定的。这场风波至今仍留下疑问。科学的疑团有待于新的科学实验。

第三章

———

园丁之歌

第一节　平等相交　倾心培养

从 1982 年至 1985 年，黄胜年先后带了 6 名研究生，分别来自北京大学、四川大学、兰州大学、南京大学、山东大学和国防科技大学。他们都已通过论文答辩，取得了硕士学位。后来都由组织派遣出国深造，都预期回国。目前，有两位在国内。一位在四川大学任教授；另一位在中国原子能科学研究院任副院长，他因太阳中微子失踪之谜，提供了新的实验证据而在国际上崭露头角。这 6 位硕士研究生无论是在政治上或是业务上的表现，都使黄胜年非常满意。

他于 1988 年在日本参加一个国际会议时，他的一位学生正在日本深造，特地去探望他。当时学生提了一个问题，问能不能延长一年，那样的话，就可以在实习的研究所取得博士学位。黄胜年回国后，立即帮他办理延期手续。但是所领导根据政策规定，答复是不能延长。当年 6 月，北京发生了政治动乱，这个学生很快就回到了北京，一天也没有延误。要知道，当时他爱人也在日本，找个借口拖一下，拿到博士学位再回来，并不是做不到的。但他却在关键时刻，以自己的行动，表达了对党、对祖国、对社会主义的忠诚。

另一位学生于 1986 年到美国伯克莱实验室进修两年，由于工作得力，还在期满前很久，美方老板就要求他继续工作下去，他不愿意，要求准时回来。老板给原子能院领导写信，再三要求，最后达成协议，延长半年。半年后他就回来了。问他为何不愿意留下来，他回答很简单，我不愿意为外国人卖力。论工作条件，伯克莱比原子能院要好得多，但他宁肯回到这里为祖国效力。

还有一位学生，"托福"考试考了 667 分（离满分只差 13 分），考得那么好，美方北卡罗莱纳大学很快就接受他去攻读博士学位。黄胜年担心他考得高分会不会产生骄傲自满，要找他谈一谈。他说考得好，一是因为题目容易；二是因为偶然性，碰巧错得少，一点也没有自满。

有一位年龄较大的学生，插过队，经过联系，送到美国洛威尔大学攻读博士学位。黄胜年觉得他理论基础不够强，有点担心他在那边能否跟得上。在一次国际会议上遇到了他的导师，问起他的情况。导师说你放心，他学习非常刻苦，在资格考试中名列第三。

总之，黄胜年觉得这些学生都很可爱，在他们身上看到了自己年青时的影子。他们表现好，当老师的心中也非常高兴。他引用古人的一句名言：

得天下英才而教育之，一乐也。

有一段时间里，一些研究生的老师们对研究生的指责过多，说他们思想自由化，以自我为中心，表现散漫等，与20世纪50年代和60年代的大学生不一样。有的老师说，研究生不好好干，一心想出国；有的甚至连论文也不能按时完成。于是对青年人的抱怨和担心，几乎成了一种风气。但是，黄胜年有不同的看法。从他的学生身上可以看出，情况不是这样，至少不完全是这样。他认为，当今青年人的本质和主流是好的，绝大多数学生是热爱党、热爱社会主义祖国的，他们当然也有不足，需要教育，需要帮助，但要满腔热情地引导，决不能看到一点问题，就把他们全盘否定了。他说：

我认为培养研究生是一件具有重要意义的工作。导师与学生，不仅是师生关系，而且应该也成为亲密的同志和朋友。应该真心诚意，爱护他们，尊重他们。平等对待，倾心相交，那种只把研究生看作自己的助手和下属，甚至当劳动力使用的做法，是非常错误的。还有的人只管业务，论文做得好就行，不关心他们的思想品德，也是不对的。

黄胜年是这样说的，也是这样做的。

早在入学考试之前，他就与学生们有了感情上的交流。每年都有学生们给他写信，要求指点他们怎样复习，怎样报考。他总是立即回信，不但讲了考试科目范围等具体问题，每次都鼓励他们要在政治思想上要求进步，考不上也要服从国家需要。有的来信字迹端正，文理通顺，就给予表扬。有的潦草，有错误字，也及时给以提醒。有的没有复习用的书籍和资料，就给他们寄出。考试成绩好，能录取的，及早去信表示欢迎。成绩不好落榜的,更得去信安慰,鼓励他安心工作,从别的途径成才。有一位没考上的绍兴学生,工作几年后出差到北京,还特地跑到远郊原子能院黄胜年的家,来告诉他现在的工作和生活情况,事实上他们之间只有三次信件的往来,黄胜年已把他忘了。

一位家在外地的研究生来看望黄胜年

复试时,黄胜年掌握的重点是从学生的言谈举止观察他们的品质,他不愿意要那种虚夸浮扬的人。而必须是诚恳老实的,好在他每次遇到的都让他满意。他认为,一是他的幸运;二是说明大多数学生是好的。

入学后上课的第一年中,师生不在一起。黄胜年认为,更要经常关心他们。1982年至1983年,学生在北京大学上课。黄胜年与几个导师一起商量,决定到北大来给他们讲课。这样做的目的一是在加强师生联系,到那里上课是很辛苦的,每次一讲就是几个小时。清早赶班车,很晚才能回家。有时晚上回不来,他就在路旁的小旅店里住一夜,第二天赶清晨的班车回所上班。不上课的时候,有机会也到他们宿舍去看看。再就是通信。最后的两个学年是在原子能院大院里的研究生部上课,条件就好多了,经常见面。除了上课外,找他们谈思想,谈学习,向他们介绍学习外语的方法等。

有关在科究单位有额外待遇和分配之类的事,黄胜年总能早打预防针。例如前几年,研究生不算正式职工,有些福利待遇享受不着,室里分东西没他们的份。他事先向学生们提出要求,到研究室之后,绝对不能争待遇,而劳动和为大家服务的事一定要多做,因为你们年青"有事弟子服其劳"。学生们都同意他的要求,大家都不争待遇,和谐相处,这就是严格要求。

论文是研究生的最后一环。黄胜年认为,论文常常是学生一辈子第一项科学工作,成败与否,质量好坏,关系重大。一开始就要养成好习惯,必须非常严格,一丝不苟。论文要抓得早,及早准备,还在他们上课阶段,就要把要做的课题考虑好。实验核物理专业的学生,必须把实验作为主要内容。他不赞成有的导师把论文的重点放在计算或数据分析上,实验只限于简单地参加一下。由于条件的限制,找个好课题很不容易。两年的时间很短,想让他们做出一项较大的工作是不大可能的,但必须是完整的、独立的、有创造性内容的。还要有两手准备,科研中不确定性因素很多,一个很好的课题,由于种种原因,有时会做不下来。所以,必要时要考虑好候补课题,一旦发现原定计划有困难时,就要果断及时改变,不能弄到太晚,不可收拾。总之,早考虑、早动手,进度保持比计划提前,这种笨鸟先飞的办法,就是他行之有效的办法。在论文阶段,黄胜年特别注意在实验中发挥学生的主动性和创造性。他认为,千万不能觉得他们幼稚不懂,事事都得听老师的。要知道,在科学工作中是没有尊卑地位之分的。谁的意见正确,就要按谁的办。年青新手常常会提出许多好建议,发现工作中的问题。他们只要有一个哪怕很小的新想法,就要鼓励他们去试试。不过,黄胜年很遗憾,他觉得学生们在这点上还不大行。

通过以上一些环节,黄胜年对学生满腔热情,倾心培养,不失严格要求,他既是老师,又是学生亲密的同志和朋友。

第二节　共创高层研究人才的摇篮

1978年12月，中国共产党召开了第十一届三中全会。提出把工作重点转移到社会主义现代化建设上来。随着全国工作重点的转移，开始了改革开放的新时期。核工业战线也进行了重大的调整。过去主要为军用服务。在完成了"两弹一艇"（原子弹、氢弹和核潜艇）的研究任务之后，要求把工作重点转移到为民用服务上来。

80年代初期，当时任国务院副总理、国防部长和国防科委主任的张爱萍上将提出：

核工业应在保证军用的前提下，把重点转移到为国民经济利用上来。

后来简称为"保军转民"。于是，核工业开始了以发展核电为中心的第二次创业。这就需要更多的科技人才，特别是高层次的专业人才。但是，经过"文化大革命"的十年浩劫，人才断层现象已经显露出来。以汪德熙为代表的一些老一辈科学家，敏锐地认识到集中力量培养高层次专业人才的重要性和迫切性。于是由他牵头起草报告，向国家呼吁，依托原子能科学研究院雄厚的师资力量和实验设备条件，成立核工业研究生院，培养急需的高等研究技术人才。教育部立即表示赞同，但无法解决编制问题。后经汪德熙上下奔波，国防科委和核工业部批给了编制和经费，并任命他为核工业研究生部首任主任。

汪德熙先生是一位著名的核化学家。他多才多艺，爱好音乐。他发声厚实，唱歌很受欢迎，并能弹一手好钢琴。早期在清华大学任教，我们曾在第一章里提到过他的名字。抗日战争爆发后，他曾协助著名物理学家叶企孙先生向抗日根据地秘密运送军需器材。在"文化大革命"中因"熊大缜案件"，叶企孙先生入狱，他也受到牵连。1941年赴美国留学，1946年获麻省理工学院博士学位后回国。先后在南开大学和天津大学任教授和化工系主任。1960年，为了加强中国科学院原子能研究所放射化学方面的领导，被调任该所主管化学线的副所长（后来为副院长）。

在他的倡导下，经过在国内的调查研究，最终劝说领导放弃了前苏联援建的为生产军用钚的沉淀法工艺，他认为这种工艺管线长，投资大，效率低，难度大。于是采用了更为先进的萃取法工艺，在他直接领导下，科学家组织联合攻关，在原子能所完成了工艺验证试验，为建立生产厂大规模生产军用钚做出了重要贡献。汪德熙于1980年当选为中国科学院学部委员（院士）。

汪先生受命之时，当务之急是筹建一个领导班子，要找一个合适的搭档。第一个进入他视线的人就是黄胜年。因为他对黄胜年是很了解的。他们虽然所从事的专业不同，但在工作上有过接触。他们都是清华校友，在"文化大革命"中都受到冲击，又一起下放到湖北"五七"干校劳动。他知道黄胜年从小学业超群，又有在国外留学经历。特别是他在培养研究生方面做出了成绩，有独到的经验。这是他最为看重的。于是，他找到了黄胜年，讲述了有意请他一起合作，共创研究生院。黄胜年答应回去考虑一下。汪老急了，说："教育人的事，还有什么要考虑的！"就这样，黄胜年欣然接受了邀请，不久就被任命为副主任，成为汪德熙先生主要的得力助手，几年后，汪老年事已高，他退休后，黄胜年接替了他的位置。

办学伊始，核工业部派来一位党委书记，他们三人组成了临时党委（后来党委书记因调动而易人），接着，又在原子能院的大力支持下，调集了一批专职的教职员工，开始了艰苦创业。首先是校园地址的选择，当时有多种设想。

在中国原子能科学研究院生活区内，在新区和老区之间，有一座光秃秃的小山。生活在这里的职工为了改善和绿化居住环境，曾在60年代利用每期半个月的义务劳动，向这座光秃秃的小山宣战。他们用自己的汗水和打了血泡的双手，开山控石，栽上了绿油油的苹果树苗。但是，几年后，因没有专业人员管理，苹果树的成活率为零。后来，北京市的一个物探大队来这里安寨扎营，在山坡上盖了一座简易的宿舍楼和一些零落的平房。不知道为什么，过了几年他们搬走了。这是一个机会，研究生部的领导看中了这个地方，花80万元买下了这个破落的院子。当时院内是土路，下雨后一片泥泞，到处杂草丛生，不过并不可怕，可以重新开始改造和扩建。因为这里与依托单位原子能院如同一家，各方面条件都很方便。校址选在这里是最好不过了。

核工业研究生部大门

研究生部教学楼

过了几年，一座现代化的教学大楼矗立在小山之巅。"教学楼"三个大字是由中国科协主席、国防科委副主任、"两弹一星"功勋章奖获得者朱光亚院士题写。这座建筑成为"中国原子城"的最高建筑，可以纵览原子能院工作区和新老生活区全部的景色。随着教学楼的建成，其他配套设施也陆续建成。图书馆、宿舍、食堂、车库、运动场等，一应俱全。特别是原来那座简易宿舍楼，经过多次改建、扩建和装修，已是旧貌换新颜，既很气派又适宜居住。过去的一座光秃秃的小山，现今已是林木繁茂成荫，花草清香宜人的美丽校园，幽静秀丽的环境，不仅适宜学生的学习生活，而且也成为附近居民休闲散步的好去处。后来又建了一座更好更壮观的欧式教学大楼，功能更加齐配完善，研究生部教学大楼，

校园一隅

研究生部新教学大楼

在一本核工业研究生简介的画册上有如下的介绍:

核工业研究生部成立于1985年,是经国家教育部和国防科工委批准,由中国核工业集团公司主办的教育实体,主要任务是为核工业发展培养包括硕士和博士研究生在内的高级专门人才,同时为在职科技人员提供继续教育与培训的任务。

核工业研究生部座落在北京市房山区燕山角下,占地面积4.3万平方米,建筑面积近1.3万平方米,校园景色秀丽,环境幽静。有两座教学大楼、语音教室、听力室、计算机房、图书资料室、宿舍楼、食堂等良好的教学设施和生活条件。

1987年黄胜年主持会议

不过在创业初期,可没有这样的幸运。当时,黄胜年不仅担负重要的组织领导工作,要抓教学计划,制定教学大纲,要组建专职或兼职教师队伍,还要不断外出考察学习别人的办学经验。同时他还亲自上讲堂授课,讲授中子物理这门基础课程。他讲课的特点是,语言通俗,深入浅出,概念清晰,形象生动。能调动学生的兴趣,或启发学生深入思考。听他的课不会感到枯燥无味,而是一种享受。

在教学设施未建成之前,他们并不是坐等条件的改善,而是边建设、边开学招生。好在有原子能科学研究院在各方面的协助作为后盾,在紧密的合作下,两年后就有了第一批42名毕业生。20年后,共培养出硕士研究生和博士研究生2 500多人。还有硕士学位的进修生600多人。这些高层次研究人才毕业后被源源不断地输送到核工业有关研究设计单位或工厂。

1995年,在庆祝建校十周年的时候,黄胜年有感而发写了一首小诗：

> 绛帐弦歌小院幽，
> 堆工物化细推求；
> 新枝蕴秀连年发，
> 头白园丁耕未休。

细心解读一下，就能听到诗人的内心独白。这首小诗，说的是走进研究生部校园，有时是清早，只听到学生的诵读外语声；有时是白天，只听到老师的朗朗讲课声；此外只有微风吹动树梢的飒飒之声；目之所及，苍翠嫩绿，还有人工种植的和野生的、知名的和不知名的色彩鲜艳的小花。"啊，多么幽静的小院，多么好的学习环境呀！"师生们在这里细细钻研的是反应堆工程、核物理、等离子体、化学、化工、环境科学等各种专业课程，当然还有外语、数学和计算机等。"学而优则研"，从这里将走出去一批又一批未来核工业的技术骨干和学科带头人，他们将承担起20世纪末、但主要是21世纪再造核科学技术辉煌业绩的重大责任。

黄胜年（二排左7）病后参加研究生毕业典礼

每逢春夏，花木上就长出新枝。最引人注意的是路旁两排小叶女贞，常年不凋，只在严冬时节色泽变暗；而三四月间，春风一到，不独恢复了绿色，只几天不见，就抽出了鲜嫩的枝芽。这不禁使人想到，它不就是每年都有新来求学的同学们的象征吗？但是，"蕴秀新枝"并不是只讲学生的，当然也包括了教师和职工中的年轻一代。"头白园丁"，也不单单是说那些老科学家们，尽管春蚕已老，红烛将残，总想赶快把自己渊博的知识和丰富的经验传下去，而是泛指所有年龄过了半百，但并不安于知命，在我们这个小小的研究生部埋头苦干笔耕不止的教职员工们。

最后，黄胜年说：

我总觉得，对于人类文明来说，教育是头等大事。没有教育，人类就不能进步；没有教育，社会就不能发展。我又觉得，在我们的社会里，尽管所有的工作都是平等的，干什么都是为人民服务；但不能不说，有两种职业是最受人羡慕的，有两种人是最受人尊敬的，就是医生和教师。医生和教师的工作，无时无刻都充满着无私的爱，医生对病人只有一个"爱"字，教师对学生也只有一个"爱"字，这与普天下的母亲对她孩子的爱是同样的崇高，同样的深沉。我永远不能忘记我的那些好老师们，相信别人也是一样。

真没想到，在我能够正常工作的最后几年，也有机会来到教育阵地忝为人师（又勉为人师），处身于这样一个团结互助的好集体，日常和年轻人在一起，感受到的是勃勃的青春气息和浓浓的学术气氛，这，实在是我的幸运啊！

第三节　获奖的历史书

20世纪80年代后期，黄胜年曾涉足科学史领域，参与了四部有关中国核科技历史著作的编写工作。应该说明的是，不是他要写，而是要他写。其中，《重原子核三分裂四分裂的发现》获得了全国优秀科普图书奖。他与葛能全为《中国科学技术专家传略》理学编物理卷合写的《钱三强》获得了优秀条目奖。

1984年，中华人民共和国迎来了建国后的35周年国庆。由于国家实行改革开放政策已初见成效，各行各业蓬勃发展，繁荣昌盛。古人说，盛世修史。为了总结35年来社会主义建设的历史经验，中共中央决定出版《当代中国系列丛书》。在丛书的总序中写道：

中华人民共和国，作为一个伟大的社会主义国家，屹立于世，已经整整三十五个春秋。

当此之际，我们决定把三十多年来的历史经验，分门别类，加以总结，编纂成书，陆续付梓，以献给这一伟大事业的创业者和建设者，献给行将参加到这一事业中来的一代又一代新的建设者，献给全国各族同胞和世界上一切关心我们事业的朋友们。

所谓"分门别类"，基本上是按部门和专业划分。例如，中国核工业部承担的编纂《当代中国的核工业》，其中包括核科学研究、铀矿地质、矿山、工厂以及核武器研制、核电站建设等。这部大型史书于1987年写作完成，正式公开出版发行。

众所周知，中国核计划和航天计划的胜利实施，是当代中国最为辉煌壮观的伟大成就。原国家主席江泽民曾经说过："两弹一星"的伟业，是新中国建设成就的主要象征，是中华民族的荣耀与骄傲，也是人类文明史上的一个勇攀科技高峰的空前创举。

"两弹一星"指的是核弹（包括原子弹和氢弹）、导弹和人造地球卫星。人们还清楚地记得，中国在极其困难的条件下，秘密实施核武计划。当第一颗原子弹和第一颗氢弹爆炸的蘑菇云在东方升起的时候，震撼了全世界，国外媒体称中国已经挤进世界核大国俱乐部。于是，《当代中国的核工业》一书的问世，立即引起全世界的关注。特别是对于西方世界，这本史书成为他们窥视中国实施核计划的重要窗口。

《中国原子弹的制造》（China Build Atomic Bomb）一书的作者，美国斯坦福国防战略研究所所长，斯坦福大学中国政治问题教授J.W.刘易斯和斯坦福大学国际安全与军备控制研究中心薛理泰先生，他们在书中写道：

不久，在1987年又出版了一部有关中国核工业的权威性史记。这些著作使我们能把1979年以来所发表的关于核武器计划各个侧面的大量文献初步联系起来。这些材料帮助我们揭开了长期以来一直蒙在这项计划上的面纱。

又说：

北京显然是准备公布其战备武器计划历史概貌的。要是没有这些材料，我们几乎无法动笔。中国所公布的细节之多，确实出乎我们的意料，但我们还是希望中国以后能公布更多的情况。

这部著作有3个看点。从历史顺序来看，一是核科学技术研究；二是核燃料生产；三是核武器研制。全书粗线条地再现了中国实施核计划各个环节的轮廓。有关单位承担和完成了什么样的任务，以及单位的真实名称、地址系统地都解密了。隐去了过去一直使用的保密代号，也公布了一些有重要贡献的科学技术专家的名字。

现在可以说一说这本书编写过程中的一些有关的内情了。这本书有四位主编。其中除两位在职的副部长之外，有一位是来自中国原子能科学研究院，他就是前党委书记李毅同志。因为在核工业成立之前，原子能研究所属中国科学院领导，原名为中国科学院近代物理研究所，后来改为物理研究所和原子能研究所。1956年实行由核工业部与科学院双重领导。70年代以后脱离了科学院的领导。在编写《当代中国》系列丛书时，《当代中国的中国科学院》一书中设立了"核科学研究"一章，邀请当时任副院长的钱三强以及著名理论物理学家朱洪元、何祚庥等一批专家学者执笔撰写。《当代中国的核工业》一书也设立"核科学技术研究"一章，在选择撰稿人时，主编李毅盘点了原子能院的专家学者，最后选定了黄胜年。因为他对黄胜年是了解的。一是文字水平出众，二是知识面宽，三是作风严谨踏实，这是最难得的。而黄胜年的个性，对于领导上交给的任何事情从不借故推辞，而且要做就认真做好。

因为核科学技术研究是核工业创建和发展的基础和先行，核工业取得的每项成就，都闪烁着核科学技术研究成果的光辉。因此，内容覆盖面很广、撰写难度很大。

黄胜年当时还忙于创建核工业研究生部的工作。他挤出时间，首先对建国以来，国内外科技文献作了全面调研，不仅包括核工业系统自身，也包括其他研究单位和高等院校的研究成果。对于军工任务和保密项目，则根据已有的资料，作了一些重点查实。然后将军工任务和学科研究分成并行的两条线。对核物理研究、核化学化工研究、反应堆技术研究、铀同位素分离研究、粒子加速器技术研究、核探测技术研究、受控热核聚变研究等一些重要学科的创建和发展进行了记述。他认为，只要能把多学科领域的进展和取得的重要成果客观公正的摆出来，就不致发生大的偏差。他没有辜负领导的期望，完成了这项艰巨的任务。

虽然书中附有一串很长的撰稿人名单，其中也包括黄胜年的名字，但是，就是黄胜年周边的同事们，很多人并不知道他参加了这部著作的编写工作，除了知道内情的人之外，更没有人知道哪些章节出自他的手笔。不过，这对黄胜年来说并不重要，他向来低调做人，不愿张扬自己。

在编写《当代中国系列丛书》的过程中，军工部门的有关领导已经发现，由于保密或其他原因，有一些历史资料缺失文字佐证，许多历史资料仍保存在有关人员的脑子里，于是又决定发起征集军事历史资料的工作，因为有很多人年资已高，又称作"抢救历史资料"。核工业部和中国原子能科学研究院都成立了征集核军工业资料领导小组和编辑委员会，决定内部出版《中国核军事工业历史资料丛书》。按专业划分，其中包括原子能院，即《中国核军事工业历史资料丛书》《中国原子能科学研究院核军工科研史资料汇编》。黄胜年任副主编。在这期问，他参加了部内有关卷的编审会议。会议休闲时也组织一些游乐活动，使黄胜年这位长期埋头实验室做实验的核物理学家有机会留下了几个难得的镜头。

1989年12月，是核裂变现象发现50周年。在此之前，科学技术文献出版社的特邀编辑和副社长曾先后拜访钱三强，希望他能把他与何泽慧等人一起在40多年前关于"原子核三分裂四分裂的发现"编写成书，向今天的青年人提供一份科学普及材料，钱三强说：

让青年人了解一些核裂变的有关知识以及我国科学工作者的工作，自然是很好的。要说明的是，我们的工作不是裂变发现过程中的关键问题，但属于裂变物理的一个发展方向。由于半导体探测器等的启用，60

年代以后，三分裂的工作有了新的发展，观察到更多的四分裂事例，甚至还有关于五分裂的报导。

我自1948年回国后，由于工作需要，没有再在这方面继续进行研究工作。但是，在何泽慧领导下，开展了中子物理和裂变物理的工作。除了目的性很强的应用研究工作以外，黄胜年、叶宗垣等人近10年来进行了裂变物理的基础研究，并做出了贡献。因此，我向科学技术文献出版社建议，请黄胜年教授和我合作写这本小书。他在核工业研究生部的领导工作之余，承担了这项工作。

黄胜年回忆说：

几年前，钱先生让我协助他写这本科普小册子的时候，我的心情是复杂的。一方面，我觉得把两位先生当年发现三分裂四分裂的史实整理出来，介绍给年青一代，是很有意义的一件事。做协助工作，我也义不容辞，因为我是他们的学生。另一方面，又很担心做不好这件事，以我的水平，想要把两位先生的科学活动和科学思想准确地反映出来，是不容易的。后来试写了两节，经钱先生修改后送到编辑施桂芬同志那里审阅，得到鼓励之后，才写下去。

在这本书里，黄胜年是用钱三强第一人称的口气写的。这种写法也是有先例的。例如，诺贝尔物理奖获得者、著名理论物理学家、美国制造原子弹的曼哈顿计划的参加者R.P.费因曼的传记就是他的学生根据他的口述用第一人称写成的，后来成为美国的畅销书。世间事，无独有偶。几十年之后，黄胜年用老师的口气为老师写的传记《重原子核三分裂与四分裂的发现》获得了1995年全国优秀科普图书特等奖，也成为畅销书。但是黄胜年在荣誉面前又是低调对待。他在一份回忆录中写道：

在这里我要再次说明，这本书完全是钱先生的思想。钱先生约我去谈了两次话，历时共两小时，把当年的情况作了介绍。又寄给我许多资料。并对写作提出了具体要求。我所做的，只是协助他把材料整理出来，并经他修改定稿。当然，不可避免地容入了我自己的认识，有些话也确定是我自己想告诉青年人的。

为了说明这本书是出自黄胜年的手笔，钱三强不得不在前言"写在前面"做了特别的说明。他说：

> 文章是他用我的口气写的，初稿写成后，我曾提过一些意见，他为写这本书，曾对裂变发现前后的科学文献作了详细的调研，特别是前苏联在这方面的工作和1948年后各国的新发展。他作为本行的研究工作者，对提高与普及都能兼顾，文字通畅而严谨，非常注意科学性。他自己直接指导研究生的经历，使他有丰富的同青年共同工作的体会。因此他写的经验教训对青年科学工作者会起到有益的参考作用。

黄胜年在中学时代，曾阅读过大量科普著作，用他自己的话来说就是"终身受益"。有人问他写好科学史的诀窍，他谈了3点体会：

第一，是尽力把事物本来面貌忠实地反映出来。对科学史上的每一件事，评价都要恰如其分。不但写成功，也写失误和不足。因为科学的态度就是实事求是。这也是钱先生的要求。事实上，钱先生、何先生的事迹，从哪方面说都是我们后学的楷模。我本人曾有幸在两位先生指导下工作多年，虽然最近二十年分开了，但当我拿起笔来的时候，回忆往事，他们的为人治学，一言一行，如在目前。可以说，我是带着一种特别的感情来写的。一句话，把他们的思想如实写出来，就好了。

第二，是尽可能写得通俗些，让更多的人能够读得懂。讲到原子核，讲到微观世界，一般人总有一种神秘感。因为人们不大容易理解小小的原子核怎么会有那样巨大的力量。像两位先生这种在原子核物理学上的发现，怎样才能让根本没有学过现代物理学的高中学生也能弄懂呢？所以，先拿出一点篇幅给些必要的预备知识，并且避免一切数学公式，少用专门术语，尽量用普通的朴实语言，把问题讲清楚。至于生动性，我觉得应该体现在具体性之上。有了具体的描述，自然也就生动了。我不知道书稿究竟在多大程度上体现了上述设想，恐怕只能由读者们来判断了。

第三，是力图写得有点教育意义。用现在的话来说，就是要求寓德育于智育之中。最好的做法是通过具体的事实和科学家的真实思想来进行教育。这要贯穿于全书各个章节之中。但在正文写完之后，我加了一节结束语，归纳一下。写了科学工作者需要的勤奋和胆识，积累与合作的问题；特别强调了学术与道德的统一和献身精神。我曾担心这一节会不会是画蛇添足，或被看成为空洞的说教。不过又想，有前面的事实作基础，也许能为青年所接受。

第四节　告别讲坛的最后一课

到了1990年，核工业研究生部建校已经五个年头。汪德熙先生因年事已高，正式告老退休。研究生部的领导重任压在黄胜年的双肩，他正式担任研究生部主任的职务。此时他已经意识到，似乎有了一种力不从心的预感。

1987年黄胜年（前排左2）在研究生部和学生在一起

就在前不久的初冬，他率团出访奥地利、匈牙利等一些欧洲国家，这也是他接受的最后一次出访任务。"上帝"（中国俗称"老天爷"）对他的健康状况发出了预警。这次旅行从一开始就不顺利。当飞机到达德国柏林，准备换乘另一航班飞往维也纳时，竟发生了一个不应发生的麻烦。当时，身体本来就很虚弱的黄胜年时差还没调整过来，立即去与当局交涉，结果是航空公司自己弄错，于是乘下一个航班到达维也纳。此时黄胜年已经感到疲惫不堪。虽然在国际原子能机构（IAEA）工作的老同事王大海作了多方的照顾，但是由于会议议程繁多，住宿又在远郊，时间紧张，早晚用餐只能凑合，每天只能睡两三个小时，这更使他吃不消。一周之后，会议结束了，他向中国驻国际原子能机构使团汇报之后，第二天一早就乘火车赴匈牙利布达佩斯，在那里又与匈牙利接待人员一起转乘火车到达德布勒森，已是深夜。住宿条件很舒适，本可以好好休息一下，可是第二天又开始了紧张的日程，参观几个实验室和研究所，做报告进行交流，还参加了两位匈牙利朋友的家庭聚会。当时匈牙利经济形势下降，国内处于动荡，凑巧他们又赶上了国内抗议汽油涨价，工人罢工封锁道路，担心无法按期回国。经过一连串的折腾，黄胜年已是精疲力竭。他在给家人的一封信中写道：

> 因为日程紧张，头几天简直没有休息，加上时差，每晚平均只睡二到三个小时。最后两三天倒是有可能轻松一下，可又遇到封锁，发愁怎样逃出这个封锁如期回来，于是也没有能睡好，因此弄得疲惫不堪，各种病也都发出来，实在是人老体衰，以后再也不能作此类旅行了。

其实，"此类旅行"已有前车之鉴。很多人都知道，黄胜年本来也知道，此前不久，老领导、前中国原子能科学研究院院长、著名核物理学家戴传曾院士，就是因为出访疲劳过度，回国后一病不起。他对到医院探访者说，病好了，再也不作此类旅行了。但是很可惜，他没有挺过来，过早去世了。

当年黄胜年还不到60岁，应该是年富力强的年龄。如果是一个身体健康的同龄人对此类旅行疲劳也许不算什么，然而他却发出了"各种病也都发出来，实在是人老体衰"的哀叹。人世间的突发事件，往往是有先兆的。他的这种哀叹，实际是一个征兆。他非但没有把自己的健康问题当回事，而是继续超负荷工作。而且雄心勃勃，思考创新。

12月26日这一天，他参加了王淦昌先生的研究生的论文答辩，又接待了核工业部所属衡阳工学院的院长和党委书记，他们是专程来讨论研究生培训事宜的，中午没有休息。下午，他挺不住了，发生了突发性脑溢血。在身边工作的冯志华同志见他体态失常，语言阻塞，抱住了他，并紧急要车把他送到医院抢救。

医院很近，只隔了一条马路。这是一座不大的医院，是原子能院职工医院。当医生提问时，他的回答口齿不清，医生初步诊断为中风。但是因为当时医院设备不全，还无法确诊是脑溢血还是脑梗塞。过了一会，研究生部办公室已将他的夫人叶宗垣同志接来。她后来回忆说：

两种病因不同，在处理上是不同的，这需要到城里的医院做 CT 来研究。而当时到城里就医住院很困难。我记得黄胜年说过，在留苏同学中有一个叫冯理达的同学在海军总医院工作。曾说过有病时可去找她。"要找你，可不是好事"。这是当时说过的一句玩笑话。凭这就奔冯理达去吧。第二天，我们把胜年送到了海军总医院。

送海军总医院，确诊为脑溢血，导致半身不遂。当时开颅手术还不常见，风险很大，于是，就选择了保守治疗。但是，这就需要派人护理。当时医院里还没有护工这个行业，需要家属和单位派人护理。此时黄胜年的姐姐黄太年从南京赶来探望，她是一位医生。每天就由夫人和姐姐轮流护理，晚上就由研究生部和中子物理研究室派人来护理，派来的人有同事，也有他的学生。当时天很冷，单位离城里很远，交通又不方便，他们很是辛苦。经过了一段治疗，黄胜年的病情有所稳定。加上春节假期临近，交通不便，护理人员食宿都不方便，于是决定还是转回原子能院自己的职工医院继续治疗。

黄胜年的病情转危为安，是不幸中的万幸。回到职工医院之后，很多人去探望他、安慰他。新上任的研究生部党委书记孟宪义同志回忆说：

我们很早就认识，而且很敬佩他。在引进串列加速器时，工作上有所接触。他是一位非常严谨的人，平常很少说话，但说出话来很有份量。在相处的一个月中，有过多次交谈。他有很多新的想法。然而不幸，他突然倒下了，才58岁，正是干事业的时候。让大家痛心不已。

而对于黄胜年自己来说，更是经历了一场生与死的考验。还该不该继续活下去？在很长的一段时间里曾有过深度、认真的反复思考。他在一段回忆录中写道：

1990年冬天，确切地说，是12月26日（即毛主席诞辰纪念日，因而很容易记住）下午，突发的脑溢血以及随之而来的偏瘫后遗症，剧烈地改变了我的生活。记得从海军总医院回到我们自己职工医院的时候（发病后一个月左右，那时自己刚刚可以认真地想一些重要事情而且可以发出使人勉强听得懂的语言），我聚集起全身的力气，用十分含糊的话语，问旁边的护士：我以后还能恢复到生活自理吗？那位护士理解了我的意思，便笑着回答说："你放心，当然可以恢复。"很可惜，她的预言不正确。几个月之后，情况就已明确了，我已经不可能在没有人的帮助下而独立地生活下去了。在脑溢血之前，虽然也常常把自己算作残疾人之列（严重的强直性脊柱炎，有好几年除睡觉外都穿着钢背心），但我还能忍得住痛，几十年来，实际上很少影响上班工作。但现在加上这第二种更严重的残疾，我就没办法了。

　　那时，我还不到六十岁，而对着这样的状态，难以掌握住自己的思想。此后，至少有半年多的时间，脑子里反复考虑的就是：我这个人还有没有什么用处？应不应该再活下去？对于这个问题，一开始，我完全是从理性的角度来考虑的。总是认为，一个人活在世界上，如果对社会、对别人都不再有用，那还有什么意义呢？何况还要无限期地成为社会和亲人的负担或累赘。我这么想，一点也没有那种悲观或凄凉的意思。人总是要死的，一旦确实没有用了，就应该坦然地走向另一世界。

　　但是，这些考虑缺少了另一个重要方面，即感情的方面，或者说就是爱的方面。确实，我还应该想一想，那些爱我的人们和我所爱的人们到底又是怎么想的。他们让我明白，即使不能再做什么工作了，我如能活下去，至少对于这些人来说，实在还是非常重要的，何况总有一些力所能及的事是我可以做的。感谢他们（其中最重要的是我的老伴叶宗垣，在旁边没有人的时候我愿意叫她三姐，因为她排行第三，又比我早生70天）。有了大家无穷无尽的安慰和各式各样的帮助，过了一段时间之后，我终于又鼓起了继续生活下去的勇气和决心。而研究生部和原子能院内外许许多多同志所给予我的关心与协助，则是对于这一决心不可缺少的支撑。

从海军总医院回到职工医院之后，在医护人员的精心治疗和护理下，黄胜年增强了康复的信心。3个月之后，体力有所恢复。他用左手扶着床头，右手靠家人挽扶，终于下床重新站立起来。后来，根据医院院长郭槐生大夫的建议，将他送到北京洋桥中国康复中心进行康复治疗。

这个康复中心是按日本的锻炼方式，让病人首先从生活自理开始，再做多种功能的锻炼。按说黄胜年的病情比较严重，恢复生活自理能力是很困难的。但是，凭借坚强的毅力，他做到了。为了应付生活琐事，他比别人早起，事情做在别人前面。仅用一只左手还注意把被子叠得整齐。他终于通过了生活自理关。

黄胜年在康复中心进行锻炼

后来他练习用左手写字，这样又出现了奇迹：他用左手写出的字，与原来的右手字几乎一样的好。把他小时候练字用的大字帖"雕桥庄歌"默写了出来。指导他的日本教练看到后非常高兴，要了过去。说看得出是左手写的字，可用来作样本。

五年之后，核工业研究生部建校十周年，黄胜年得到邀请，请他在研究生毕业典礼上讲话。他非常高兴。这是他病后第一次重新走上阶梯教室的讲坛。过去，在这里他一届又一届地为研究生们讲授中子物理学，是一位非常受欢迎的物理老师。而这次他换了角色和内容。再也不能用手中的粉笔在黑板上自由的"耕耘"了。一开始，他就讲了几句非常感人的歉意话，这不是客气，全是真情流露。他说：

今天我非常高兴，能够参加同学们的结业典礼，其实我来参加一下，可麻烦了，兴师动众的。路一点点，还得动用汽车，真不好意思。

接下来，他说明了今天讲话的主旨。他说：

在研究生部结业,是一个标志。第一年,以课堂学习为主,此后要以论文为主。也可以说:头一年的学习生活,与大学时期相差不大,真正的研究,以后才开始。在这比较关键的时候,给同学们送些什么临别赠言呢?

我想,研究生要研究,必须要创新。必须发前人之所未发。"创新,创新,再创新",这也是江泽民主席在两院院士大会上重要讲话中强调的。可能有同学会问,我刚进入一个新领域,怎么能一下子就能找到创新之点呢?恐怕,只能靠导师了。我想,导师的作用是非常重要的,但最好的是:不要依赖导师,自己来。如果一下子做不到大的创新,那就小一些的也好,有创新总比没有好。

然后,他讲了两个发人深省的小故事。其一是说他自己第一次参加研究工作时的亲身感受和体验。大意是说,研究气泡室的库兹涅佐夫老师当时的年龄不到30岁,为人朝气蓬勃。他培养年轻人的办法是放手让年轻人去干。一开始他跟他的学生约定好,老师的任务是:告诉助手,需要完成什么样的具体工作,把技术要求作一详细说明。如头一次是要求做一个电子稳压电源;完成后又要求用一批盖革计数管制作一个探测宇宙射线粒子的望远镜;再做好后,就要调整一个电子电容气压计;又做完后,再要做一个频闪光源等。总之,都是总的研制工作所需的重要部件,而其难度则逐步增加。此外,老师应告诉助手:图书馆、器材处、机修工厂、行政处等单位在哪里。需要领什么东西以及加工什么部件或购买什么器材都由助手自己决定,只管找他签字好了,他一般不会提出任何不同意见。而助手的任务则是:把工作做完,然后来告诉他说,已经做好了,请再来下一个。有问题自己去查书,也可以找任何人讨论,只是尽量不要找他。

当这样的"助手",显然其要求比较高,他虽然在列宁格勒大学曾做过一点"年级论文",但对研究工作还一无所知,何况在大学学的是分子物理,与核物理及宇宙线相差甚远。但老师的这种做法,逼着你自觉地发挥出自己所有的潜能,对于提高年轻人的实验研究能力和水平,是极为有利的。

下一个故事是他从钱三强老师那里听来的。事情涉及误差,所以他首先强调一下误差分析的重要性。他说:

在物理学实验中,误差分析占据着独特的、十分重要的地位。现在我们不可能详尽地分析有关实验误差的各种问题,我只想强调一下它的重要性。有许多错误的结论或失败的推断,往往是由于没有正确地计算出误差的大小而造成的。请注意,我这里说的是正确地估算误差大小,即既不能偏小,也不能偏大。如果把可能引起误差的某些因素遗漏掉,使所给误差偏小,当然会导致错误。这一点,一般人是容易理解的。反过来,也不能采取所谓"保险"的办法,即把误差人为地估大一点,以为反正不会错,那也是不对的。因为如果过高估计了误差的大小,同样也会造成问题,有时甚至会把新的物理现象忽略过去。总之,在复杂情况下能不能正确地估计误差,是一个实验物理工作者是否成熟的标志。

接下来,他讲述了一个有趣的新发现的过程。

1972 年,法国制备浓缩铀的皮埃拉特气体扩散工厂的技术人员,偶然发现一个次级标准样品中铀 235 的丰度(铀 235 在总铀量所占的份额)与初级标准有一点微小的差别。自然界中铀 235 的丰度是一个固定的值,应该是 0.720%,但测量到这个次级标准样品的丰度却比它略低一点点。这个差别非常之小,几乎与测量误差相同。但他们没有简单地把它归之于误差而放过去,而是通过认真的实验和正确的分析,肯定了这一差别超过了测量误差,是真实存在的。从这里开始,追究发生差异的原因,最后导致一项非常有趣的新发现。原来在非洲加蓬的奥克洛(Oklo)铀矿中,十几亿年前曾经存在过一座天然的核反应堆——由于特殊的地质条件和水的存在,在古代某些时期曾经满足过产生链式反应的条件。(同学们很容易想到,十几亿年前天然铀中铀 235 的丰度远不止 7.20%,这是由于铀 235 的半衰期比铀 238 的半衰期小好些数量级,前者衰变得快。)这座天然核反应堆运转了约 60 万年,铀矿中的铀 235 被"烧掉"了一部分,因而其丰度(古时候的和现代的)变小了。像这样不放过细微差别而导致新发现的事,科学史上还有不少。误差分析实在是太重要了。

讲完了这两个小故事之后,这位白头园丁便永久地告别了讲坛。

第四章

———

科坛诗豪

第一节　与诗为伴

前面我们已经说过，由于家庭环境的熏陶，黄胜年自幼学习背诵古典诗文。俗话说，熟读唐诗三百首，不会吟诗也会吟。而且他在求学时代就已经有了格律严谨的古律诗作，可以说是一位诗童。不过，后来他把兴趣转向物理，而将对诗文的爱好深深藏在心底。于是他在日后的生活或工作中，每当遇到一些能激发情感的事情，就会运用古律的旋律抒发自己的情怀。但是，这仅仅是一种自我消遣，或自我陶醉。他从来未想过要公开发表去博得什么名声。正因为这个缘故，在他身边的许多同学、同事和好朋友，都不知道他会写古诗。

后来，因为他突发脑溢血导致半身不遂，为了专心康复治疗，他于1992年正式辞去核工业研究生部主任的职务。开始时，还能做一点科技咨询或为专业杂志、期刊审稿之类的事情。后来，随着病情的逐渐恶化，这类工作也逐渐减少了。开始恢复的时候，他身体能够站起来，依靠拐杖慢慢挪动身躯，再后来，就坐上了轮椅。在与疾病抗争的过程中，他是一位强者。有时失眠，睡不着觉，就背古诗当安眠药。久而久之，他就与诗文结伴，开始写作了。开始时用左手写。后来夫人叶宗垣为他弄了一台电脑（开始是借用，后来在北京花市大街一家旧货店里花一千多元钱买来一台叫8086的那种最早的个人电脑）。因为刚生病时，家庭的经济收入还不宽裕。后来选上了院士，收入逐渐多了一点。直到1998年，才有充裕的财力，花四千多元钱买了一台比较满意的586多媒体电脑。因为当时他无法到工作单位去打印，而请别人去代印，又要麻烦别人。好在当时打印机也降价了，又花了一千多元钱配上了打印机。当时曾不止一人向他建议：由单位负责为他配电脑。但是他没有这样做，而且根据他的为人，根本不会这样做。正如他自己所说的那样：

因为我确实很难有把握真正能够做出一点有用的工作来。如果做不出超过所值的成绩，那就很不好了，至少在良心上过不去。

花了不长的时间，用一只左手学会了五笔输入法，这使他非常高兴。他竟然觉得比瘫痪前用两只手打字时还要快一些，这样就可以写字作文了。再加上他所知道许多病残英雄的事迹，就是在自己熟悉的圈子里也有几位可称得上准英雄或准模范的人物，更给了他更大的鼓舞。但是，他的目标不高，不敢向他们学习，怕做不到。只想能平安无事地活下去，尽可能不要增添对别人的麻烦，能亲眼看一看21世纪初的祖国，就算心满意足了。当然，稍微写一点文字他还是很想的，似乎难以拒绝这样的诱惑。他说：

记得多年以前曾经想过，退休之后能不能来写一两篇小说（可算是一种雄心壮志了），但此时仔细盘算，才知道那是不行的。因为我看到时下的小说，不管是哪一类，其中至少必须要加上相当部分男女爱情的情节才行，显然这是我做不到的。

可是写什么呢？困难首先在于：他没有可能到任何图书馆去查阅资料，只能就手头上仅有的资料翻阅一下，只能靠自己脑中的记忆。于是他全凭记忆，用一只左手一字多敲地开始写作。随着时间一年一年的过去，精力，特别是眼力越来越差，常常有好多天什么也不能做。就是在这种状态下，他先后完成了三部著作。一是《未湮没的径迹》，叙述了自己的求学历程，文字真实、生动、感人。这正是本书第一章"成材之路"中的主要资料来源。二是《泥湿步留痕》，是他整理出来的自己的诗选。三是《读诗偶记》，是他对古诗进行比较研究的心得。2007年，由夫人叶宗垣操持，汇订成册，正式出版。书名是《黄胜年诗文集——一个科学院院士的情怀》。但是，令人遗憾的是，这本书并没有进入全国图书市场，在书店里是买不到的。这对于作者是极大的不公。是作者的损失，更是读者的损失。

这本书的发行范围很小，主要是在本单位或亲友之间。但是，却立即收到了许多读者的评论或赞扬。例如：贾永生先生在《廊坊日报》发表题为"科坛诗豪　院士情怀"的评论中写道：

这部先睹为快的院士诗文集着实让我的心头一震，眼底一亮。作为一名造诣颇深、功绩卓著的资深院士竟然对中国古典诗词驾轻就熟，实为难得。金秋时节，我终于收见了黄胜年院士寄来的装帧精美的新著《黄胜年诗文集——一个科学院院士的情怀》（原子能出版社，2007年7月版）。我一口气读完了这部30余万字熟稔的诗文，欣睹着封面上黄胜年院士笑对人才的彩照，不禁百感交集。

黄胜年院士巧妙运用诗词翰墨，时代歌弦，形象描绘了繁复的意象世界。此书分三卷，一卷为《泥湿步留痕》，选编了黄胜年院士80首独标逸韵、辞美皆深的诗词，足见其古典诗词深厚的功底与纵横自如的文学创造力。二卷为《读诗偶记》，选用了31篇见解独特，言简意赅、阐发精微的诗词评论，多为视角新颖、痛快淋漓之力作。三卷为《未湮没的径迹》，实为回忆录。这位院士搞了一辈子尖端科研，写了一辈子诗作诗论，硕果累累，佳作迭出。他调动起高度的艺术自觉，挥洒起灵魄的自如，于生命的涅槃中，铸造起精神的映象，托举起诗意的升华。

黄胜年的堂弟黄大年先生不仅为黄胜年诗选《泥湿步留痕》作了注释，还为《读诗偶记》写了序。他写道：

谁能想到这本对中国诗学和中国古体诗研究颇具一定功力的小书，会出自一位核物理学家之手？答案并不难找，全在此书中。一是来自江东，特别是娄东诗派的影响；二是自幼秉承家训，家学渊博；三是深厚的文学功底，酷爱诗文，特别对七律（绝），情有独钟，能写一手严格叫绝的古律。这一点最重要。

几十年来，他主要是一位物理微观世界的探索者和精湛的物理学家。他完成了多种能量中子引发铀、钚、钍核素等十多个裂变体系的实验，测定了我国第一颗原子弹金属铀部件的本底中子数据，"氚伴随裂变"至今仍是国际上独家数据。他的核物理实验是多方位的，有理由使得人们认为他具有数理思维理论和实践的天赋，并不为过。就是这样一位和核物理与实验数字打了一辈子交道的实地参与者和组织者，却又能和中国诗学以及古体诗词结缘，不能不说他又是一位形象思维的奇才。

还有一位"80后"的青年在自己网站上的博文中写道：

也许来我这里的读者并不知道黄胜年是谁，然而在百度上能搜出来整整25页关于他的条目。但是在目前这个名人充斥的年代，我不知道这

25页能不能证明他是一位名人。他是一位核物理学家，一位喜诗好文的院士。很遗憾，虽然和他服务于同一家单位，都从未谋面；很惭愧，虽然仰慕他的才情，但是对于他的主业核物理却一窍不通，所以不了解他为国家做出的主要贡献，只是很感激他出版了这本诗文集。

一位古稀之年的老人，研究核物理的，却可以写得一手好诗，应该是很难得的，但几乎是所有的人，包括我自己，都不会太意外，那个年代的科学家就是如此多才多艺的，李四光可以谱很好的曲子，汪德熙的钢琴弹得也非常棒，所以，今天我并不是想少见多怪的谈论黄先生的诗词，而是感慨于他在诗文集最后的那一段自传体的回忆录，那一段关于他求学时期的追忆。这段文字的题目叫《未湮没的径迹》，字面意思很容易理解，但是也许很多人都不知道，湮没和径迹都是核物理中的专业术语，老先生就是这样把研究融入生活的，不着痕迹却深刻到骨子去了。

此外，他对这本书的装帧还提出了批评：

读这本书的收益很多，读起来也很有趣，但是在目前这个出版物泛滥的年代，我想以它平平常常的装帧和印刷，和那《泡沫之夏》比起来，简直太寒酸了，在各个书店是很难吸引大家眼球的，这是作者的损失，更是读者的损失。

以上这些评论，对《黄胜年诗文集》的三部著作都给予了极高的评价。他集逻辑思维与形象思维于一身，将物理世界的美与文学艺术世界的美达到了统一。称他为"科坛诗豪"并不为过。

然而，他的诗文集已经没有机会与广大读者见面，再版是不可能的。为了弥补这个损失，现将他的诗集《泥湿步留痕》和诗论《读诗偶记》的原文如实抄录下来，作为本章的第二和第三节。以便让更广大的读者，特别是那些爱好诗词的读者能够原汁原味地去欣赏和研究。

第二节　诗选《泥湿步留痕》

梅　花

一九四八年

其一

古藓护疏枝①，溪边一带篱。

唯宜霜月②照，莫遣③雪风知。

几点玲珑玉④，三生⑤洒落姿。

自从窗外见，风味至今思。

①藓：苔藓。护：扶持，长满。
②霜月：冬日皎洁的月光（朗照）。
③遣：派，让。
④玲珑玉：比喻梅花质晶莹倩巧。
⑤三生：花期长。

其二

秀色①拥斜枝，繁花映竹篱。

未曾蜂翼绕②，独配月魂③知。

不是瑶台种④，何来玉女姿？

自从凋谢后，无日不相思。

①秀色：梅蕊的英姿玉骨。
②绕：（蜜蜂）（没有）绕梅花飞来飞去（凑趣）。
③月魂：此有创意；月魂，泛称月，高雅的梅花，只配美月陪伴或亲近。
④瑶台：神仙居处。种：品种。

夹竹桃
     一九四八年

 也师君子也留红①，
 半望西庭半倚东②。
 省得年年春意绿，
 可怜斑叶③晓风中。

①师：学。留红：开花。
②望：探望着。倚东：向东靠倾斜着，伸展着。
③斑叶：长斑的叶子。自喻体弱。

春　光　六首
     一九四八年

其一
 苍林落日紫光①连，暮霭②沉沉绕碧天。
 惆怅晚霞红尽处，依依犹自别炊烟。

①紫光：落霞的余晖。
②暮霭：傍晚的云气。

其二
 黄昏兴尽踏青①回，星斗稀疏晚色灰。
 私抱月魂②窗下宿，梦酣又被晓钟催。

①踏青：春日户外散步或远足。南北皆有此俗。
②私：独自。抱月魂：月光洒落之义。

其三

中天泻下白鲛绡①，鳞状停云漏月娇。
自得三千②星陪伴，愁轻意适病全消。

①鲛绡：传说鲛人（人鱼）所织的一种丝织品，薄而透光。白鲛绡：喻月光。
②三千：泛指多。

其四

听风夜半抱衾①眠，匆促留家又一天。
求祷明朝天色好，樊村泾上细留连。

①衾：被子。

其五

密叶疏花护竹门，田阡①泥湿步留痕。
旧时垂钓无多远，只在桥南第一村。

①阡：南北方向的田间小路。

其六

村前桃李对盈盈①，柳老婆娑②倒垂青。
到处万千花夹道，采回一朵紫云英③。

①盈盈：充满的意思。
②婆娑：盘旋。
③紫云英：一种豆科的野生植物，紫花像伞形。

春　光　六首补二

其一

芳草年年吴巷①长,春来抽绿映斜阳。

东风相遇应相识,日暮人行响木廊②。

①吴巷:江南的街巷。
②响木廊:木楼内的楼道走廊。人行其上发出响声,故称。

其二

盈盈碧水满池塘,人倚阑干①影亦长。

待得柳荫红日暮,秋千影里随风飏。

①阑干:即栏杆。

京津道中

一九五二年

秋棉①吐絮间红白,苇草摇风傍②浊流。

漠漠平畴③冲远树④,依稀南下过沧州。

①棉:棉铃。
②傍:靠着。
③漠漠:广袤而沉寂。畴:已经耕作的土地。
④冲远树:写车速之快。

去国用鲁迅韵
一九五二年十月

长夜正逢去①国时，似蚕心绪满怀丝。
思回金水桥边路，梦忆天安门上旗。
壮士万千卫祖国，工农五亿写史诗。
誓当不负人民托，嘱咐声声记在衣。

①去：离。

附：鲁迅原诗

惯于长夜过春时，挈妇将雏鬓有丝。
梦里依稀慈母泪，城头变幻大王旗。
忍看朋辈成新鬼，怒向刀丛觅小诗。
吟罢低眉无写处，月光如水照缁衣。

怀 乡
一九五四年

万里愁丝一线牵，绕魂萦梦已经年①。
夜风吹壁撼②衾枕，冷月穿窗照不眠。
听曲来悲思归欤③，登楼凝目只云烟。
洲头④虽有柔枝柳，怎似江南桃李妍？

①经年：第二年。
②撼：晃动。
③归欤：王粲（字仲宣）《登楼赋》中转述孔子的话。意思：回鲁国吧！
④洲头：是当年王粲的客居之地。这里是指作者客居异国。

跋：去国两载，乡愁倍增。病夜不寐，感仲宣"岂穷达而异心"句，转侧不能忘怀。书此抒情，遥寄女兄。虽归欤登楼，聊拟古人；然夜风冷月，毋乃太悲。非我侪之所宜也。吹壁撼衾，想见此间之冷；绕魂萦梦，抑何幽思之深耶？

附：王粲登楼赋

昔尼父之在陈兮，有归欤之叹音。

人情同于怀故兮，岂穷达而异心？

读陆游沈园二首有感即用原韵

一九五八年

其一

岂效长干①蝴蝶哀，空庭恍②是旧瑶台。

绝③怜廿二楼④头月，曾照离人入户来。

①长干：地名，在今南京市，靠近长江，秦淮河南。
②恍：恍惚，好像。
③绝：最，极。
④廿二楼：所住楼号。

其二

遥想音容又一年，无边幽恨正绵绵。

重逢梦里凝眸①处，似水深情只哑然②。

①凝眸：目不转睛地（看）。
②哑然：寂静无声地（笑）。

附：陆游原诗

其一

城上斜阳画角哀，沈园非复旧池台。

伤心桥下春波绿，曾是惊鸿照影来。

其二

梦断香销四十年，沈园柳老不吹绵。

此身行作稽山土，犹吊遗踪一泫然。

记 事 四首

一九六〇年七月十七日

其一

玉阶空伫遥自怜①，车迟衣上征尘添。

东华门外熏风②劲，一握柔荑③两黯然。

①玉阶：汉白玉台阶。伫：站着等（人）。
②熏风：和暖的南风。
③荑：比喻女人柔嫩的手。

其二

泪洒宫庭只我怜，眉痕凄绝怨痕添。

年来无限伤心事，听诉衷肠一泫然。

其三

手翻裙角更谁怜，旧恨新愁次第添。

我已肝肠齐断绝，慰君无语只惘然。

其四

满地残红①谁解怜，渠头溪水涨痕添。

世间多少真情事，孤馆斜阳思悄然②。

①残红：指落花。
②悄然：忧愁态。

十 年 三首

一九六〇年秋

其一

怅望①晴窗意未休，西风又送一天秋。

十年韵事付逝水，夜夜伤怀欲白头。

①怅望：不如意地看。

其二

长车三日赴京华，一片童心竟别家。

千里同厢初睽面，眉姿英绝鬓鬟斜。

其三

独坐悄然懒倚床，又听斜雨洒寒窗。

夜阑细考人间事，自古红颜多断肠。

藕　枝

一九六一年

清外慧中忏①梦温，似君格调惊无伦②。
藕枝未断丝先绝，更向谁门识黛痕③。

①忏：忏悔。
②惊：惊动。无伦：无与伦比。
③黛：女子画眉的颜料，常比喻美女。黛痕：此处比喻为美女的踪迹。

感旧用夏完淳韵

一九六一年

霞映澄塘鹤影残①，天涯草色几曾阑②。
五更长恨攀枝绝，三匝无依绕树寒③。
红袖群招劳客梦，轻裾漫曳隐花栏④。
琵琶千载浔阳远，无复弦珠错落弹⑤。

①残：缺失，消失。
②几曾：几乎都。阑：残、尽。
③颈联两句是说客子有才难施，无所依托的心情。绝：路断。寒：心冷。后一句用曹操《短歌行》(其一) 之典故。
④颈联两句，是说"红袖"、"轻裾"亡国之后不知痛的生活方式。
⑤尾联用了白居易《琵琶行》中的典故。作者感怀琵琶女如能生活在明亡之际，定会知恨而不再弹的。因此，有一反"商女不知亡国恨"的思想倾向。

附：夏完淳原诗

感旧步仲芳先生韵（六首录其一）

故国莺花满地残，当年风景未应阑。
烟笼翠柳凌波静，雨过红梨入梦寒。
芳草已经迷曲巷，春光依旧满勾栏。
江南一片伤心月，多少琵琶马上弹。

南乡子　廿二楼

一九六二年

往事意绸缪①。秋色晴光共一楼。
指点乌丝双纤尾，轻柔②。
默默无言两自休③。
梦醒却从头。万里同游岁月稠④。
北望钟关何限恨，凝眸⑤。
似水韶华别样流⑥。

①绸缪：缠绵。
②轻柔：轻声轻气（说）。
③休：休息，休止。
④稠：多。
⑤钟：克里姆林宫的钟声。关：中苏边卡。何限：多么。凝眸：目不转睛地关注。
⑥别样流：不能虚度。

菩萨蛮　旅途

一九六二年

重听蜀魄连声怨，柳丝频拂①骑人面。

车外雨潺潺，花残春未残②。

桥头溪水足③，细草峰前绿。

独羡半山家，篱边竹径斜。

①拂：擦拭。
②第一个残：凋谢；第二个残：尽，完。
③足：充沛。

浣溪沙　西湖二首

一九六二年

其一

湖上松涛接海潮，西泠①堤岸认前朝。

一株杨柳一株桃。

愁煞秋风秋雨句，轩亭千古仰弥高。

瓣香齐焚吊英豪②。

①西泠：桥名。过桥往南入孤山，孤山突兀在西湖北水面上，古迹甚多，孤山小岛早已辟为中山公园。孤山西有辛亥革命时女侠秋瑾墓。

②孤山的松梅桃柳、楼榭轩亭、名泉圣寺以及中华儿女无不仰弥她的高尚，无不焚香吊唁她的精灵。

其二

桥后孤坟葬小青①,亭前鹤冢伴和靖②。

湖峰奇气蕴奇灵③。

绿透波心春藻密,红横天半晚霞明④。

风摇⑤堤柳自轻盈。

①小青:传统戏曲《白蛇传》中一位神怪化的女豪杰,民间传说中的反封建英雄。

②和靖:北宋诗人林甫(967—1028)的谥号。钱塘(今杭州)先贤,隐居西湖孤山,赏梅养鹤几十年,终身不仕,也不婚娶。人称其"梅妻鹤子"。现孤山东的"放鹤亭",旧称"梅林归鹤",曾是其居所。其诗风淡远,内容大多反映他的隐居逸士风度和闲适生活心情。"疏影横斜水清浅,暗香浮动月黄昏"(《小园山梅》)两句颇为传颂。

③气:大自然的灵气。蕴:蕴育。灵:人杰,才俊。

④波心:指湖心,湖底。天半:天边。

⑤风:晚风。摇:吹拂。

斯 陵①二首

一九六二年

其一

三②向红场拜列宁,赤旗晶③椁卧双灵。

何期泪洒五洲雨,亿万黎民泣斯陵④。

①斯陵:斯大林陵墓和列宁墓都在红场上。

②三:三次。

③晶:水晶(棺)。

④三、四两句应是一问一答。

其二

赫小丧伦①党厦倾,斯公此日竟无陵。

中山遗骨沉埋久,浩气同留贯古今②。

①伦:伦理。
②第二句是说斯大林被焚尸扬灰了,而英名长存。

叹克里姆林兼及时事　三首

一九六二年

其一

宫墙金翠衬残红①,日日五星转朔风②。

当路已倾血泪史,危楼犹响自由钟。

列斯遗教千秋在,赫米狡谋黔技穷。

莫讶倚天须仗剑,东方星聚起长龙。

①残红:夕阳红。
②朔风:北风。

其二

赫夫逆政劫①无前,卅载红史付断编②。

欧党几家传旧业,修公何世作新贤。

苍天已破谁倩③补,桀日云亡胆敢悬④。

遥眼寰瀛⑤笳⑥角紧,大西洋上袅烽烟。

①劫:浩劫。
②断编:中断整理。
③倩:请人代做。
④桀:夏朝末代君主。悬:凭空设想,胡来。
⑤寰瀛:全世界。
⑥笳:原指我国北方民族笛子状乐器,打仗代军号用。

其三

机心①欲掩料应难,一封书来便胆寒。

俯首甘从肯帝②令,翻然遽撤古巴弹③。(读平声)

田横④海岛义高洁,精卫⑤鸠山志未阑⑥。

云涌三洲⑦风色好,谁家天下百年看。

①机心:机会主义思想。
②肯帝:肯尼迪总统。
③翻然:匆忙彻底地。遽:惊慌。
④田横:秦末齐国贵族,不愿称臣于汉,率五百余义士逃往海岛,汉高祖命他回洛阳,途中自杀,留居海岛者闻田死讯,也全部自杀。
⑤精卫:上古神话中女英雄形象。据说它是炎帝女儿。在东海淹死后,化为一种名叫精卫的鸟,每天从发鸠山衔来木石不止,决心要填平东海。比喻上古人类不畏艰难,不达目的,誓不罢休。
⑥阑:尽。
⑦三洲:指亚非拉美。

闻肯尼迪殒命　二首

一九六二年

其一

轰传消息万声欢,肯信奸雄遽①入棺。

昨夜狼星②堕黑地,今朝股票跌停盘。

财魔总统竟何在,牛鬼蛇神换一班。

堪笑华京③棋局乱,看他花样又新翻。

①遽:匆忙,急急。
②狼星:指肯尼迪。
③华京:美国首都。

其二

无怪杨麽镜里愁，一弹竟贯独夫头。

他年鸣鼓东风劲，终见铙歌①入美洲。

①铙歌：打击乐曲。

满江红　次韵和郭沫若

一九六三年元月

星斗东回①，又遥指，无边春色。

念往昔，兴亡迭代，史鉴几则②。

正气歌传遗楷模，疾风草偃见刚直③。

望寰瀛，龙战血玄黄④，红胜白。

铜驼⑤泪，休轻滴。

锦绣地，岂化砾⑥？

笑彼伧⑦纸虎，核弹环极。

肯帝登场凶不改，斯公⑧逝去政遂息。

有巨人，砥柱立东方，展旗赤。

①星斗东回：是说大熊星座每逢年初斗柄又回到了朝东的位置。符合东方势好的天象。

②迭：更迭、更替。鉴：镜子。

③正气歌：是南宋民族英雄文天祥所写的一首抒发民族气节的诗。偃：倒。

④玄黄：天地之义。

⑤铜驼：置于宫门外的铜铸骆驼，象征封建帝王之威。

⑥砾：瓦砾，废墟。

⑦伧：粗野。

⑧斯公，这里指肯尼迪，即"肯帝"。

附：郭沫若原词

沧海横流，方显出，英雄本色。
人六亿，加强团结，坚持原则。
天垮下来擎得起，世披靡矣扶之直。
听雄鸡，一唱遍寰中，东方白。
太阳出，冰山滴。
真金在，岂销铄？
有雄文四卷，为民立极。
桀犬吠尧堪笑止，泥牛入海无消息。
迎东风，革命展红旗，乾坤赤。

满江红　听红线女

一九六三年

响遏①行云，有粤女，长歌几阕②。
慷慨③处，铜崩石破，猿啼莺泣④。
千载遗音唐与宋，卅年身世家和国。
最难忘，一曲蝶双飞，心同热。

青山老，埋芳洁。
坚贞意，似钢铁。
猛琴⑤弦迸断，一声横笛。
傍夜菱歌清籁⑥发，绕梁新调纤喉绝。
倩⑦何人，三⑧唱拍红牙，阳关叠。

①遏：遏止，阻止。
②阕：首。

③慷慨：激昂情绪激动，语调高亢，充满正气。
④铜崩石破，猿啼莺泣：是指声乐艺术的穿透力。也表现了著名粤剧表演艺术家红线女的艺术唱腔的深厚功力。
⑤琴：弹琴。
⑥籁：天籁之音。
⑦倩：美丽。
⑧三：多次。

三十一初度

一九六三年二月三日

卅载流光迅，春回又一年。
坎坷念旧日，奋发戴尧天。
学岂由勤进，病难随齿捐。
同怀今不见，随共着鞭前。

西行漫记　十一首

一九六四年四月至五月

出　塞

六渡黄河壮此行，非关出塞自长矜①。
一身万里无牵挂，却伴春风到漠营②。

①长矜：矜，拘谨，慎言。长：常常。
②漠营：指所去的目的地。

河　南

十载更无水旱汤①，先鞭跃进认新乡。
龙门北邙②无缘见，一夜安阳过洛阳。

①水旱汤：指解放前"水旱蝗汤"。汤即汤恩伯。
②北邙：山名。在河南洛阳。

陕 甘

秦关百二度从容，奇秀太华①春雨中。

夜半车轮催入梦，陇头②流水任淙淙。

①太华：西岳华山。

②陇头：即陇山，六盘山南端，古称陇坂。有北朝乐府《陇头流水歌》三首，都是写征人攀陇坂，发悲歌主题的。

兰 州

白塔①巍巍矗未残，雄楼巨厂满皋兰②。

何当③共乘羊皮筏，一泻中流傍急滩。

①白塔：位于兰州市东黄河北岸同名山寺。

②皋兰：兰州正北偏东近百里的工业重镇。

③当：应当，必须。

陇海兰新两路

瑶池①东海遥相望，渡水穿山万里程。

自是人工超鬼斧，千年观止又长城。

①瑶池：传说昆仑山上的池名，西王母居地。

乌鞘岭①

洞口兰泉崖石红，乌鞘岭上浴天风。

长车直下三千米，龙影金羌河水中。

乌鞘岭：在甘肃天祝藏区，属祁连山系。为陇中高原、河西走廊的天然分界，兰新线经此，海拔三千米以上。

酒　泉[①]

血石沉埋古战场，征人又见满沙疆。

风光依旧晴岚好，千里祁连雪线长[②]。

[①]酒泉：古称肃州，城东一公里处有一清泉，名曰"酒泉"。这里是古丝绸之路的黄金地段，山脉连绵，戈壁浩瀚，盆地毗连。城南有祁连山国家自然保护区。

[②]这首诗归途时后补的。

嘉峪关[①]

一出雄关泪不干，古来征战血漫漫。

而今百族同天下，塞外江南家可安。

[①]嘉峪关：是古"丝绸之路"的交通要塞，是万里长城的西端终点。关城始建于明，有天下雄关之称。目前也是我国西北最大的钢铁工业基地，有"戈壁钢城"之称，并以此而形成了多门类的工业体系。

包　头

鹿寨[①]钢城惊变迁，青山如锦障[②]青田。

三区[③]树海齐齐树，大野[④]高炉袅袅烟。

[①]鹿寨：即包头，是蒙古语包克图的谐音，意为有鹿的寨子。新中国成立以来，这里有"草原钢城"之称。

[②]青山：古称阴山。障：阻隔，遮挡。

[③]包头分三个区：东河、昆都伦、青山。

[④]大野：包头西区。

官 厅[1]

下园曾是鏖兵场[2],放马归牛系白杨。

最喜桑乾[3]新雨后,盈盈碧水泛峰光。

①官厅:京郊水库名。
②鏖兵场:激战之地。
③桑乾(干):河名,永定河上游。

青龙桥[1]

万山嫩绿扑窗来,岭上长城溪上台。

洞转峰回疑路绝,詹公曾此展奇才。

①青龙桥:北京延庆县东南,内长城和京包线经此。铁路线旁立有著名铁路工程师詹天佑铜像。一百年前,在北京至张家口段筑人字轨,节约了工程投资,又利用"竖井施工法"开凿隧道,缩短了工期。同时还在筑路中培养了我国第一代铁路工程师。为现代工业发展作出了贡献。

作者注:有关西行漫记一些说明见"读诗偶记"。

岭西[1]植树

一九六四年

孤城大漠五华山,疏勒冰泉百里还[2]。

杨柳万株新植[3]遍,春来绿缀玉门关。

①岭西:在地图上没有标识,某工厂所在地。
②五华山:是该厂家属居住地,离厂有一站火车路。
疏勒:河名,河离厂约一百公里之外。
③新植:对旧植而言,旧植的"左公柳",是百多年前,封疆大吏左宗棠率湘军西征抗俄胜利后,由他实施的一项屯田固边的爱国举措,即在进军的沿途中植柳造

林，固沙定边，具有深远的政治经济意义。至今在这些地区，偶尔尚能看到这些粗壮的柳树。为纪念左公此举，当时人们称这些柳树为"左公柳"。后人也为之敬仰。

满江红　戈壁

一九六四年四月至五月

沙静风平，映丽日，长空新碧。
人四万，同心耿①志，奋战戈壁。
掌上吴钩②初试血，匣中昆吾尝啸月③。
看全军，都是少年头，胸怀烈。

狂飚起，黄尘急。
乱石怒，天无色。
待双球分度，祁连山缺。
双手千钧肝胆沸，轰雷一震山河裂。
举葡萄，美酒夜光杯，齐献捷。

①耿：耿直，忠诚。
②吴钩：古代吴地所造一种月形刀，后泛指一切锋利刀剑。
③昆吾：古代一种名剑。啸：发出声响，叫号（比试）。

满江红　梦苏

一九六四年

年少豪情，忆天外，轻衫征逐。
宫桥上，秋风万里，车红灯绿。
歌舞堂前知变色，碰杯声里听沉陆①。
聚危楼，莫道庆升平，新亭哭。

列宁事，斯公续。

问伟业，逝何促？

嗤②保头主义，铃薯牛肉。

志士丧元③今不忘，霞旗蘸血终难夺。

把乌云，扫净见晴峦，天风落。

①沉陆：沦丧，比喻国土沦丧。
②嗤（chī）：讥笑。
③丧元：掉头。

国庆十五周年

一九六四年十月一日

电掣星驰①十五年，神州处处唱尧天②。
　三山移去愚公笑，百战旋来斗士坚。
　幸与螭龙③共日月，行看纸虎化云烟。
迩来④多少英雄事，写入青史又一编。

①电掣星驰：形容像闪电和星星运行那种神速。
②尧天：即盛世。
③螭龙：古传说中的神龙。
④迩来：近来。

为珊瑚颂改词

一九六四年十月

一树琼花①照水开，缤纷璀璨出波来。
容颜永驻春常在，却是何人埋碧栽？

雾绕云环红不改，云消雾霁添虹彩。
任他风浪几千钧，玉立②年年镇沧海。

①琼花：即珊瑚树。
②玉立：指珊瑚树姿态。

春节述怀用先大父韵　四首

一九六五年下放河南劳动锻炼

其一

随浪迎流两不迟，诗才学就已违时。
聪明误我锋芒尽，俯仰依人劲节①疲。
锦瑟百年溶水乳，梅花三叠②赏参差。
生来骨傲嶙峋久，旧病由他懒就医。

①劲节：高尚的操守。
②梅花三叠：古琴曲。

其二

都会生涯三十年，稻粱日日费青钱。
入乡二月尝辛苦，彻底三同别媸妍①。
挥锄浑②忘鸿鹄志，牵牛不系③鹊桥缘。
而今始识农家乐，负曝④中庭⑤胜似仙。

①媸妍：相貌丑和美。引申为讲究香臭。
②浑：全。
③系：牵挂。
④负曝：负责晒（东西）。
⑤中庭：院子里。

其三

立雪俄京新耳脑,壮游万里记华年。
旧交星散羡秋雁,极地云飞寄暮鸢①。
白夜林幽灯影浅②,霜天酒醒险舟全③。
海青岸草风摇④绿,撷⑤得红莓色更鲜。

①鸢：鹰鸟类。
②灯影浅：灯火暗。
③全：得以安全。
④摇：吹。
⑤撷：摘下。

其四

涅浦申江俱逝波①,椿萱返见发齐皤②。
初寒周畈③闻鸡早,八载卢沟弹指过。
湿履方知凝露重,埋头只是读书多。
草床转侧难成寐,宽韵诗成枕上哦④。

①涅浦：涅浦指涅瓦河。申江：指黄浦江水。俱逝波：和时间一齐起流过。
②椿萱：香椿,萱草。返见：宿生发芽。
③周畈：地名（在河南）。
④哦：吟诵。

附：先大父七十述怀原诗

一九五三年

其一

垂暮无成悔已迟,泮芹撷得却违时。
笈携吴苑游踪渺,身老娄江心力疲。
伴我寒梅共瘦减,依人驯鹤舞参差。
岐黄未克承家学,分个儿孙去习医。

其二

桃李秾花拥老年，菲才仍与退休钱。
知交渐少情怀减，世局新开景物妍。
闲坐时思烟在手，燕谈恨与酒无缘。
布衣蔬食馀生足，一枕羲皇梦亦仙。

其三

多少生民填沟壑，乱离景况记当年。
安居每羡堂前燕，施虐生憎海上鸢。
藤葛求荣岂我愿，脯修虽薄养生全。
而今风日清明甚，五亩红花处处鲜。

其四

七十光阴逝水波，屡经忧患发齐皤。
新华气象欣亲睹，旧日生涯若梦过。
观弈浑忘危坐久，莳花不惜辟畦多。
秋来还喜精神健，四首俚诗信口哦。

鹊踏枝　洋河姚寨

一九六五年春

不道春寒春亦曙①。
望断南风，未绿洋槐树。
扪②虱连宵偏怕雨，楼高不见陈湖路。

芳径丛芷③铺地绣④。
苜蓿扬花，紫绕晴蜂舞。

目醉⑤天涯知何处，杜鹃飞过冲田去。

①曙：天刚亮。
②扪：摸，捉。
③芳径：乡间小路。丛芷：长势旺盛的一簇簇香花。
④铺：长满。绣：像刺绣一样华美。
⑤目醉：观赏沉浸。

满江红　茶房

一九六五年夏

门对青山，露浸遍，漫①岗松竹。
茶房外，灌塘水急，冲②田寂寞。
百草扶③花香沁脾，千嶂环我云依足④。
拨荆蔓，撷尽野葡萄，童心乐。

瓜满架，秧盈⑤谷。
鸟声幽⑥，蛙声浊。
更一壶烹就，毛尖新绿。
只⑦此便堪身祛病，居常谁念盘无肉。
玉绳⑧低，闲坐说桑麻，流星落。

①漫：满。
②冲：小水沟。
③扶：簇拥。
④环：围着。依：靠近。
⑤盈：充满。
⑥幽：远而清脆，近而低沉。
⑦只：仅。
⑧玉绳：星名。

菩萨蛮　仿胡乔木咏原子弹

一九六五年

合二而一从头论，一分为二见矛盾。
六合①满巨声，蘑菇冉冉云②。

三斤原子核，瞬息连环裂。
四海共欢腾，威震两万吨。

①六合：东南西北四方位，加天地的总称。
②蘑菇冉冉云：原子弹爆炸时形成的气流形状。

胡乔木　菩萨蛮三首

其一

1964年原子弹爆炸

神仙万世人间锁，英雄必定能偷火。
霹雳一声春，风流天下闻。
风吹天下水，清浊分万里。
亿众气凌云，有人愁断魂。

贺新郎　次韵和赵朴初

一九六六年元月

丹笔书红页。
看中天①，风摇②世界，乱云③飞叠。
雷意多情谁寄取，击碎乾坤陈设④。
算唯⑤有英雄南越。
慷慨悲歌湄水⑥上，阮文追⑦姓氏传千国。
一腔血，捐弃热。

群葩只待东风发⑧。

鼓声催，揭竿尽起，亚黄非黑⑨。

肤色而今无畛域⑩，都是识时英杰。

振千载人民伟业。

惆怅苏京⑪何限恨，泣残红⑫向隅对宫阙。

正西下，钟楼⑬月。

① 中天：天下。
② 摇：震撼。
③ 乱云：各种敌对势力。
④ 雷意：风雷的本义——砸烂天地间的旧秩序。乾坤：天地。陈设：旧秩序。
⑤ 唯：只。
⑥ 湄水：湄公河。
⑦ 阮文追：南越的反美英雄。
⑧ 葩：花。发：生长发育。
⑨ 亚黄非黑：亚洲黄种人，非洲黑种人。
⑩ 畛域：地区（洲际）。
⑪ 惆怅：伤感。苏京：苏联政府。
⑫ 残红：夕阳。
⑬ 钟楼：克里姆林宫标志性建筑。

附：赵朴初先生贺新郎原词

见一九六六年一月五日《人民日报》

岁历翻新页。

喜回头，一年经过，奇峰千叠。

铁臂银锄高下舞，改变乾坤陈设。

看不尽山飞水越。

处处雄心超大寨，听歌声洋溢乎中国。

传捷报，满腔热。

神州意气多风发。

任凭他，迷天雪乱，压城云黑。

高举大旗红浪涌，多少雷锋王杰。

开万世太平事业。

宇宙无穷无尽愿，愿征程奋翼冲天阙。

射白虎，揽明月。

敬挽周总理
一九七六年

首义赣江书剑轻[①]，关山戎马赤旗明。
毕生奋斗翻天地，绝代英华照汗青[②]。

①首义赣江：即南昌起义。书剑轻：是说"枪杆子里出政权"。
②汗青：史册。

又 仿杜

总理大名亘宇宙，庄严遗像肃清高[①]。
一身安危系天下，万古云霄仰凤毛[②]。
匡世光辉追马列，济民雨露遍儿曹[③]。
蓼莪黄鸟[④]哀无极，八亿神州泣劬劳。

①亘：延续不断。肃清高：为其清正高尚而肃然起敬。
②凤毛：喻极少而可贵的人。
③匡：改变。济：敬助。儿曹：指子侄，引申为儿孙。
④"蓼莪""黄鸟"：是《诗经》中两首诗。前者劝子孝顺父母；后者劝客子回国报恩。因此两首诗都是劝人行善的。书面翻译成现代汉语时，"蓼莪""黄鸟"可不译。哀无极：悲哀到了极点。劬 qú：劬劳，即劳苦，死而不已的辛苦。

挥手 送宗垣①去瑞典

一九八六年八月

挥手从兹去②,悠悠万里程。

站台馀笑貌,轮毂③送离声。

西比里亚④阔,波尔的海⑤深。

思君无限意,夜坐伴孤灯。

①宗垣:胜年夫人,曾赴瑞典短期工作。
②兹去:这里启程。
③轮毂:指火车起动声。
④西比里亚:西伯利亚。
⑤波尔的海:波罗的海。火车经过俄罗斯的西伯利亚,而瑞典在波罗的海东,故入诗。

贺母校太仓师范八十周年

一九八九年十一月

其一

长廊细雨伴春风,梧叶藤花绿映红。

桃李年年开不尽,太师①声誉擅②江东。

①太师:太仓师范的简称。
②擅:胜过。

其二

娄水^①弦歌^②八十秋，诗书礼乐教从头。
园丁辛苦鲜花茂，育就英才遍九州。

①娄水：娄河。
②弦歌：欢歌。
作者注：校园内多梧桐。另"一字楼"前有紫藤一棵，系明代江有源花园物也，已六百余年，迄今花叶繁茂，甚为难得。

五十八初度

一九九〇年二月

望六^①年华余此身，耳聪难顺世间声。
粗通物理昧^②人理，苦道^③千能无一能。
厚本书中推公式，荧光屏上看新闻。
晚来只觉精神倦，一枕南柯梦亦真。

①望六：近六十岁。又称耳顺之年。
②昧：不明。人理：关系学。
③苦道：读书攻关。

悼丁负吾

一九九〇年五月十五日

其一

绝症缠身三十年，沧桑历尽赤心坚。
阖家^①正气追贤圣，遗志长留同道间。

①阖家：全家。

其二

君子之交似水清①，艰难共渡总关情②。

故人逝去空怅望③，一忆音容双泪倾。

①水清：水淡。俗话说，君子之交淡如水。
②关情：关涉情感。
③怅望：因不如意而不痛快地探望。

陆长恩先生八十寿诗

一九九二年二月

遥举霞觞①祝嘏②年，期颐③可待近神仙。

诗书养志先生乐，都会林泉歇浦④边。

①霞觞：如彩霞似的酒杯。
②祝嘏：即祝福，这时是祝寿的意思。
③期颐：指人百岁的年纪：寿登期颐。
④歇浦：黄浦江。

附：崔雁宾先生（九十五岁）原诗

祝兄上寿杖朝年，不赖筇藜步若仙。

似梦如烟谭往事，山城风月叹无边。

附：步崔雁宾先生韵

陆长恩（八十岁）

歇浦传经四十年，春风时雨亦神仙。

渝州胜利归来日，拜见先生乐无边。

附：读九五叟崔雁宾赠长恩兄贺诗

周量才（七十七岁）

上寿喜逢尧舜年，许称人瑞一神仙。
莫谭师辅东宫事，早置枯荣物外边。

痛悼钱三强①老师　二首

一九九二年七月

其一

从牛到爱②苦研求，居里门墙③学最优。
裂变三分新发现，世传佳话足千秋。

①钱三强：我国著名核物理学家，其父是"五四"时期知名学者钱玄同。
②牛：牛顿。爱：爱因斯坦。
③居里门墙：即居里夫妇门下。

其二

核能事业创惟艰，领袖科坛四十年。
方正宽和励后学，永垂遗范在人间。

研究生部十周年纪念

一九九五年

绛帐①弦歌小院幽，堆工物化细推求。
新枝蕴秀②连年发，头白园丁耕未休。

①绛帐：原义红色帐帷。此代指师长、讲座，含有尊敬称美之意。
②蕴秀：蕴，积累，藏蓄。秀：秀美。

赠顾以藩七十寿辰

二〇〇一年

志学论交六十年，
同怀斯世复谁先。
水流花竞关情①最，
得一知音岂偶然。

①关情：关涉（涉及）情感。

附：顾以藩和胜年赠句

二〇〇三年九月

龙门结契忆华年，万里偕游从赛先。
风雨曾经心尚幼，吾听君鼓两陶然。

何泽慧①先生九十寿辰

二〇〇四年

常规立足定新奇，科学珍闻究可闻。
三裂四分②新发现，无差分秒打钟声。

①何泽慧：钱三强夫人。我国著名核物理学家。
②三裂四分：比钱三强的"裂变三分"更进一分，即何先生发现"四分裂"现象。

第三节　诗论《读诗偶记》

《读诗偶记》序言

　　谁能想到这本对中国诗学和中国古体诗研究颇具一定功力的小书，会出自一位核物理学家之手？答案并不难找，全在此书中。一是来自江东，特别是娄东诗派的影响；二是自幼承庭训，家学渊源；三是深厚的文学功底，酷爱诗文，特别对七律（绝），情有独钟，能写一手严格叫绝的古律。这一点最重要。

　　几十年来，他主要是一位物理微观世界的探索者和精湛的物理学家。他完成了各种能量中子引发铀、钚、钍核素等十多个裂变体系的实验，测定了我国第一颗原子弹金属铀部件的本底中子数据，"氚伴随裂变"至今"仍是国际上独家数据"。他的核物理实验是多方位的，有理由使得人们认为他具有数理思维理论和实践的天赋，并不为过。就是这样一位和核物理与实验数字打了一辈子交道的实地参与者和组织者，却又能和中国诗学以及古体诗词结缘，不能不说他又是一位形象思维的奇才。

　　天道酬勤。几十年的奔波、劳碌，是引发他诗兴的源泉。《西行漫记》一节中，可以窥见他咏怀的真谛。这次为科研而西行，目的地是人迹罕至之地，甚至地图上也没有标识。此行六渡黄河，历经西北无数名城，"一共写了十多首七绝"。如《出塞》中"一身万里无牵挂，却伴春风到漠营"二句，引领十一首组诗，气势磅礴！《河南》中"龙门北邙无缘见，一夜安阳过洛阳"二句，写绕行安阳，车行神速！余外几首，佳句迭出，颇合古韵。写雨中西岳之美的"奇秀太华春雨中"，写兰新路所见"瑶池东海遥相望"，"千年观止又长城"，可谓联想丰富，跨越时空，意境壮美！写此行最高点的"乌鞘岭上浴天风"，"长车直下三千米"，确有太白豪放遗风。写戈壁滩风光的"血石沉埋古战场，征人又见满沙疆"，写长城西陲的嘉峪关风情的"一出雄关泪不干"，"塞外江南家可安"。归途写兰州、酒泉，特别写了"鹿寨钢都惊变迁"的包头，"青山如锦障青田"一句，是对绵延百里的大青山（即阴山）屏障之功的无限赞叹！总之，这十一首七绝堪称他的代表作。除写诗外，还写了大量诗评，内容繁富，角度新颖，有的甚至寥寥数语，能力透纸背，点铁成金。以下篇目，如《杜少陵七律"失粘"》《朱小平的贺新郎（游香山）》《洞仙歌》《鲁迅忧疑岂偶然》《英雄毕竟误苍生》《远山来与此堂平》等等，可谓篇篇有新意，娓娓道来，令人振聋发聩！此外，还有十来篇小品，清新芬芳，犹如阵阵花香，沁人心脾、令人愉悦。

一位当今的科学家，能有此雅兴，又乐此不疲，实为难得。本书作者能移情读诗，甚至和诗终生为伴，又情真意切，也就不难理解了。

这位1932年出生的江苏太仓人，曾以那届新生第一名的成绩考入清华，后就读于原列宁格勒大学，曾在钱三强、何泽慧夫妇麾下，从事核物理研究，一生为新中国原子能应用不遗余力，为"二弹"上天作出过贡献。他就是中国科学院院士（曾名"学部委员"），曾任核工业研究生部主任，中国原子能科学研究院研究员的黄胜年先生。

在几十年奔波、劳碌中，积劳成疾。1990年冬突发脑溢血，几乎夺去了生命。他能以不屈、乐天的精神，面对这更加严重的残疾（先前是严重的强直性脊柱炎）而笑待人生，右手不听使唤，就用左手做事：写字、打电脑等，甚至胜过常人。凭他自幼深厚的文学功底，能写出十分严格的七言律诗，也喜填词。他与时俱进，无任何偏见，豁达乐天，善待同仁。

胜年是功德圆满者，是幸运儿，大嫂叶宗垣也是核物理学家。长期以来，他们夫妇不以为弟知识浅陋而嫌弃，愿意和我分享生活的甘苦。书简往来，别于同辈。曾多次赠我书稿，嘱我仅限家人传阅，无意公开发表。我一直恪守兄意。此次寄我《读诗偶记》初稿，无以回报，乐为之序。

二〇〇六年九月中旬
大年谨识

附　录

顾以藩：读胜年《读诗偶记》戏题

诗林通曲径，漫步有黄生。
上下千年越，缤纷百派呈。
较量深浅见，品骘劣优明。
更出囊中句，吟哦赤子情。

清陈婉贞补注唐诗三百首，其所书凡例中有他如品骘高下、较量浅深等语、概置弗录之词。

陈女史所不为者，胜年兄今为之。

囊中句，用李长吉故事。胜年于雕龙论评间，融入其各阶段自作诗词，或与前人唱和，或直抒胸怀，别有一番情趣。

二〇〇四年十月

春风杨柳玉门关

（1995.5）

"旗亭画壁"，是许多人都知道的一件诗坛佳话。唐朝时候的旗亭，大概就是一种小酒店，可以有歌女表演。现在说起来，就好像卡拉OK厅。有几位诗人到旗亭饮酒听歌，互相比赛，看歌女唱的曲子用谁的诗更多。有谁一首，谁就在墙上画一道杠杠以记数，所以叫做旗亭画壁。比赛的结果，虽然王昌龄的诗数目多，但是最美丽的歌女唱的却是王之涣的《出塞》，因而算后者获胜。那两句"羌笛何须怨杨柳，春风不度玉门关"，真是千古传唱，几乎无人不晓。

一千多年以后，清朝末年，左宗棠平定新疆的时候，其部下杨昌浚模仿王的这首诗，歌颂了左的业绩，也歌颂了他的"左公柳"。左宗棠在率领湘军打仗的同时，让士兵们沿路栽树，从甘肃一直种到新疆，工程极大。这可是超过了四川剑阁张飞的"翠云廊"了。左宗棠前期镇压太平天国革命，当然是极端错误的，可他后来西征抗俄维护祖国统一，理应受到肯定。一九六四年四月，我到西北去的时候，在那茫茫戈壁滩上，除了偶或看到一些骆驼刺之外，几乎是没有植物的。但是，一棵大树迎着车窗突然而来，真令人心情为之一振。一路上这样的大树还碰到过不止一株。因为我以前在书上读到过，所以知道这就是残存的左公柳。在岭西（某厂的所在地），我看到那里的同志们在紧张的攻关之余，还抽空在植树。在戈壁上种树，是非常困难的。别的树更难活，开始只能种杨柳。他们用了许多力气，种了不少。我很感动，因此也仿照王之涣，写了一首七绝《岭西种树》。当然只是自我欣赏而已，不过自己觉得相当得意，故而迄今没有忘记。下面就把事隔千余年而地点、季节和景色相似的三首诗写在一起，也是一件有趣的事。

王之涣的《出塞》

黄河远上白云间，一片孤城万仞山。
羌笛何须怨杨柳，春风不度玉门关。

杨昌浚的《左公柳》

大将西征尚未还，湖湘子弟满天山。
新栽杨柳三千里，引得春风度玉关。

我的《岭西植树》

孤城大漠五华山，疏勒冰泉百里还。
杨柳万株新植遍，春来绿缀玉门关。

《出塞》的杨柳二字，意思双关。说的既是乐曲，也是杨柳植物本身。诗的读者总希望玉门关上会有一天真的出现杨柳春风的景色。而后面两首说的，就是千余年以后的后人要想使理想变为现实，与恶劣的自然环境斗争的过程。

末首中的五华山，是某家属区所在，离厂区有一站火车路。疏勒河远在一百公里以外，河水是从祁连山的冰雪来的，听说该厂当初建输水管道的时候克服了很大的困难才完成。在那一带不止一个地名叫做"玉门"，也许都与古代的玉门关有点关系。我的这几句，不过是写实，模仿的痕迹太重，但反映了同志们的豪情壮志和绿化祖国的决心。

此后，我再也没有去过那里。弹指三十多年，现在又到了春风浩荡的季节。遥望玉门关，云山阻隔，不知道当年的那些杨柳长得怎么样了。

咏梅绝调

（1997.4）

"疏影横斜水清浅，暗香浮动月黄昏"。这是宋朝隐士林逋（和靖）咏梅的两句绝妙好诗。《中华读书报（1997.4.10）》上说，一九六一年，毛泽东在写《卜算子·咏梅》之前，曾经要求秘书田家英把林逋诗文集找给他。我想他肯定是想到了林逋的上述十四个字。另外有两句关于梅花的诗是"雪满山中高士卧，月明林下美人来。"毛泽东记不得作者是谁，怀疑也是林逋，拿到林逋的书一查，才知不是。最后弄清楚是明代的高启（季迪）。原诗九首，第一首全文为：

"琼姿只合在瑶台，谁向江南处处栽？雪满山中高士卧，月明林下美人来。寒依疏影萧萧竹，春掩残香漠漠苔。自去何郎无好咏，东风愁寂几回开？"

五六句其实就是从林逋的那两句演化出来的，当然其意境远逊原句了。毛泽东在寻找时可能是秘书给他的只是前四句，成为"琼楼只合在瑶台，谁向江南到处栽。"当年毛泽东如果稍为多想一想的话，就不会以"楼"字代替"姿"字了。因为意思不对，甚至不可解了。"琼姿"说的就是梅花自身，与第二句接得极好，而"琼楼"则谁也不能在"江南处处栽"。当然，任何一个人，即使是像他那样的天才，也不可能把这种诗句记得那么一字不差。

"美人"两字用在这里不见得好,失之太俗。我想可否改为"雪满山中高士卧,月明林下故人来。"或许更有情趣。"疏影"二字原来是"竹影",林也是借古人原句,但一字之改,却改出了咏梅绝调,林逋真不愧为千古梅花主人!后来姜白石有疏影、暗香两词,尽管也很好,但已落在第二等了。一九六二年春四月,我和姊弟一起,侍母同游杭州,曾经在放鹤亭边凭吊过千年之前这位妻梅子鹤的高人,也曾把他写入一首小令之中:

桥后孤坟葬小青,亭前鹤冢伴和靖。

湖峰奇气蕴奇灵。

绿透波心春藻密,红横天半晚霞明。

风摇堤柳自轻盈。

(调寄《浣溪沙》)

郑板桥与邓拓之"恨"

(1997.6)

郑板桥有一首《沁园春·恨》,前半首如下:

"花亦无知言,月亦无聊,酒亦无灵。把夭桃斫断,煞他风景;鹦哥煮熟,佐我杯羹。焚砚烧书,椎琴裂画,燹尽文章抹尽名。荥阳郑,有慕歌家世,乞食风情。"

下半首我已忘却,只记得换头是:"单寒骨相难更。笑席帽青衫太瘦生……"这首词,邓拓在什么地方(说不定就是《燕山夜话》)引用过。当然也曾成为他的"反党罪行"之一。

这里,将文人最宝贵的名誉和文章,最热爱的诗、酒、花、月,与琴、棋、书、画,不但全都弃之若敝屣,而且"恨"之入骨,还"踩上一只脚",必欲烧光毁尽而后已。想象当年情景,作者和引用者,那是什么样的心境!作为曾经领略过"文化大革命"滋味的人,我们现在又读到它,也不禁唏嘘久之。

(从《北京晚报》上又看到这首词,因而我可以把它补全了。下面是

"看蓬门秋草，年年破巷，疏窗细雨，夜夜孤灯。难道天公，还箝恨口，不许长吁一两声？癫狂甚，取乌丝百幅，细写凄清。"1998年5月又记）

孤篇盖全唐

（1997.6）

我国古典民族音乐里有一曲《春江花月夜》，经常演奏，几乎无人不晓。曲子确实非常非常之好，但是现今在青年人中间，知道《春江花月夜》原来也是一首唐朝的七言长诗的人，可能就不太多；而知道作者张若虚这个名字，并了解他只有这一篇绝妙的作品流传下来（所谓"孤篇盖全唐"）的，恐怕就更少了。

张若虚这首长诗，有二百五十二字，共三十六句。它的特点是：四句一换韵；换韵有时平仄相间；用了一些对偶（酷似后来的律诗）；拿出其中的一小段（四句）来，也可以看做是很好的一首七绝；但前后之间又似行云流水，连接自如；因而说它介于七言古诗与近体歌行两者之间。

全诗以写景开始。头四句写了海潮、江水，又写了春夜和明月。题目中的五个字已经有了四个。"连海平"与"滟滟随波"，真是一片春江月夜的美景！但这里独缺一个"花"字，于是下面就来补足。"江流宛转绕芳甸，月照花林皆似霰"，又不简单地只补一个花字，由宛转的江流引出了草地、花坪，还有树林，衬出那枝上的繁花，"似花还似非花"，在月光之下更像是霰。底下，又进一步写月色："空里流霜"和"汀上白沙"都归之于清虚一片。到"江天一色"和"皎皎孤月"为止，已经把景致描写到了极顶。作者的思想自然而然地转向天地宇宙上来，从天地宇宙又转到历史和人生。在江、月和人三者之间，就无限的时空、相似的江月、变迁的人事一唱三叹："江畔何人初见月，江月何年初照人。人生代代无穷已，江月年年只相似。不知江月待何人，但见长江送流水。"这几句才是全篇的精华所在。可以与之相比的，也许只有陆游的"江上荒城猿鸟悲，隔江便是屈原祠。一千五百年间事，只有滩声似旧时。"但两者只有部分的相似，意境亦不一样。

我想，所谓的"孤篇盖全唐"，主要是指这前面十六句而言，在诗的形式方面可以这么说，在诗的内容方面更可以这么说。而后半二十句（从"白云一片去悠悠"开始）情调突变，只讲夫妇离情了。尽管也写得相当的好，比起前一半来，已经逊色不少。

（因此诗不见于《唐诗三百首》，一般读者可能找不到，所以我把原诗附在下面：

春江潮水连海平，海上明月共潮生。
滟滟随波千万里，何处春江无月明。
江流宛转绕芳甸，月照花林皆似霰。
空里流霜不觉飞，汀上白沙看不见。
江天一色无纤尘，皎皎空中孤月轮。
江畔何人初见月？江月何年初照人？
人生代代无穷已，江月年年只相似。
不知江月待何人，但见长江送流水。
白云一片去悠悠，青枫浦上不胜愁。
谁家今夜扁舟子？何处相思明月楼？
可怜楼上月徘徊，应照离人妆镜台。
玉户帘中卷不去，捣衣砧上拂还来。
此时相望不相闻，愿逐月华流照君。
鸿雁高飞光不度，鱼龙潜跃水成纹。
昨夜闲潭梦落花，可怜春半不还家。
江水流春去欲尽，江潭落月复西斜。
斜月沉沉藏海雾，碣石潇湘无限路。
不知乘月几人归，落月摇情满江树。

陆游和沈园

(1997.6)

陆游、唐琬（亦作婉）和《钗头凤》的故事，恐怕真是无人不晓。但多数人或许就到此为止，并不详知唐琬玉殒香销之后，数十年间，诗情一直延续着，当然只能在陆游单方面延续了。

首先是如下这两首：

"路近城南已怕行，沈家园里更伤情；

香穿客袖梅花在，绿蘸寺桥春水生。"

"城南小陌又逢春，只见梅花不见人；

玉骨久成泉下土，墨痕犹锁壁间尘。"

后来又一次"路近城南"，怕去而又非常想去，非去不可：

"城南亭榭锁闲坊，孤鹤归来只自伤。

尘渍苔侵数行墨，尔来谁为拂颓墙。"

再一次则是：

"沈家园里花似锦，半是当年识放翁。

也信美人终作土，不堪幽梦太匆匆。"

从这些诗句里面，又是"路近怕行"，又是"玉骨成土"，又是"孤鹤自伤"，又是"匆匆幽梦"。亭桥犹在，墨迹依然。可以想象得到"只见梅花不见人"，那是何等的悲痛和哀伤！

但是最动人，或者说最感人的，却是陆游七十多岁写的那两首，题目就叫做《沈园》：

"城上斜阳画角哀，沈园非复旧池台。

伤心桥下春波绿，曾是惊鸿照影来。"

"梦断香销四十年，沈园柳老不吹绵。

此身行作稽山土，犹吊遗踪一泫然！"

数十年过去了，沈园里面柳老无绵，池台非旧；可对于他来说，扑面而来的，还是那座小桥，还是那桥下的清波！而伊人呢？虽说是"玉骨已成泉下土"，但眼底心头，梦魂萦绕而挥之不去的，还只是那一个倩影！四十年的哀痛，四十年的眼泪！直到他已变成为一个扶杖而行的颓弱衰翁，自知不久于人世，也快要变成一堆黄土了，还要挣扎着走到"城南"去凭吊那个最伤心、又是最神圣的地方，表达他那一丝一毫也没有减少过的、对于她的爱和愧悔，这是什么样的感情？我认为这两首诗其实比起原来的《钗头凤》还要感人，这也未必是我的偏见。

大凡性情中人，总有点与众不同。陆游首先以爱国诗人而知名，而在爱情方面，其执著程度亦毫无逊色。

我想另外强调一点：陆游不迷信，他不认为人死后有鬼存在，这比"不语怪力乱神"的孔子又进了一步。绝笔"死去原知万事空"，与这里"此身行作稽山土"说的意思是一样的。要不然，如果认为有灵魂存在的话，那就快要与唐琬相见了，又何必要如此伤心呢？"家祭毋忘"云云，不过留下一个愿望而已。

金克木论沈祖棻

（1997.6）

一九九七年四月十五日，《文汇报》刊载金克木的文章《似花还似非花》，是纪念女诗人（或该说是女词人）沈祖棻的。文中引了沈的词集中首末"一首半"小令，又加上程千帆（词人之夫君）的笺注，意思是为了让读者们明白：词的本义讲的是政治。

集中第一首是《浣溪沙》，金克木文中只引了后半：

"三月莺花谁作赋？一天风絮独登楼，有斜阳处有春愁。"

如果只看这后半首，那不过是一位女大学生的《春愁咏叹调》罢了。但程笺说出背景，原来此词作于一九三二年"一·二八"时期，"斜阳"其实暗指日本和日本兵，愁的是国土沦亡，不是个人哀怨。何况，前半阕里还有一句是："鼓鼙声里思悠悠。"说明有战争，思的是国事而非小儿女的私事。

四十五年之后，词人已从一位女学生变为经历了许多劫难的老人，其思想当然又深刻得多了。

集中末首是《鹧鸪天·为人题桃花画册》。其词曰：

"灼灼秾芳雨露稠，十分春色占枝头。

赚将阮肇迷仙境，却累刘郎谪远州。

梅自避，李难俦。

菜花依旧满田畴。

残红乱落无人惜，一晌繁华逐水流。"

这首词里用了一些典故，主要有两个：一是刘晨和阮肇入天台遇仙女；二是刘禹锡的两首诗，从"紫陌红尘"到"前度刘郎"，是咏桃花的名作。词里讲到"谪远州"和"菜花依旧"，明是指刘禹锡，所以金克木文说："咏的是桃花，一点不错。但从另一面看，此词作于一九七七年，程笺曰：桃花，白骨精也；菜花，人民群众也，"喔，原来如此！怪不得说"残红乱落无人惜"，谁还会去同情那个张牙舞爪的白骨精呢。金克木又讲，"刘郎"是"谪死他乡的，可称黑字榜状元的人"，我只能理解就是那位瘐死开封的刘少奇了。那么阮肇又是指谁呢，金克木的文章上没有说。我想是用不着说了：女词人的一个"赚"字，透露出了消息。她在一九七七年就敢于那么写，因而敢于让读者那么猜了，也真要有足够的勇气才行。令人佩服！

郭沫若的"鹧鸪天"

（1997.6）

"郭老人不老，诗多好的少。"这是我在五十年代听到的一句郭老自嘲的话。我曾经想，平心而论，这一自我评价，应该说与实际情况的差别不算太大。例如令我特别失望的是，当年兴冲冲地跑去买来他的一本《百花齐放》（只用了几天时间就写成的，对一百种花的吟咏），简直无法卒读！

但是，《百花齐放》应该说是一个特例。在那种年代里，工人不能好好做工，农民不能正常种田，科学工作者不能认真做实验，同样，郭老也不能左右自己的诗作，这一点也不算奇怪。从中国新文学的历史上看，五四以后，郭老在新诗的发展上，是极有贡献的。后来我买到一本新诗和旧体诗都收的《潮汐集》，觉得里面好诗还是不少。

其中特别引我注意的是四首《鹧鸪天》，是悼念他一位堂妹的。其一云：

"白色蔷薇蠹在心，一朝萎谢泣秋禽。雁来北国寒侵梦，月照南楼泪满襟。

空寂寂，影沉沉，凄迷夜雾锁遥岭。明年纵见春风返，旧蕊枝头不可寻。"

四首原词中,似以这第一首为最好。好就好在以白色蔷薇拟人,哀婉之极。噩耗传来,人天永隔。在作者眼前,只有寂寂沉沉的凄迷夜雾,即使是想望明岁春风,但是"旧蕊枝头",也不可能再找到的了。

而第三首则以另一种家庭亲情感人:

"烽燧连天返蜀山,卅年契阔幸生还。海棠香国重相见,竟把荆枝当客看。

思往昔,庆团圆,杯中有泪眼中酸。当年戏共弹蚕豆,犹忆八哥最善弹。"

几十年不见,一下子不认识这位哥哥了,自然会把"荆枝当客看"。但这不过是一会儿的事。在七嘴八舌互相问候彼此健康、庆祝团圆之后,必然会提起那些已经永远见不到的人们,只能是:"杯中有泪眼中酸"了。续谈下去,就会讲到多年前大家庭中小兄妹之间的童年趣事,回忆起来,似乎大家一下子又还原成儿童或少年了。这样的家人聚会,我想是终身难忘的。

在此,我想起眼下新一代孩子与我们的不同:他们都是独生子女,多数经常被孤独地关在家里,而且是在楼层的单元房里;而年纪相近的堂(或表)兄弟姊妹们,则往往住得很远,许久才能见上一次。不像我们过去,有许许多多同辈伴侣,上学之外,一天到晚玩在一起。这方面的缺陷或说是遗憾,该用什么措施来补救呢?

又是"鹧鸪天"

(1997.6—2000.11)

前面是说的鹧鸪天,从这个词牌又想起了另一首。这次是北宋"贺梅子"即贺铸的悼亡词。

一般来说,悼亡词总是写得很好的。因为夫妇之间,相知数十载,或齐眉举案,或相濡以沫,一朝离去,人天永隔,是绝对不会缺少真情实感的。我小时候,从唐诗三百首上就读到过元稹的《遣悲怀》七律三首。虽然并不很体会诗人心中的深切悲苦,但也大致地读懂了。后来年龄渐大，对这类诗篇的理解就更多一些。两个人过着的是"野蔬充膳，落叶添薪"的艰苦日子，他居然还要去"泥他沽酒拔金钗"。在她逝后，深夜静思，愧悔何如。因而三首中给我印象最深的是最后两句："惟将终夜长开眼，报答平生未展眉。"我有时也失眠，也会一边默默地念着这些句子，另一边思念着家中爱我的那些亲人们，想着该怎样报答他们才是。可惜早晨一起来，又投身于日常的忙忙碌碌之中，把夜里想的放到一旁了。

贺铸的《鹧鸪天》，却与元微之的风格迥异：

"重过阊门万事非，同来何事不同归？

梧桐半死清霜后，头白鸳鸯失伴飞。

原上草，露初晞。旧栖新垄两依依。

空床卧听南窗雨，谁复挑灯夜补衣！"

"重过阊门万事非"的感叹，是人们常有的，因而不显太突兀。但与第二句连起来读，沉重之感就立即笼罩心头。夫妇之间希望同生同死，大都只能是一种美好的愿望而已。三四两句，"梧桐半死"与"鸳鸯失伴"，比喻得极为凄美。下半阕最后只选了灯下补衣这一件事，用"卧听南窗雨"来引出"谁复"两字，问得哀婉之至。即使是那些没有悼亡之痛的人们，也不禁读之泪下。

过了两年，一九九九年十一月二十六日《北京晚报》登载了黄苗子的《鹧鸪天——慰宪益》，其序曰：

"杨宪益夫人——著名翻译家英国戴乃迭女士，痛于十一月十七日夜病逝北京。女士定居我国五十余年，毕生致力于中外文艺之传译交流，为国内外学者所钦。宪益晚年丧偶，谨以芜词，聊表寸意。"

黄苗子的《芜词》如下：

"万里姻缘梦亦诗，今生了却爱和痴。

明知此恨人人有，倘记浮生字字奇。

怜虎吻，泣牛衣，百年多事几多时。

相同君体他朝化，且喝庄周击砵词。"

可惜有一些错误。"明知"应该是"诚知"（作者写明了用元稹的原句，因此也算错),"百年多事"应为"百年多是";"且喝庄周"估计是"且唱庄周";此外黄苗子在附注里,又把"贫贱夫妻百事哀"写成了"贫贱夫妻百日乖"。其中,我估计"喝"字大概是排字之误,与作者无涉;其余则属于作者误记。"明知"与"诚知"意思相近,是不要紧的;但"百年多是几多时"却不可变"是"为"事",因为元稹此处讲的只是时间的问题,与前两首中"自嫁黔娄百事乖"、"贫贱夫妻百事哀"的"事"完全不同。在同一题的三首之中,又是同音字,偶然记错了,当然毫不奇怪。不过,作者和报纸的编辑校对人员,工作似该更加仔细一些才好。在如此简短的小文章里,一下子出现好几处错误,我总觉得有点可惜。尤其像元稹"遣悲怀"这样的诗句,如没有确实的把握,至少去查一查唐诗三百首,也不过是花几分钟的时间而已,这才是对读者负责的态度。

当然,瑕不掩瑜,黄苗子的这首鹧鸪天还是写得非常好的。我把它放在这里,作为"代友悼亡",与前面的几首鹧鸪天一起读,可以作个比较。

二〇〇〇年十一月二十四日《文汇报》刊载有杨宪益的诗五首,后四首我觉得写得不好,打油之气甚重,现录其第一首如下:

"早期比翼赴幽冥,不料中途失健翎。

结发糟糠贫贱惯,陷身囹圄死生轻。

青春作伴多成鬼,白首同归我负卿。

天若有情天亦老,从来银汉隔双星。"

杨、戴两人都是翻译家,曾合作把红楼梦译成英文。

鲁迅"赠许广平"

(1997.7)

我曾有一个习惯,凡是到了一个新的地方,总想在那里买一件小小的纪念品。一九六四年到了西北某厂所在地岭西,发现一家极小的书店。在那很局促地摆着少量书籍的架子上,我惊奇地发现,那里居然有一册线装本的《鲁迅诗集》!要知道,当时已经大张旗鼓地讲阶级斗争了,尽管还没有达到"天天讲、月月讲"的程度,最时兴的可能是《毛泽东选集》或学雷锋和学大庆的书,所以看到这本鲁迅诗集,不禁眼睛一亮,也不问价钱多少,毫不犹豫地马上把它买了回去,这就是我在岭西买到的唯一纪念品。应该说,那几年买到的纪念品,当以它为最好。

那时候,刚刚出版了毛泽东的诗集(即《毛泽东诗词三十七首》),除普及本之外,文物出版社还特地出了线装本,当然是格外的讲究,完全按照过去最好的木版书来操作。例如,选了最好的活字来排印,所以的确万分精致。这样的"仿古书籍",当年是非常的难得。在北京,我既买了普及本,也买到了线装本的毛泽东诗词。可我没想到,鲁迅的诗作居然揩到了油(连早年的"莲蓬人"及"惜花四律"等都收了进来),也出了精致的线装本,而且在大城市看不到,却让我在这么偏僻的"低窝铺"(那里的火车站站名)碰到了。当然,80年代以来,各式各样的线装书是越出越多,越出越精美,价钱也越来越贵了。我一来是绝对买不起,二来是心里似乎缺少激情,所以也不去追求,依旧把六十年代买到的这两本当作宝贝。

鲁迅的诗,人们研究得很多,用不着、也不该由我来瞎说。但除了那些脍炙人口的以外,我觉得他的《无题诗》也不错,集中共有八首之多。例如下面这三首:

"故乡黯黯锁玄云,遥夜迢迢隔上春。岁暮何堪再惆怅,且持卮酒食河豚。"

"皓齿吴娃唱柳枝,酒阑人静暮春时。无端旧梦驱残醉,独对灯阴忆子规。"

"一枝清采妥湘灵,九畹贞风慰独醒。无奈终输萧艾密,却成迁客播芳馨。"

我觉得很有味道。还有"所闻"和"赠人":

"华灯照宴敞豪门,娇女严装侍玉樽。忽忆情亲焦土下,佯看罗袜掩啼痕。"

"明眸越女罢晨妆,荇水荷风是旧乡。唱尽新词欢不见,旱云如火扑晴江。"

"秦女端容理玉筝,梁尘踊跃夜风轻。须臾响急冰弦绝,但见奔星劲有声。"

都是人们不大提到,而其含义却是值得反复琢磨的。

但是,恰恰从这本鲁迅诗集上找不到的一首《赠许广平》,却使我更加难忘:

"十年携手共艰危,以沫相濡亦可哀。

聊借画图怡倦眼,此中甘苦两心知。"

从"十年"二字,就可推知诗作于鲁迅临死前不太久。短短二十八字,写尽两人的真情。十年携手,艰危共度,这里没有丝毫的夸张。说艰危,事实上确实艰危到了极点(如逃到小客栈时)。最可悲的却是,"在极端的白色恐怖中,偏偏还要对付从同一营垒中射来的暗箭",因而只能在夫妇之间相濡以沫了。此中甘苦,知之者惟有"你我"二人耳。第三句画图指什么?我没有弄清楚。想象起来,或许就是许的照片抑或两人的合照吧。我无法去请教人家,只能就这样理解了。(后来,小舅舅帮我弄清楚,是介子园画谱。)

鲁迅死后不几年,许广平竟遭日寇逮捕,忍受了无尽的凌辱,勇对严刑拷打。日寇的这种暴行,恐怕是连鲁迅这样的先知先觉,也没有料到的吧。

"风怀二百韵"与"鸳鸯湖棹歌"

(1997.7)

早年读鲁迅的文章,得知他对于假道学是深恶痛绝的。例如,他曾经说过:朱竹垞宁不吃冷猪肉,也不肯在集子里删去他的《风怀二百韵》。意思是说,为了保留这篇有关爱情的长诗,他宁肯冒着死后进不了孔庙或先贤祠、失去陪祀资格的危险。鲁迅对此取赞成的态度。由此引起了我对《风怀二百韵》的兴趣,但很久没有机会见到。

与朱彝尊有点类似遭遇的是陶渊明。他写过一篇讲爱情的《闲情赋》,也曾受到过假道学们的攻击。即使是很同情他的人,也这样说:"白璧微瑕,唯在闲情一赋。"好像唯有把它从集子里抽掉,才能保全陶渊明的名节似的。

几十年前，我曾经偶然看到过《闲情赋》，当时也曾读过几遍，现在可是几乎全都忘光了。依稀想起来似乎有点像王洛宾的歌曲《在那遥远的地方》，抒发的是对一位少女的恋情，想象自己化作各式各样的小物件（例如"愿在裳而为带"，像鞋子、扇子、衣带等等），好一天到晚地陪伴在她的身边不离开。这篇赋，写得很活泼、很动人，而其情调，至少从我看来，是健康的，根本没有什么诲淫诲盗的低级趣味。这也说明，封建时代的那些假道学们是何等的厉害，连这样的文字都不允许。

50年代后期，外祖父送给我一部《曝书亭集》。我拿到后，就找《风怀二百韵》。这是一首五言长律，一韵是十个字，二百韵就是两千字。令我大失所望的是，由于长律规矩的束缚，每联要严格的对仗，写起来极其费劲，读起来也同样的费劲；而更为糟糕的是，作者只用了一个韵，即"一韵到底"，不肯换韵，结果是不得不用了一些极为偏僻的字，使得像我这样的普通读者常常认识不了（夸张地说，有些字或许只有去找章太炎请教才行），因而即使心里曾经有过一点诗意，也统统给赶跑了。我真为朱彝尊可惜，为了保卫这样一首引不起广大读者兴趣的作品而大动干戈，未免不值得。

同样地，在这首《风怀二百韵》里，也很难找到什么"违禁"的词句。也许在半中间有那么几韵（从"啮臂盟言覆，摇情漏刻长。已教除宝扣，亲为解明珰……"开始，共十二句），可以算得上"绮语"的。除此之外，更没有问题了。所以我想，即使死后见到孔子，朱彝尊也用不着为此做什么检讨。

不过在《曝书亭集》里面，好诗却是不少的。其中尤其得到我喜爱的是《鸳鸯湖棹歌》一百首。这是诗人想回而回不去，对故乡的怀念而作的。我知道嘉兴有个南湖，现在以中国共产党一大遗址而闻名。朱彝尊写的鸳鸯湖是不是就是这个南湖？我不敢太肯定，但附近似乎也没有稍大一点的湖了。诗人序中有云："甲寅岁暮，旅食潞河，言归未遂。爰忆土风，成绝句百首。"这一百首总共两千八百个字，篇幅与上面所说的《风怀二百韵》差不多。可是这两千多字与"风怀"那两千字就大不一样，我觉得好读得多了。作者在序中又说："聊比竹枝浪淘沙之调。"可见做诗的时候心情比较轻松,想起什么来就写什么。而且用的是棹歌这种仿照了竹枝词七言绝句的形式,容易写得灵活生动。我历来喜欢七言甚于五言,觉得五言诗总是比较呆板,尤其不喜欢那装模作样的排律。这大概又只是自己的一种偏见而已。

底下随便举出几首,如:

"沙头宿鹭傍船栖,柳外惊乌隔岸啼。为爱秋来好明月,湖东不住住湖西。

春城处处起吴歌,夹岸疏帘影翠娥。一叶舟穿妆阁底,倾脂河畔落花多。

百尺红楼四面窗,石梁一道锁晴江。自从湖有鸳鸯目,水鸟飞来定是双。

穆湖莲叶小於钱,卧柳虽多不碍船。两岸新苗才过雨,夕阳沟水响溪田。

城北城南尽水乡,红薇径外是回塘。千家晓阁纱窗拓,二月东风蕙草香。"

竹枝词可以写得很油滑,或者说是"打油诗"。但多数正统的都很端庄,也很有感情,这是从刘禹锡那里一脉相承来的,朱的这些可以归入此类。为了能更好地欣赏秋夜月色,不惜要从湖东移到湖西来住。小船从人家妆阁的底下穿过(这种情形在江南水乡是不少见的),河名"倾脂",船上的人也许会想到有美人的剩脂残粉倾倒下来(这其实不符合环保要求也不讲公德,但几百年前人们是不在乎的),而事实上在水面及水边飘着的却是落花片片。只有站在百尺红楼上,才能充分地欣赏到"梁锁晴江"的妙景,所以这两句是有机地关联着的;底下忽又一转,转到鸳鸯湖这个名称上:"自从湖有鸳鸯目,水鸟飞来定是双。"真妙!这个道理,亏他怎么想出来的?

用不着多讲了,总之我认为,"棹歌"要比"风怀"好得多,尽管朱彝尊写后者时花的力气要比写前者时大得多。

丰子恺的漫画

（1998．8）

丰子恺先生是我心目中十分敬仰的人，他与李叔同、夏丏尊、叶圣陶等，都是同一类型的谦谦君子，许多年来，一直自然而然地占据着青年（至少是中学生们）导师的地位。我在"旧书店的老先生"一段文字里曾经提到过。

除《缘缘堂随笔》这一极好的散文集以外，丰先生更有名的是漫画。我看过的数目不多，但印象极为深刻。他的画，常常不是以讽刺为目的，而是以画配诗，用画来抒发诗情。例如，有一幅的题目是《湖山此地曾埋玉》，一看就知道，这是杭州西湖西北角的苏小小墓，不多几笔，就把它的神韵画出来了。一九六二年我与家人同游杭州时，这一景点还存在。但二十五年之后，我第二次到西子湖边的时候，原来的朱栏、坟冢和小桥不可复见，代替它的已是宽阔的柏油马路，不禁使人怅然。谁如果要追踪苏小小长眠于"西泠松柏下"的情景，只能从丰先生的画上来想象了。

更有一幅，画的是辛弃疾的词意："我见青山多妩媚，料青山见我亦如是。"画中的山峰，不高而有灵气；一位青年女子，穿着朴素，姿态娴雅，正在抬头望山。自然而然地就把辛词的后面两句"情与貌，略相似。"烘托了出来。

杜少陵七律"失粘"

（1998．9）

各种诗体的规矩之中，当以七律最为严格。这种格律，从盛唐时代形成，一直沿用至今。具体的作品，历代许多诗人都以杜甫的三组诗篇奉为圭臬，即《秋兴》（八首），《咏怀古迹》（五首）加上《诸将》（五首）共一十八首。我也曾不止一次地背诵抄写过它们，总认为不管其思想性高下如何，就其格律而言，确实无可挑剔。

但是，最近有一个夜晚失眠，越希望能早点睡着就越是睡不着，没办法，我就只好试着背诵杜甫的《秋兴》和《咏怀古迹》。谁知道在吟咏宋玉的那首上发生了问题。"怅望千秋一洒泪，萧条异代不同时。"明明记得的，但怎么又与上面两句"摇落深知宋玉悲，风流儒雅亦吾师。"竟会"失粘"呢？照说在这些样板诗中是不可能出现这种情况的，因此我一时怀疑自己记得不对。熬过了漫漫长夜，起来查《唐诗别裁》，原诗赫然在目，一点也没有错。看来，此处确实是杜甫"失粘"了。

所谓"失粘"，就是：如果上一联是"仄起（头一个双音节落在仄声上）"，那么下一联就必须是"平起"；反之亦然。如不符合这种规则，就叫"失粘"了。其实这不过是朗读时音调抑扬的需要而已。偶然有些不太合拍之处，是不要紧的。

我想，要是碰到哪位不知道此诗作者而拘泥于七律规矩的人（例如前清时期的乡下冬烘先生，当然一般不可能不知道），说不定会提出意见要把它改掉的吧。

"怨歌行"

（1998．7）

一九九八年七月二十二日，《文汇报》上选登了一篇《历代诗人画传》，是班婕妤的《怨歌行》。字是刘天炜写的，确实很好。但是那幅画（作者就是刘天炜的父亲刘旦宅）照我看来，却不怎么样。特别触目的是，画家把唯一的人物放在最左边的位置，而脸和眼睛也朝左看。在身后留下一大片景观，使人看了觉得别扭之极。这是我当年学照相时就知道的一个"取景大忌"，难道刘旦宅连这也不懂，抑或故意要如此标新？其实我以前也不止一次看见过这位画家的作品，好像从来没有给我留下过好印象，总觉得他画的都像是过去绣像小说里蹩脚的插图似的。

怨歌行共十句五十字。因系汉代，时兴五言。内容以扇拟人，从"出入君怀袖"到"恩情中道绝"，的确写得不错：

"新裂齐纨素，鲜洁如霜雪。裁为合欢扇，团团似明月。出入君怀袖，动摇微风发。常恐秋节至，凉风夺炎热。弃捐箧笥中，恩情中道绝。"

读到这里，我突发奇想，利用扇子来描写恋情，至少从班婕妤至今，不到两千年，绵绵不断，谁不说是辞能达意（或该说是达"情"）？但是现在科技进步一日千里，连中国的普通人也用起空调了。设想再过若干年，再也没人用扇子的时代（管它什么团扇、葵扇、羽扇或折扇），或许常人已经不知扇子为何物了，如果把空调代替扇子写入情歌或情诗中，那两情相悦（或相怨）的青年男女，其感想又将如何？尽管到了"凉飙夺炎热"的日子，与今天扇子的命运一样，空调也会被放在一旁无人理睬，但原来的那种诗情画意，却恐怕会全给破坏光了。

"看花愁近最高楼"

（1998.10）

陈寅恪在一九四〇年到重庆出席中央研究院会议，蒋介石设公宴，陈寅恪有诗《庚辰暮春重庆夜宴归作》云：

"自笑平生畏蜀游，无端乘兴到渝州。千年故垒英雄尽，万里长江日夜流。食蛤哪知天下事，看花愁近最高楼。行都灯火春寒夕，一梦迷离更白头。"

吴宓注曰："寅恪于座中初次见蒋公，深觉其人不足为，有负厥职。故有此诗第六句"。我觉得，这句"愁近最高楼"，暗用了袁世凯次子袁克文的两句诗"绝怜高处多风雨，莫到琼楼最上层"的典故。克文与他哥哥克定不同，是反对帝制的。他在颐和园（也许是北海）夜里写了这首诗，第二天一早就有人密报给袁克定，这位一心一意想当皇太子（当然他自以为还有当皇上的可能）的瘸子大为震怒，立即告诉了袁世凯，一个命令就把袁克文给软禁起来。这事在"洪宪"前后是众所周知的。

70年代前半期，继杨振宁之后，吴健雄想回国来访问时，周总理特别提到：吴健雄的丈夫虽是袁世凯的孙子，但他属于反对帝制那一房的后代，因此应该分别对待。后来我不止一次见到他们伉俪两位，袁家骝教授虽然长相非常像他那窃国大盗的祖父，但言行却完全不同，是个实实在在的科学家（著名的高能加速器学者）。其文静的神态，想来确有乃父之风（当然我只是按其诗篇想象而已）。

由此来看，也许任何一个人，只要潜心学问（不论哪一门），其风度自然会变得儒雅起来。一九九七年吴健雄去世后，袁遵妻子遗命，把骨灰送到太仓浏河明德学校安放。事后我看到现场录像，其情其景，令人感佩！

毛泽东论诗词格律

（1998．9）

一九六五年七月二十一日，毛泽东写信给陈毅说："你叫我改诗，我不能改。因我对五言律，从来没有学习过，也没有发表过一首五律。你的大作，大气磅礴。只是在字面上（形式上）感觉与律诗稍有未合。因律诗要讲平仄，不讲平仄，即非律诗。我看你于此道，同我一样，还未入门。我偶尔写过几首七律，没有一首是我自己满意的。如同你会写自由诗一样，我则对于长短句的词学稍懂一点。剑英善七律，董老善五律，你要学律诗，可向他们请教。"

从上述意见可知，毛主席关于诗词的格律，是非常注意的。"不讲平仄，即非律诗"。并且批评陈毅说："我看你于此道，同我一样，还未入门。"其中"同我一样"四字是自谦之词，因为毛泽东本人的作品是很讲严格的格律的，虽仅在副编里发表过四首五言律诗，但七律不在少数，而五律与七律规矩相差不大。可惜的是，目下报章杂志上登载的许多旧体诗词，大都不太合格。据其原因，我认为是几十年来，我国的小学及初中教育中，对于四声或平仄之学，基本上放弃了。只在孩子刚刚上学时学拼音讲过阴平阳平上声和去声，但这是远远不够的。我建议，至少在初中语文教授中，要增加一点让学生"对对子"的内容。这其实不困难，也占不了太多的课时，而效果肯定将是很好的。

毛泽东推荐叶帅和董老，说他们律诗写得好，这在革命队伍中确是如此。尤其是董老的作品，我这里有他的诗集，拜读之下，感到确实比别人高出一等。

谈谈"贺新郎"

(1995.7)

"贺新郎"这个词牌（又名"金缕曲"），并不像它字面上那样，适于喜庆场合。相反，却最能表达出异常悲愤的激越情绪。举几个例子来看：

从辛弃疾的"绿树听鹈鴂。更那堪，杜鹃声住，鹧鸪声切。"开始，后来历代词人，常常把这一曲调赋以最强烈的感情，而且是最最悲愤的感情。

例如，吴梅村临死前的绝笔：

"万事催华发，论龚生、天年竟夭，高名难没。吾病难将医药治，耿耿胸中热血。待洒向，西风残月。剖却心肝今置地，问华佗解我肠千结。追往恨，倍凄咽。故人慷慨多奇节。为当年，沉吟不断，草间偷活。艾灸眉头瓜喷鼻，今日须难决绝。早患苦，重来千叠。脱屣妻孥非易事，竟一钱不值何须说。人世事，几完缺？"

读了这首《贺新郎》，即使再苛刻的人，也会原谅他的了。可见这种词牌，的确很适合感情最深刻、最强烈的场合。

现代亦然。一九九四年七月三十日的《光明日报》上，就登了郭启宏的两首金缕曲。主要是怀念他哥哥的。现录在下面：

"兄也归天早！忍相抛，异乡胞弟，故园家小。四十八年方盛壮，更有珠玑怀抱。竟撒手，红尘中道。料得临终应饮恨，算平生曲折知多少。非与是，从兹了！青山白石长依靠。念英灵，浩然正气，堂堂一表。比似凡庸多腐朽，独有书生骨傲。且冷眼，风侵雨扫。菽水承欢泉壤下，便三生结草衔环报。酸痛语，向兄告。"

"弟亦人将老！者些年，携雏挈妇，穷愁潦倒。心血一腔随逝水，命蹇时乖运扰。况远隔，云山飘渺。空有孝心酬父母，未纤毫福泽被兄嫂。肠百结，唯诗稿。梦魂每向家山绕。月明中，高丘净土，离离春草。异路幽明长已矣，无复音容笑貌。但一念，后来人好。竭尽馀生殚尽力，只兴衰得失终难料。兄瞑目，弟祈祷。"

也许有人觉得，光从词句本身来说，不见得太好。但我认为郭的这两首，情真意切："料得临终应饮恨，算平生曲折知多少。非与是，从兹了！""梦魂每向家山绕。月明中，高丘净土，离离春草。"最后只剩得"肠百结，唯诗稿。"还是能博得读者共鸣和同情的。至少，对我来说是如此。

朱小平的"贺新郎"（游香山）

（1998.12）

《北京晚报》一九九八年十二月八日载，朱小平游香山一首贺新郎：

"山里闻鹈鹕（黄注：此二字误）。正秋风，层峦似碧，枫栌如血。沧浪亭边新雕栋，可眺昆明池阙。不可抵，秋光逸绝。如织游人塞满路，望袖头手上皆红叶。新亭酒，何须别？

岁岁年年（黄注：似应改为年年岁岁）生情结。更重阳，青天万里，披襟心澈。谑语欢声歌缕缕，又见红颜笑靥。正夕阳（黄注：似应改为夕照），半天映彻。我自徘徊鸦暮晚，已板桥人迹灯明灭。垆醉饮，共弯月。"

短短百余字中，就我所见，竟似有三处明显的错误。何以如此？有的大概确是报纸排版的问题，但也不能全归于此。例如：鹈鹕是水鸟，怎能说是在山里？岂不是"缘木求鱼"了吗？而且鹕字亦不合韵。要是作者或编者稍微注意一下，就能避免。我总觉得这是很可惜的。

"满江红"

（1963.9）

一九六三年元旦，郭沫若发表了他的一首《满江红》，其词曰：

"沧海横流，方显出，英雄本色。人六亿，加强团结，坚持原则。天垮下来擎得起，世披靡矣扶之直。听雄鸡一唱遍寰中，东方白。

太阳出，冰山滴；真金在，岂销铄？有雄文四卷，为民立极。桀犬吠尧堪笑止，泥牛入海无消息。迎东风革命展红旗，乾坤赤。"

此后一段时间内，传说毛泽东主席和了一首，暂时没有发表，当时我不可能得见。但心想既然说是"和"，一般应该用郭的韵脚。"色、则、直"等，不能说是险韵。一时高兴，我便自己也和了一首。

"斗柄东回，又遥指，无边春色。念往昔，兴亡迭代，史鉴几则。正气歌传遗楷模，疾风草偃见刚直。望寰瀛，龙战血玄黄，红胜白。

铜驼泪，休轻滴。锦绣地，岂化砾。笑彼伧纸虎，核弹环极。肯帝登场凶不改，斯公逝去政遂息。有巨人，砥柱立东方，展旗赤。"

私心以为等毛主席的诗公开时，可以斗胆比较比较。谁知过了一年公开时，才知道毛主席之所谓"和"，并不是指韵脚。这就是那首"小小寰球，有几个，苍蝇碰壁。……"当然毛主席的诗词大气磅礴，世人莫与伦比。堪笑我竟想与他们的写在一起，无论比的是什么，总有些不伦不类。

先大父七十述怀

(1980)

我的祖父讳"藩"，字"守之"，生于一八八五年，先世业医。我伯祖父保之公，还守着祖上的教训，悬壶济世。而祖父却在十八岁那年（据我算应为一九〇三年），就考上了秀才，显然是非常难得的。"可惜"清廷不久废了科举，使他"泮芹撷得却违时"，"幸搏一衿"之后，就无法再"上进"了。于是打算东渡扶桑，去学习西方的新学。可惜（这次是真正的可惜！）我的曾祖母坚决反对，原因大概是认为漂洋过海，危险非凡，舍不得儿子去冒险。这样，祖父这位孝子也就服从了。（祖父是真正的孝子，可用他后来"割股疗母"的行动为证，我小时候夏天还看见他上臂很大的瘢痕。）不得已而求其次，他只能到苏州去读书。回到家乡一直在中学里当生物教师。

一九五四年，他曾写过四首七律，题目是《七十述怀》：

"垂暮无成悔已迟，泮芹撷得却违时。笈携吴苑游踪渺，身老娄江心力疲。伴我寒梅共瘦减，依人驯鹤舞参差。岐黄未克承家学，分个儿孙去习医。"

"桃李秋花拥老年，菲才仍与退休钱。知交渐少情怀减，世局新开景物妍。闲坐时思烟在手，燕谈恨与酒无缘。布衣蔬食馀生足，一枕羲皇梦亦仙。"

"多少生民填沟壑,乱离景况记当年。安居每羡堂前燕,施虐生憎海上鸢。藤葛求荣岂我愿,脯修虽薄养生全。而今风日清明甚,五茁红花处处鲜。"

"七十光阴逝水波,屡经忧患发齐皤。新华气象欣亲睹,旧日生涯若梦过。观弈浑忘危坐久,莳花不惜辟畦多。秋来还喜精神健,四首俚诗信口哦。"

这四首《七十述怀》他自己认为还是写得不错的。当时曾与太仓城里的一些老友传看并传抄。凡看到的人都说是非常之好。谁知只过了一年,他到南京我姑姑处探亲,又去拜谒中山陵。据说那天老人很高兴,四百来级的石阶,一口气就爬了上去。但回屋后第二天就发病,情况急转直下,回到太仓就再也不能走路。辗转床褥两年多,一九五七年夏终于不治。

又过了几年,一九六五年的春节,我正在河南信阳参加"四清",那个公社(或许是个大队,我记不很清楚了)叫做周畈,在淮河的北面,至少当时还很贫苦。我们作为"四清"队员,当时听了有关"二十三条"的传达,心里也正是弄不清楚"四清与四不清的矛盾"、"党内外矛盾的交叉"和"走资本主义道路的当权派"等提法。刚巧又有一位小队干部无端自杀了(他没有什么重要的问题,显然是给吓死的)。我只觉得这样的阶级斗争太复杂了,无可奈何。夜里睡在高粱秆和稻草铺成的床上,辗转反侧,就用了先祖父的韵,和了四首:

随浪迎流两不迟,诗才学就已违时。
聪明误我锋芒尽,俯仰依人劲节疲。
锦瑟百年溶水乳,梅花三叠赏参差。
生来瘦骨嶙峋久,旧病由他懒就医。

都会生涯三十年,稻粱日日费青钱。
入乡二月尝辛苦,彻底三同别媸妍。
挥锄浑忘鸿鹄志,牵牛不系鹊桥缘。

而今始识农家乐，负曝中庭胜似仙。

立雪俄京新耳脑，壮游万里记华年。
旧交星散羡秋雁，极地云飞寄暮鸢。
白夜林幽灯影浅，霜天酒醒险舟全。
海青岸草风摇绿，撷得红莓色更鲜。

涅浦申江俱逝波，椿萱返见发齐皤。
初寒周畈闻鸡早，八载卢沟弹指过。
湿履方知凝露重，埋头只是读书多。
草床转侧难成寐，宽韵诗成枕上哦。

可惜不能得到祖父亲临教诲了。

普希金的小诗

一九五二年，我在列宁格勒大学，有一位孟什柯夫老师，专门给我们四个人补习俄语。那时有一段时间讲俄罗斯文学，其中也有普希金的诗。到现在几乎全部都忘光，还给老师了。但有一小段还记得：

Любви, надежды,
    тихой славы,
Недолго нежил,
    нас обман;
Исчезли юные забавы,
    Как сон,
какутренний туман.

    Александр Пушкин

译成汉语大致是：

友情、理想、还有那悄悄的荣誉，
这些都没能安慰或欺骗我们太久；
年青时的欢乐，已经永远地消逝，
如同春梦，又像轻纱飘逸的晨雾。

亚历山大·普希金

因全靠记忆，难免有误，译文更是只供参考了。

我之所以不揣冒昧，把普氏这几句非常著名的诗"致恰巴耶夫"译成中文，原因是，我曾经很想把这一小段诗放在拙作《未湮灭的径迹》的最后，作为结束语（但后来又决定撤掉了）。我这里没有任何有关的资料，如我不译，则我周围读了拙文而不太熟悉俄罗斯文学甚至于不懂俄语的人们就会不容易理解。我的译文有两个特点：一是故意的误译，如把爱情译成友情，那是由于要切合我们当年的实际情况，不得不如此；二是增加了一点形容词，如硬加了"轻纱飘逸"四个字，则是因为我想模仿闻一多等人的新诗格式，即所谓"豆腐干"，每句的字数都一样，排版出来很像一块块豆腐干似的，相当好看。不过我把标点符号都算在里面，与闻一多他们不算标点符号的写法不同，这是因为各个时期的排版习惯不一样的缘故。至于音节，念到顿号或逗号时，应该略作一顿，或把前音拖长，似亦可以。

"西行漫记"

（1964）

一九六四年四月，我受命去西北完成一件重要工作，至少对我来说是很重要的。那个地方的铁路站名，一般地图上根本找不到。这次旅行，在我一生中确实值得纪念。不说任务该如何完成，光是行程，就令我很兴奋。一算六次渡过黄河，还要经过许多历史上非常著名的地方。因而一路"诗兴"小发，一共写了十多首七绝，总的标题就叫做《西行漫记》。如第一首《出塞》就说：

"六渡黄河壮此行，非关出塞自长矜。

一身万里无牵挂,却伴春风到漠营。"

因为当时我还没成家,孤身一人,可以说是毫无牵挂。这次旅行也只有我一个人天马行空,独来独往,与以往出差不大一样。虽是一个人,但带的行李却不轻,因为其中有一个铜制的样品。另外也带上了一笔公家的钱,至少比我每个月的工资要多得多。当时社会秩序不太好,所以是怀着一些紧张的心情上路的。首先走京汉路,转陇海路,历经冀豫陕陇四省(回程又走宁夏、内蒙古和山西)。

第二首诗就是讲河南的:

"十载更无水旱汤,先鞭跃进认新乡。

龙门北邙无缘见,一夜安阳过洛阳。"

河南省在解放前,深受"水旱蝗汤"的折磨,此时已经毫无影踪了。从安阳开始入睡,一夜醒来,已过了洛阳,很快出潼关到陕西了。

"秦关百二度从容,奇秀太华春雨中。

夜半车轮催入梦,陇头流水任淙淙。"

陕西沿路给我印象最美的是雨中的西岳华山。即使只能在车站上望望,已足够使我醉心了。

到甘肃后,车窗外的景色更加荒凉。黄土高原上只看见无数的沟壑,都是连年不断水土流失的痕迹,而绿色的庄稼则是看不到的。当然,时令还早(四月),但我的心却已经被揪紧着了。这么大的地方,还是铁路沿线,居然是如此的一贫如洗。我们中国人的生活和国土改造,何年何月才会有些起色呢?

在兰州换车,休息了一夜。第二天上午抓紧时间,首先是去看了黄河铁桥。原来这还是清朝时期请德国人来造的"黄河第一桥"。桥下水流湍急,只见有人背了一个东西来,近了才看清是个用十来个吹涨了的羊皮囊架在几根木条上做成的筏子。从他背的神态来看,似乎并不太重。他们下到水边,登上筏子,很快就顺流而下走了。问旁边的人,这种交通工具是单程的,回来时只能背着羊皮筏一步一步地走回来。在黄河岸边,还见到了很高很高的木质的大水车,那是一种利用黄河水流做动力的灌溉工具,其原理相当巧妙,孤陋寡闻的我此前还没有看见过。走过了铁桥,我一面仰望着河边白塔山峰上的白塔,一面就向上攀登。爬到一半多,似乎体力不够了,再说主要是时间没有了,因为下午还得继续旅行。所以只好半途而废,留下了四句诗:

"白塔巍巍矗未残,雄楼巨厂满皋兰。

何当共乘羊皮筏,一泻中流傍急滩。"

下午登车继续西行,过了兰州,就是兰新路了。

"瑶池东海遥相望,渡水穿山万里程。

自是人工超鬼斧,千年观止又长城。"

在西固城附近又过黄河,地势逐渐高起来。越走越高,终于停在三千多米的乌鞘岭站上。

"洞口兰泉崖石红,乌鞘岭上浴天风。

长车直下三千米,龙影金羌河水中。"

兰泉是走过的一条隧道洞口上刻着的名字。乌鞘岭据说是我此行的最高点,我下得车来,只见虽是四月初的日子,此地寒风劲吹,还下着小雪。以为应该有一点高山反应的,于是我使劲在站台上又跑又跳地活动了几分钟,结果是并没感到有什么异常反应。过了乌鞘岭,火车沿着一条并不宽的金羌河,车和河水相伴着弯曲而下,在弯道处,我还能从车窗外看到自己列车前面一段。"龙影"云云,不过是想象站在河边的人之所见而已。

天暗下来了,但我睡不着,其原因是太冷了,车厢里没有几个旅客,我一个人可以占很大地方,此时心里想的却是最好车上人多一点,可以稍微暖一点。雪上加霜的是,车窗的密封似乎不很好,风从缝隙里钻进来,简直无法抵挡。出发之前,没想到西北地方的春天原来还有那么冷。

好容易挨到了天明,慢慢有太阳出来。但朝窗外一看,景色大变,原来是已经到了戈壁滩地带。

"血石沉埋古战场,征人又见满沙疆。

风光依旧晴岚好,千里祁连雪线长。"

不久又来到了嘉峪关,这是万里长城的西端,火车没有停,我只观赏了两边的城楼,记得那时刚刚维修过,油漆很鲜明:

"一出雄关泪不干，古来征战血漫漫。

而今百族同天下，塞外江南家可安。"

过了这座雄关，离我的目的地也就不远了。

当年到了西北某厂所在地岭西，一看当地虽不像一般的小镇有像样的街道，却是"麻雀虽小，五脏俱全"，不但有商店银行，剧场影院（实际上也就是个大礼堂，在某些时期可能开大会的次数要比演电影多，而真正演剧大概是极少的），而且还有正门正经的法院。我把身上带的钱存入了银行，这样就解除了一个心理负担。

回兰州，已是五月初，与来时不一样，一点也不冷了。不知为什么，来时没太注意到非常出名的酒泉，但我只看到了站上堆满的钢管，原来这里要修建一个大型钢铁厂。

到了宁夏，我只记得那里黄河非常之宽阔，河水简直就在地上随便地流，浅极了。可惜火车在宁夏和内蒙古又两渡黄河，都在晚间，我没有看到。

"鹿寨钢都惊变迁，青山如锦障青田。

三区绿海齐齐树，大野高炉袅袅烟。"

包头这个城市有特点，它有三个区，互相独立。区与区之间距离相当远，各有各的火车站，从此区到彼区常坐火车来往。当然也可利用公共汽车，我坐了一次，发现车子很快就开到田野里去了，过了好久，才望到另一个区的边界。其实原因并不复杂，原来包头的老城在东，就是现在的东河区；五十年代在白云鄂博发现了大矿，在西边建设了包钢，就是现在的昆都仑区；而青山区呢，是后来发展起来的工业区。我到了包头，不免好奇，问旁人为什么此地起了这样的名字？头一位回答说，很简单，这里多风，妇女头上都用布包着，于是就叫包头了。我觉得这是开玩笑的说法，不相信，再问还是一位老人告诉我，包头是此间少数民族语言，意思是"有鹿的寨子"。当然这是很久以前的事，现在这里可能连一头鹿都找不出来了，所以有那第一句"鹿寨钢都惊变迁"。

"黄河百害，唯富一套。"包头是河套地方，比起玉门来当然要好得多。所以有绿海齐齐之树，除了有黄河的灌溉以外，我觉得，那绵延百里的大青山（即阴山）屏障之功（使强风不能胡作非为），也绝不可没。

关于"西青散记"

我在高中时读《西青散记》，是由于丰子恺先生的"推荐"。丰子恺在讲养蚕的文章里专门提到，《西青散记》里的仙人说：自织藕丝衫子嫩，可怜辛苦赦春蚕。安得人间也发明织藕丝的机器，而尽赦天下的春蚕！

好不容易从旧书店里找到了这本书，回到家就迫不及待地找丰先生引用的那一首。原来它是系列唱和诗之一。现在从旧纸堆中还能找到以下六首：

"吹笙夜过碧苏庵，洗珮还临玉女潭；
家住洞天浑是茧，满怀丝绪学春蚕。

生生仙子白罗庵，自买鸳鸯放小潭；
删尽乱霞留一朵，海西笼袖看红蚕。

妾家新住水仙庵，十万青莲碧玉潭；
自织藕丝衫子嫩，可怜辛苦赦春蚕。

曾向观音借小庵，木香村外橘花潭；
春丝已断秋蛾冷，颠倒三生笑绿蚕。

未许焚修闭小庵，冰心无皱似澄潭；
泥迟枉怪饥时燕，茧薄谁怜病后蚕。

脉脉添香叩碧庵，笑拈花片糁珠潭；
仓庚不语柔桑冷，雨湿春衣饷晚蚕。"

就这六首作比较，"庵"字句应以第五首为最好；"潭"字句也以第五首居前；而后面的"蚕"字联，相比起来，可认为第三首最佳，第五首亦不错。而第二首则相当的生硬，没有意思。当然各人评判，见仁见智，是没有一定之规的。

"旌旗十万斩阎罗"

早年偶然听我祖父说起，清朝与太平军打仗的将帅，最著名的是曾国藩、左宗棠和彭玉麟三人。当时我只知道曾、左两位大名鼎鼎，而彭则"小子未之知也"。祖父就念了彭的一首诗给我听。并说彭在水军方面"功劳"最大，其中小姑山（实际应为"小孤山"）一役当时无人不晓。事后我从别的书上也看到，他后来还惩治过不少贪官污吏。所以不光是一位儒将，而且还是一个清官，似不应以镇压太平天国起义军而简单地完全否定他。

祖父当年念过的诗，我现在只记得后面一半：

"十万健儿齐拍手（这两个字也许是"奏凯"，我记不清了），彭郎夺得小姑回。"

之所以迄今还能记得，只是因为，这两句写得确实非常之好。利用一个故意误写的同音地名，就把征战之事写得如此蕴藉。一位年轻的将军，在敌人阵前能把可爱的"姑娘"夺了回来，自然会博得江边南北漫山遍野士卒的欢呼和鼓掌（我想拍手并非只盛行于现代，大概不会晚于唐宋，至少可以作为歌唱时打拍子之用）。遥想当年，彭郎可以直比三国的周郎，真是意气风发之至。

把数以万计的军兵写入绝句的，我记得的还有一首。但不是男写女，而是女写男，其意思完全不同。那是在宋朝初年，赵匡胤派大将灭了后蜀，俘虏了花蕊夫人送到开封。赵当面责备她，说她把蜀主迷惑得不理朝政，以至灭亡。谁知花蕊夫人不服气，不买皇帝的帐（现在都写作"账"），回答说是：

"君王城上竖降旗，妾在深宫哪得知？十四万人齐卸甲，更无一个是男儿。"

辩驳得宋太祖无以应对。

还有更好的。六十年代初,我从革命故事书《红旗飘飘》(或许是《红色风暴》)上读到,一九三四年,陈毅在红军大部队出发长征后,坚持在赣南打游击,艰辛历尽。不止一次差一点被敌人抓住。在那千钧一发的关头,这位将军却好整以暇,居然做起他的诗来,诗里也讲到十万军兵。我现在记得的一首是:

"断头今日意如何?创业艰难百战多。此去泉台集旧部,旌旗十万斩阎罗。"

好一个"旌旗十万斩阎罗"!即使死去了也还要干,真是革命到底。造反还要造到阴间去,而且气势更盛,更加不得了。比起以前那些临死英雄们的豪言壮语:"二十年后,又是一条好汉!"不知要高明到哪里去。我以为只此一首,陈毅的诗就可以传下去了。

朱淑真的"减字木兰花"

(2002.2)

2000年2月18日的《科技日报》上载文,引了宋代女词人朱淑真的一首《减字木兰花》:

"独行独坐,独倡独酬还独卧。

伫立伤神,无奈春寒著摸人。

此情谁见,泪洗残妆无一半。

愁病相仍,剔尽寒灯梦不成。"

头一句用了五个"独"字,描写空房之内,一个人行,一个人坐。独酌无相亲,只能自己与自己倡酬;最后没办法,只能一个人躺下去,剔尽灯花,也总是睡不着。更何况愁病相仍,这样的凄苦之情,可以想见。

她另有一首《生查子·元夕》,比前一首更有名:

"去年元夜时,花市灯如昼。

月上柳梢头,人约黄昏后。

今年元夜时,月与灯依旧。

不见去年人,泪湿春衫袖。"

"洞仙歌"

苏东坡有一首《洞仙歌》，严格地说，不能说是他的作品。因为他只记得别人诗词的大部分片段，苏东坡自己瞎猜，可能词牌是"洞仙歌"，于是按"洞仙歌"把它补足了：

"玉骨冰肌，自清凉无汗。水殿风来暗香满，绣帘开，一点明月窥人；人未寝，倚枕钗横鬓乱。

起来携素手，庭户无声，时见疏星度河汉。试问夜如何？夜已三更，金波淡，玉绳低转。但屈指、西风几时来，又不道、流年暗中偷换。"

后来我曾偶然看到了原来蜀主为花蕊夫人写的七言八句，但具体字句，对我现在的记忆很没有把握了：

"玉骨冰肌清无汗，水殿风来暗香满。帘开一点月窥人，倚枕钗横云鬓乱。起来庭户寂无声，时见疏星度河汉。屈指西风几时来，不道流年暗中换。"

尽管记得有出入，我想一般人都能判断，苏轼的词比蜀主原作要好。仅仅加了少量字句，不但活泼得多，意境也不一样了。

《诗词例话》上议论说，苏轼的"次韵章质夫杨花词"，就是那首《水龙吟》"似花还似非花"；结果呢，和韵的倒像原作，而原作却好像成了和韵。"才之不可强也如此"，真正令人慨叹、令人佩服得五体投地！我想，上面说的洞仙歌，情况亦然。

"鲁迅忧疑岂偶然"

六十年代，报上登载过田汉写的有关梅兰芳的十来首绝句，似乎当时梅已经逝世。可是现在我只记得一首半。

"……解衣磅礴吴昌老，为写梅花雪里枝。"

"鲁迅忧疑岂偶然，半描宫闱半神仙。终能打破玻璃罩，国恨家仇入管弦。"

吴昌老，即当年居住在上海、杭州的著名画家吴昌硕，见到了梅兰芳，当即脱下外衣，画了一幅梅花送给他。

至于第二首，说的是当年梅兰芳演的主材都是帝王宫闱及神仙一类，鲁迅以为不妥，那样下去难有发展前途，因此很有点忧疑。但梅后来扩大了题材，如梁红玉击鼓战金山等爱国主义戏剧，玻璃罩终于被打破了。

有关我父亲的诗

(1985)

父亲似乎不善于作诗，我几十年来从未见他写过诗词。他善于写对联，并精于篆刻。但对于别人写的诗词，却是很喜欢的。尤其对于我所写的，当宝贝似的收在一起，往往拿出来反复吟诵，并用红笔点断。而母亲则用她那极为娟秀的小楷抄下来。这也是双亲对我的一种思念方式。在他们逝世以后，我弟弟整理遗物的时候把它们都寄到了北京，使我又一次睹物思人，感受双亲对我们三个儿女无比的爱。

但是我记得有关父亲的一首七律，这是他在重庆时一位"同学"（当年曾在一个财经培训班中一起学习过）送给他的。可惜我已经记不全了。诗的前半首是：

"我住赣中君住苏，天涯谪贬客新都。学通经济穷唯命，胸有文章道不孤……"

真想也许有一日我还能再记全它。

而另外两首七绝却是我父亲的表兄一九八五年三月写给他的挽诗。他表兄（即我的表伯）那时已经九十岁了，得到我父亲噩耗，不可能到上海来参加丧礼。作了挽诗，自己也写不了，只能请别人写好（大大的飘逸的毛笔字），送到灵堂。

"淮海楼头寄一麈，卅年辛苦内心甘。欣从黑暗睹红日，西去应无遗憾含。"

"忆昔山城避寇年，快谈杯酒计归鞭。音容笑貌犹如昨，噩耗传来双泪涟。"

淮海楼头，指的是从五十年代到八十年代，父亲就住在上海的淮海中路七百〇四号一座楼房的一间北房里，家人最多时有七口人住在一起，与我们现在姐弟住房无法相比。

可惜父亲自己已经看不见了。哀哉！

"英雄毕竟误苍生"

（2000.8）

《文汇报》2000年8月5日载赵敬立文章《先生本色是史人》，是为纪念曹聚仁百年诞辰而写的，其中提到刘大白的一首论史七绝：

"云心每妒天无垢，风力常教水不平。寄身是非功罪外，英雄毕竟误苍生。"

另一位持类似意见的，是大名鼎鼎的于右任：

"风虎云龙亦偶然，欺人青史话连篇。中原代有英雄出，各苦生民数十年。"

后面十四个字，显然是模仿清赵翼的"江山代有才人出，各领风骚数百年"。刘、于两位先生评价历史上的英雄来，应该说是极其深刻的。作为历史学家，刘大白的议论还比较平和中肯，而于右任（就一生事业说，我认为他首先是革命家，其次才是书法家）则愤慨之至了，但两人的立论是相差不远的。我猜想，于右任大概是在国民党逃往台湾之后才发此议论吧。

"寄身是非功罪外，英雄毕竟误苍生。""中原代有英雄出，各苦生民数十年。"读着这一些诗句，实在令人感慨万端！

"远山来与此堂平"

扬州有许多名胜古迹，但我最看重的也就那么几处。第一处应该是与史可法有关的"梅花岭"；第二处就是"平山堂"了。然后才轮得着鉴真和尚的"大明寺"，以及大名鼎鼎的"瘦西湖"。

少年时曾读过清代全祖望的《梅花岭记》，但已不能背诵。依稀记得几句："百年而后，余登岭上，与客述忠烈遗言，莫不泪下如雨……"我那次瞻仰史可法遗迹，是三百年而后，"余登岭上"，可惜时间极短，曾想再去，但后来没有机会了。有个疑问始终留存心里，明明是平地（整个扬州都没有山），为何史可法就义的地名叫梅花岭呢？

许多年后，又一次到扬州，我姐夫招待我游平山堂和大明寺。好在两者就在隔壁。那年头没有太多的游人，但我们的时间也有限。我看见堂上的匾七个大字"远山来与此堂平"，回头望望南面的地平线，却不知什么缘故，看不见镇江的山了。此前我母亲曾经告诉我说，她特别喜欢平山堂，要是有机会能在那里住上几天就好了。我实地见过之后，觉得确实清幽异常。平山堂的东边，就是供奉着鉴真和尚的大明寺。而其西边，却是一个不大不小的花园。我见到的时候，规模尚存，却相当的破败。连那口"天下第六泉"的井，也几乎都埋没在蔓草荒烟之中。现在想必都已修葺一新的了。

后来读到欧阳公专门写平山堂的"朝中措"，觉得前半比较好：

"平山栏槛倚晴空，山色有无中，手种堂前垂柳，别来几度春风？"

后半则似乎平平：

"文章太守，挥毫万字，一饮千钟，行乐直须年少，樽前看取衰翁。"

据我看来，欧阳公词特别好的也并不多，最好的应该算那首被王国维称赞的《蝶恋花》了：

"庭院深深深几许？杨柳堆烟，帘幕无重数。玉勒雕鞍游冶处，楼高不见章台路。

雨横风狂三月暮。门掩黄昏，无计留春住。泪眼问花花不语，乱红飞过秋千去。"

还有另一首《蝶恋花》几乎同样的好：

"谁道闲情抛弃久，每到春来，惆怅还依旧。日日花前常病酒，不辞镜里朱颜瘦。

河畔青芜堤上柳，为问新愁，何事年年有？独立小桥风满袖，平林新月人归后。"

约而言之，欧阳公最好的是道德文章，其次才数得上他的"六一词"。

"吴音还比水般柔"

清龚自珍写（我猜想是怀念）苏州两绝：

"灯痕红似小红楼，似水年华似水秋。

岂但此情柔似水，吴音还比水般柔。"

"凤泊鸾飘别有愁，三生花草梦苏州。

儿家门巷斜阳改，输与船娘住虎丘。"

这第一首用字很特别：二十八个字里面，竟用了两个"红"字、两个"柔"字、四个"水"字、还有四个"似"字，重字竟超过了百分之四十！可是读起来也不觉得别扭或者拗口，甚奇。不过这一类诗句虽胜于技巧，总觉得并非"正道"，还不如第二首为佳。从"凤泊鸾飘"梦到"三生花草"，又从"儿家门巷"回忆到改变了的"斜阳"，亲切而自然，至少在我看来，比第一首要好。至于那位住在"虎丘"旁的"船娘"，或许真有其人其事（实有所指），那就别有诗味，或蕴藉、或哀伤；否则是凑诗句，没有什么意思的。

唐杜荀鹤写苏州的一首五律：

"君到姑苏见，人家尽枕河。

古宫闲地少，水巷小桥多。

夜市卖菱藕，春船载绮罗。

遥知未眠月，乡思在渔歌。"

当过十七个月苏州刺史的白居易，也有这样的诗句：

"阊阖城碧铺秋草，乌鹊桥红带夕阳。

处处楼前飘管吹，家家门外泊舟航。"

第四节　尾　声

黄胜年的一生，在泥湿地上留下了自己的足迹。他是一个治学严谨、求真务实和业精于勤的核物理学家，同时又是一位懂得物理美的诗人。就在当选中国科学院学部委员（院士）的前夕，他突然倒下了。突发脑溢血导致半身瘫痪，英年失去了工作能力。

他没有停下自己的脚步，奋力爬了起来，重新站了起来，扶着拐杖行走。后来坐上了轮椅，他没有屈服，在与病魔顽强抗争的同时，继续在诗的世界中旅行。晚年他迁入原子能院为院士专门修建的"院士楼"，居住环境得到了极大的改善。他有时在书房书柜前面翻阅看什么，有时在电脑前面用左手敲击键盘，有时在室外阳光淋浴下沉思，有时在观赏花草的新生或凋零枯枝的细微之处。有一天，在他记忆中的那片泥湿地上他深深地陷于冷冻的泥潭之中，全身动弹不得。他走不动了，他也不想再走了，2009年1月8日，他走完了自己顽强的一生。终年78岁。

第五章

亲朋师生同事共缅怀

第一节　纪念黄胜年先生逝世一周年

2010年1月8日是黄胜年先生逝世周年纪念日，我们特写此文来缅怀这位新中国培养的核物理学家，受人爱戴的同事。

黄胜年的童年几乎是在逃难中度过，出生才半个月，"一·二八"沪淞战争就殃及他的家乡江苏太仓，他随母亲辗转到江苏镇江、泰州、上海租界。在上海开始上小学，后又回到太仓，在那里完成了小学和初中的学业。1947年考入上海中学高中理科。他从小受到家庭文化的熏陶，喜爱读书，养成了勤奋好学的习惯，十六岁即能写出工整漂亮的古诗。他学习兴趣广泛，曾对生物、化学等产生过兴趣；高三时，在物理老师的影响下，对物理产生了特殊的爱好。1950年报考清华大学时以全校考生第一名的优异成绩考入物理系。他对清华园的丰富的历史蕴含、宏伟的建筑和绚丽的景色感到极大的满足；物理系的教授们则更给了他难忘的教诲。他在那里完成了物理方面的处女作——《怎样学习物理学》，发表在《进步青年》"物理学讲座"栏目上。1952年2月，他被选拔为留苏预备生，同年10月被派往前苏联列宁格勒大学物理系学习。他以异乎寻常的刻苦努力克服了语言和课程方面的困难，以优异的成绩完成了考试，争取到了插班读二年级的机会。打破了该校不许插班的惯例，为中国留学生争了光。在列宁格勒大学物理系，他聆听了一些国际大师级教授们的讲课，学到了内容广泛的基础知识和国际前沿的专业知识；在完成年级论文的实验中，培养了动手能力，这为他后来独立进行科学研究打下了良好的基础。1955年，钱三强先生率中国核科学技术代表团赴前苏联考察反应堆、加速器和核物理研究，黄胜年被选调到该团，见到了他非常仰慕的、三分裂变和四分裂变的发现者钱三强先生。他在前苏联热工实验室，即理论与实验物理研究所，实习核物理研究。在此期间，有一件事对他触动很大。在1956年的一次国际学术会议上，我国一位理论学家作报告时，一位外国人态度十分傲慢，轻蔑中国人做不了实验验证,说其理论工作没有价值。这件事给了在场的黄胜年很大的刺激,此刻,他暗下决心,回到国内,一定要做出自己的实验成果来,使外国人不敢小看我们的祖国。随后进行工作分配,他放弃了到实验条件很好的杜布纳联合所工作的机会;连再学一年就能拿到列宁格勒大学毕业文凭的机会也放弃了,要求早日回国,实现"让原子核研究在中国生根"的愿望。

1956年上半年回国后,黄胜年在中国科学院物理研究所开始了裂变物理的开创性实验研究。遗憾的是,那年冬天,因在严冬时节搬运图书使他患了严重的强直性脊柱炎。病魔使他的背驼了,需要经常吃止痛药,有一段时间还不得不穿钢制背心。但他忍着常人难以承受的痛苦仍坚持骑自行车上下班,像正常人一样坚持工作。我国第一座实验反应堆建成后,他在反应堆上实现了第一个核物理实验. 获得了 ^{238}Pu 和 ^{235}U 裂变瞬发平均中子数目的相对值,澄清了当时国外数据的明显分歧。随后在反应堆上建立了裂变谱中子源和两类 4π 型中子探测器,并用此设备完成了 ^{232}Th,^{235}U,^{238}U 和 ^{239}Pu 等一系列核素的裂变平均瞬发中子数和数目分布的测量,为我国核工程设计提供了首批数据,填补了国内空白。

1960年前苏联专家撤走之后,黄胜年积极组织了 ^{235}U,^{238}U 和 ^{239}Pu 的裂变快中子平均截面和 ^{238}U 全截面的测量,为核工程研究继续提供数据。黄胜年还组织完成了建造一个软化裂变中子谱模拟中子源的任务。他带领裂变组的科研人员,利用中重元素的非弹性散射过程,采用不同材料和不同尺寸的组合,让裂变中子经过不同物质后变为"软化裂变中子谱"。经过多次实验,最后得到了能谱符合要求的中子源。1963年6月底,原子能所接到了一项紧急任务:要建立一套能可靠地测量金属铀块本底中子的装置,期限是同年"十一"前完成。时间紧,任务重,领导决定由黄胜年负责,使用单位派人参加。黄胜年对任务进行了深入的分析,决定采用效率较高的 4π 型慢化中子探测器。为了可靠地测量出金属铀块放出的本底中子数,必须对该装置的中子探测效率进行细致刻度。他不顾吸入金属铍粉中毒的危险,首次试制了光中子源来刻度中子探测器效率。经过两个多月夜以继日的奋战,于九月下旬建成了测量装置，提前完成了这一任务。这次任务是在没有直接参考资料的情况下研制完成的。这种测量金属铀块本底中子的方法与装置在以后的测量中长期被采用。1966年黄胜年又为其他单位建造了两套金属钚块低本底中子测量装置。原子核裂变工程所需的关键核数据主要是中子与铀、钚同位素作用的微观数据（如裂变中子数，裂变截面，吸收截面等）。为了进一步测定或澄清国外有分歧的、核工程研究所需要的某些核数据，黄胜年本人及其领导的裂变组于1967年建造了我国第一台大型载镉闪烁液体中子探测器，先后完成了不同能量中子引起铀、钚核素的实验，测量了^{238}U和^{240}Pu自发裂变的瞬发中子数目分布。为了用裂变产物产额来测量核工程装置的裂变燃耗，1964年他和叶宗垣、郭景儒一起完成了热中子引起^{235}U裂变产物^{99}Mo产额测量的任务。在此项工作中采用的标准样品与待测样品背对背的照射方法，在以后的产额测量中一直被沿用至今。

20世纪70年代后期。核工程研究对原子能所提出的任务逐渐减少，黄胜年他们利用中子物理研究室的一个从英国进口、含量为微克量级的^{252}Cf中子源进行化学分离，通过电镀制成金属底衬的^{252}Cf源，然后用自转移技术从电镀源中制备薄膜底衬的^{252}Cf裂变源，用以开展^{252}Cf自发裂变特性研究，并在原子能研究所副所长汪德熙的支持下，成功制备出以铂金和不锈钢为底衬的^{252}Cf电镀源。黄胜年所在的研究组用自转移的方法制成了薄膜底衬裂变源，并在随后近20年的时间里利用这种^{252}Cf裂变源完成了一大批有重要学术意义的研究课题。在^{252}Cf自发裂变特性研究方面取得了多项研究成果：①在^{252}Cf自发二分裂变高碎片总动能区间（TKE=200MeV～216MeV）的质量分布上观察到了碎片壳效应存在的结构；②在研究^{252}Cf自发冷裂变的实验测量中观察了从零激发能到高激发能下的碎片通过γ光子和中子发射的退激演变过程，在无中子发射的冷裂变中，γ光子的总能量和总数目随碎片总激发能增加而增加；但当碎片激发能高到能发射中子后，γ光子的总能量和总数目不再随碎片总激发能的增加而发生显著变化，但裂变中子多重性随裂变总激发能增加而增加；③在研究^{252}Cf自发三分裂的动能分布中，不仅以高的精度观测到了氚伴随裂变与α伴随裂变的显著差异，还细致地观测了^{252}Cf裂

变的中子和 γ 光子发射与轻带电粒子（α 和氚粒子）能量间的关联对氚伴随裂变观测到的数据，包括氚伴随裂变的中子发射概率分布，至今仍是国内和国外独有的。部分论文用中文发表后，由于它的学术价值，立即被用英文出版的中国物理（Chinese Physics）选载并被国际权威检索机构 SCI 和 EI 收录，受到了外国核裂变研究者的关注。黄胜年在国际原子能机构顾问委员会、国际核数据大会和纪念裂变发现五十周年大会上报告了部分结果，得到了国际同行的好评。此外，黄胜年还在快中子截面、快中子能谱、探测技术、光中子反应、裂变产额和裂变势垒高度等方面做过研究，也取得了较好结果。

改革开放以后，我国的核科学开始了与先进国家的交往。黄胜年作为我国核数据的元老，而且俄语和英语都比较好，因此在一些交往中就请他出马，他曾多次率团参加国际核数据大会和被邀参加国际原子能机构（IAEA）的专家咨询会，例如 1982 年 9 月的比利时安特卫普国际核数据大会和随后在英国剑桥召开的"中子发现五十周年国际学术大会"；1985 年 5 月的美国新墨西哥圣塔菲国际核数大会；1988 年 5 月和 6 月的日本水户国际核数据大会和国际原子能机构的专家咨询会，以及后来1990 年在奥地利维也纳召开的国际原子能机构的专家咨询会等。会后参观访问了会议所在国和邻近国家的著名核实验室，如英国的 AERE 实验室，荷兰格罗宁根 KVI 研究所、美国洛斯阿拉莫斯国家实验室、斯坦福大学 SLACK 实验室、加州大学贝克莱分校 LBL 实验室、日本理化学研究所、匈牙利德布累森的科苏斯大学等。

他对中国核数据和相关人员的国际交流起了开创性的作用。在北京串列加速器立项和建造过程中，他极力支持立项，因为该加速器能提供聚变研究必需的 7～13MeV 空白能段的中子，在中子核数据测量方面有其独有的、不可替代的作用；在建造过程中，他作为串列加速器中子物理和裂变物理实验管道方面的负责人，不仅提出了一些新的物理课题，还在设备建造时，做了大量的组织协调和方案论证工作，使得在他管辖下建造的设备既实用又省钱，在以后的研究工作中发挥了预期的作用。

在 20 世纪 80 年代中期到 90 年代初期，黄胜年在关注科学研究的同时，将工作重心逐步转移到教育方面。他在《"五四"运动八十周年》一文中谈道："教育实在太重要了，对于人类文明来说，教育是头等大事。没有教育，人类就不能进步；没有教育，社会就不能发展。"他身体力行，非常重视对年轻人的培养和教育。20世纪80年代，黄胜年曾亲自指导过六位研究生，当他因脑出血中风瘫痪以后，不再在第一线从事科研工作的时候，他认为自己不能言传身教，就决定不带研究生了。他对他的学生是认真负责的，不仅教授他们科学知识和研究方法，而且还在思想品德和生活等方面给予关心。为了增加对研究生的接触和了解，他拖着带病的身体，坐公交车远行数十公里到北大去给研究生讲课。有时当天赶不回来，他就住宿在附近的小旅店里，第二天再回来。他的这6个学生全都出国深造，其中两个学成回国，一位目前在原子能院任副院长，另一位在四川大学任教授。由于黄胜年在青少年时代受益于良好的教育和优秀导师的指点，当需要时就欣然接受核工业研究生部副主任的聘任，把自己的知识和对教育的热忱献给我国高级人才的培养。在研究生部组建之初，他作为主管教学的副主任，参与领导了该部的筹建，完成了研究生课程设计和教师的聘任并亲自讲授中子物理和实验方法等课程；随后又在加强师资队伍建设、探索教学规律和改善办学条件等方面做了大量工作，取得了可喜的成果。从1986年到1994年的9年中，研究生部已培养400多名研究生和近千名核科技、核电建设人才。这当中渗透着黄胜年的心血。他在核工业研究生教育、管理方面做出了重要贡献。

在研究生部工作期间，1990年冬季黄胜年在接电话时，突发脑溢血，使他多病的身体雪上加霜，导致他右半身严重残疾。但他是一个不甘无所事事、虚度年华的人，他总希望做一些对国家、对社会有益的事。为了能对当代年轻人有所教益，他身体稍有所康复时，就练习用左手写字，使用电脑，在他年逾古稀时完成了《黄胜年诗文集》的写作、编辑和出版。

黄胜年认为，"科学界最重要的好传统，就是学术和道德的统一。善良、正直、谦逊、实事求是、永远进取与创新、热忱帮助年青一代、热爱祖国、关心人类的前途等，这些就是一个优秀科学工作者的品质……

我国历代的学者大都也具有高尚的品德，从来是讲究道德与文章（这里文章指学问或学术造诣）并重，而且道德先于文章的"。他是以此作为践行目标的科学、教育工作者，不仅科研教学成绩显著，同时还是核工业部的劳动模范，核工业部在京地区的优秀党员。他身上体现了很多为人尊重的高贵品质：

（1）对国防科技事业具有很强的责任心和使命感。他为能承担国防任务而感到荣幸，在完成金属铀块的本底中子测量任务后感到无比自豪、不虚此生。

（2）具有与困难作斗争的顽强意志和毅力。他从青年时起就与病魔作斗争，工作后，又患上了强直性脊柱炎。他在科研、教学和工作中所取得的累累硕果都是他与困难、与病魔斗争中取得的，也是他顽强意志和毅力真实而生动的体现。

（3）勤奋好学。良好的家庭和学校教育，使他深知勤奋的重要性。他在学生时代就养成了勤奋好学的习惯，参加工作后更是孜孜不倦地学习，如饥似渴地攫取知识，他早已把勤奋好学当作人生的最大乐趣。

（4）科研作风严谨。这已贯穿在他的一切科研活动中：实验准备的一丝不苟，实验现象分析的缜密和对可疑点的追根问底，数据处理的准确无误，结论的恰如其分。论文写作的反复推敲和精益求精的修改……与他一起共事过的人都对此深有体会。

（5）勤俭节约和艰苦奋斗精神。黄胜年不仅主张科研要有所发现、有所创新，而且还主张勤俭节约，充分挖掘已有仪器设备的潜力。

黄胜年的一生，是历经坎坷的一生。他幼年逃难，少年得志，但好景不长，青壮年就病魔缠身，晚年更是半身不遂、严重残疾。但他的一生，是无愧时间、无愧生命、无愧家庭、无愧学校、无愧工作单位、无愧祖国和人民的一生。他一生中不仅留下了为核工程研究辛勤测量的一个个精确可靠的数据，为裂变研究开创的有探索意义的课题，为核物理学留下的数十篇高质量的论文，为核科学培养的数以百计的高级人才，以及在大学时为《进步青年》留下的处女作，和在晚年时用意志和心血编写成的《泥湿步留痕》、《读诗偶记》和《未湮没的径迹》（见《黄胜年诗文集》，原子能出版社，2007）；更为重要的是，这位诗人院士还为后人留下了极其宝贵的精神财富。

在纪念黄胜年先生逝世一周年的时候，我们想，除了学习他用文字保存的科学论文和诗文外，还应该学习他那种心系祖国、勤奋好学、强烈的责任心和使命感、严谨的科研作风、勤俭节约和艰苦奋斗精神，特别是与病魔作斗争、身残志不残、带病坚持工作的顽强意志和毅力。

黄胜年在悼念丁负吾同志的时候曾写道："绝症缠身三十年，沧桑历尽赤心坚。阖家正气追贤圣，遗志长留同道间。"将这首诗的绝症改为病魔、三十改为五十，来纪念他逝世一周年也是非常恰当的。

原载《物理》第 39 卷 4 期 P.281 2010

（何泽慧　张焕乔　唐洪庆）

第二节　亲情拾遗

1952 年，出于对物理的爱好，我进入东北人民大学（现吉林大学）物理系，叩开了广袤无垠、浩瀚如海、引人入胜的物理学大门。1955 年，我又被选拔转学到北京大学技术物理系学习核物理，次年毕业后，分配到中国原子能研究所工作，就此进入了原子核这个大观园中。我是幸运的，那天，原子能所接待我们这批新人的是黄胜年。当时谁也没有会预计到，日后他竟成了我整个工作和生活中的同事，而且日后竟成为风雨同舟、相濡以沫、白头偕老的生活了近五十年的夫妻。

早期工作

我们是在国家决定要搞原子能的时候进入核物理这一领域，当时由著名的核物理学家钱三强主持。原子能应用的基础是核裂变物理，而黄胜年在来原子能所工作之前，在前苏联只参加过超声波和气泡室的研究。1956 年是他代表当时的物理所接待我们这批从北大技术物理系出来的学生。这样，我和王豫生还有杨惠峰连同黄胜年一起，就在钱三强先生的领导下开始了从事核裂变物理的研究。

当时搞核物理研究工作完全是白手起家,正如钱三强先生所说,"总的情况就如要吃馒头,就得从种麦子开始"。

核裂变物理怎么搞,我们3个学生可以说是一无所知。黄胜年也是在回国后才接触核物理这一领域。当时他只知道钱三强和何泽慧二位先生用核乳胶发现了重原子核的三分裂和四分裂现象。黄胜年比我们几个人总还是懂得多一些,就理所当然成为这个组的组长,便带着我们三个人一边分头进行调研、作调研报告,一边作些实验准备。一切都是从头开始。

调研:包括看文献,作翻译,作报告。一开始是翻译出前苏联的《原子能》杂志上的文章,发表在中国的《原子能》杂志上。后来还分头翻译过一本近500页《原子核裂变》(Vandenbosch,Huizenga著)。通过调研,大家就在这一领域打下有关核裂变物理的基础知识。作报告的好处是,一方面提高专业知识,另一方面也提高外语能力。黄胜年爱看书,看书快,他的外语好,再有表达能力强,所以他的报告很受大家的欢迎和接受。

黄胜年十分关注有关学科中的新信息,一看到有关新物理现象的文章出来,他和何泽慧先生就把资料分配到组里的每个人,要求大家看完以后把学到的知识,给大家作报告。相互交流,集体讨论,在现有条件下,实现探索这些新物理现象的可能性。如同位素稳定岛刚出现时大家都有兴趣,作为一个新课题很是议论过一番。当裂变径迹探测器刚一出现,就更是抓住不放,让郭世伦等做起来。这项研究后来在各个方面,特别在核爆炸现场测试中得到广泛的应用。这算是一项抓得早,抓得准,很见成效的研究工作。

黄胜年很关注学科中的新动向。就在大病初愈的1992年,当时由60个碳原子组成的分子"^{60}C球",人称为"巴基球"刚刚公布出来,他还有兴趣在调研后去研究生部作报告,希望能引起大家的注意,这也是他最后一次在公众场合给大家作报告。

工作总结:也是提高工作能力的重要一环。每做完一个工作、写个总结、作工作报告、写成论文、经审核后送到专业期刊上去发表，这是对一个科技人员培养的有效方法。我们在大学时因急于学习专业课，就缺少写论文这一重要环节。这些事情黄胜年都给以恰当的帮助。

我开始做的工作是研究裂变碎片的质量和动能分布。为此，首先是做一个用作记录裂变碎片的电离室。需要说明的是，这个裂变电离室还是我们国家的第一个，后来中国科技大学还到我们这里来取过经。做这个电离室，包括设计加工，为电离室用的抽真空系统，记裂变事件用的铀样品，记录电脉冲用的稳压电源，放大器，脉冲记录分析器等诸多环节，都是我自己动手完成的。开始做电源时，是在线路板上焊接，我焊得又慢又粗糙，而黄胜年上来后焊两下就做得又快又细，不由得我不跟他学习。

当我们在中关村工作的时候，他住在和平里，他为筹建二部（现在的原子能研究院）的工作。大概每个礼拜都要从住地和平里到坨里的新建厂址一次，这不只是为我们组内、我们室内的事，还有诸如研究院内图书搬运的苦事，他都是在所不辞。在12月天气最冷的时候搬运图书，他坐在大卡车车箱放书的上面，因天气太冷下车后就不能动了，接连好几天，只能躺在床上，吃饭都是别人送去的。但只过了几天，稍为好一点就又去搬了。这样来回几次，就引发了他的强直性脊柱炎。随着病情的进展，使得他后来有一段时间，在医生的建议下穿上了钢制背心。为适应佩戴"钢背心"，开始，他骑自行车只能走很短一段路程，然后每天增加一点，直到最后适应下来。到1978年在庐山开全国核物理大会时，他的强直性脊柱炎又严重了，不得不送到当地的医院去进行医治，在这里接治他的大夫在弄清他的病情后说：如果长期这样佩戴下去很有可能会造成脊柱对"钢背心"的依赖性，而影响关节本身的康复。自此以后他就遵医嘱不再用"钢背心"了。而这一段时期穿戴"钢背心"，对他以后病情没有太继续发展下去可能还是有点用。

在1957年反应堆基建完成后，我们这个研究组就由中关村来到现在的原子能院。开始准备在反应堆上进行测量裂变中子的实验。实验中使用4π型的三氟化硼正比计数管装置记录中子，裂变电离室放在计数系统的中心记录裂变碎片。这个方案是根据裂变碎片和中子的发射机制，再参照当时所能看到的资料确定下来的。中子束就来自反应堆水平孔道。而如何利用反应堆中子，在当时我们是一点经验都没有，只能是摸索着做。我们用了大概一年多一些时间准备，赶上反应堆启动后，就开始做实验。并在反应堆上得到我国第一个实验核数据。由于没有经验，在剂量上也是出过一些问题，其中最重要的一次是实验场地的钚沾污。原因是用来产生裂变中子源用的钚样品盒密封不好，造成遗漏。由于这次事故造成的影响不小，除开去污的大量工作外，黄胜年的两大书架从前苏联带回的书，都在这次事故中被处理掉了。

说件小事，有一次为把一个约 0.8 立方米的铁准直器从反应堆西门的马路边运送到大厅时，黄胜年开着电瓶车，从马路上开到大约一米来高斜度近 30 度的厂房西门口，电瓶车突然滑了下来，把在旁边的人都吓了一大跳，幸亏没有伤着人，只把准直器重重地摔在地上。要知道，在这以前他还没有开过这种运输车。年轻时候的黄胜年就是有那么一股劲儿，坐上就开，胆子是够大的。

由于没有经验，一开始实验时问题是很多的。如计数管一接上高压就出现漏电的乱脉冲；中子记录系统的效率如何刻度，等等。对效率刻度，最先想到的是用天然铀的自发裂变中子数，后来自己制作光中子源，其他 Ra-Be，Po-Be 中子源都是以后的事。记得黄胜年曾用过一个铍盒子，中间放 ^{210}Po，做成一个中子源，也作过刻度。当然更多，更准确的中子源刻度，是叶春堂他们后来做的，再以后就转到计量站作中子源强度的国家标准。可以说中子源强度测量，也是从我们这个组开始的。

总的说来，当时中子物理研究室的其他课题组都是有人在前苏联联合所实习过的基础，而我们这个组是在没有任何的经验，在当时社会政治活动很多的情况下，做出了第一个有意义的实验成果"铀 238、钚 239 裂变中子数目的测量"。黄胜年作为这个课题组的负责人，是起着关键的作用。1958 年，我们国家邮政部门为了庆祝中国第一个反应堆建成，在《人民日报》发行过一张反应堆的邮票（见本书封底），而这张邮票上就有我们小组四个人在上边。这有着偶然因素，却成了我们工作的一个记载。

后来在一起开展裂变物理工作的又有肖振喜和张应应用核乳胶和云雾室作裂变中子能谱，低能部分的测量，后因为要肖振喜去中国科技大学做教学工作，就让我去负责这个中子能谱的测量工作。在实验数据处理后，发现在2兆电子伏能区，中子能谱与理论分布有一个明显的偏离。这引起了何先生的注意，于是请来理论组的人做分析，并发表了文章。这就是说我们组在为完成上级布置核数据的任务中还力求能有所创新、发明。当时的中心思路，首先是尽力完成上边交下来的任务，和自己想到的与核工程有关核数据测量，同时也不放过可能的发明创新机会。这就是体现何泽慧先生所说"立足常规，着眼新奇"。同时，我们组还还力图着眼大局，支持和保证当时发展核事业的需要。有一次，一个兄弟单位要高压电源，黄胜年马上同意调出我们正在测试中使用着的一台，予以支持。

我们除用电子学电脉冲的方法来记录裂变碎片和中子外，还用过核乳胶。所谓核乳胶，就是在乳胶中加入硼或铀来记录裂变中子和裂变碎片。当时二室有一个组承担核乳胶的制作。我们用核乳胶在中子照射后产生的裂变或中子径迹来进行测量分析，得出相关的结果。在用核乳胶作裂变碎片角分布时，发现了在角分布上的异常现象。此项工作是新中国成立以来第一个送到国际核物理会议上去的文章。我们还用现成的测量角分布的乳胶片，测定了天然铀核产生三分裂的概率，验证了钱三强、何泽慧先生早期的工作。这体现了我们当时实验的思路"少用钱，多做事"，即利用现有条件，力争能得到更多的物理结果。

黄胜年用液体闪烁探测器做裂变中子数目分布的工作，我没有参加。关于这项工作可参照陈进贵和丁声跃的有关说明。大的液体闪烁体器比一般常用的固体闪烁探测器更有它的难度。闪烁球体直径约60厘米，效率高达60%。为减少中子本底，周围用铅屏蔽。其方法也是中子与裂变碎片重合，记录下每次裂变事件中瞬发射中子脉冲数目。再由探测器效率计算出每次裂变所发射出的中子数目分布。这个计算是很费事的。而且在当时还没有电子计算机，所有这些数据的处理和计算都是用一台手摇计算机来完成的。黄胜年说过，在作这些计算的日子里，眼睛一闭，在面前出现的就是计算机的键盘。用这套装置他们测量了铀238、钚240的自发裂变的中子数目分布。

1988年黄胜年在成都核数据会议上作过一个题为"核物理实验中的优质问题的探讨",这份材料我还没有找到,只是在他抽屉里看到不全的底稿,我曾听到在反应堆上工作的王永清在听过这个报告后,很感慨地说这个报告讲得真好,所以给我很深的印象。

张焕乔从联合所实习回来以后,也在我们组内,他做总截面、裂变截面、小立体角测 α 源强度等研究工作。黄胜年也参加过一些测截面的工作,我记不太清。

裂变产额最早是我和化学家郭景儒合作测量裂变事件中 ^{99}Mo 的产额。用裂变室、薄厚样品背对背,用反应堆5号孔道上的中子束照射,裂变室测薄样品的裂变事件数,照射后的厚样品则用化学方法定出裂变产额。这个数据一直用在以后的核工程的测试中。后来李泽等单独成立一个组,测出大量可用裂变产额数据,测量方法上也有改进。

为便于裂变物理组工作的对外交流,黄胜年在20世纪80年代曾四次出席国际上的有关会议并作了相关的报告。他的报告都受到国际上的肯定。

我们组在这个阶段所做的这些打基础的工作,后来都得到发展和扩大。如 4π 型的长中子探测系统、^{99}Mo 裂变产额测定、裂变电离室、载铀核乳胶、固体径迹探测器都用在以后的核物理实验和核测试中,成了基本的核测试工具。我们这个组从最初的4人,后来人员增加很多,现在记得的有梁祺昌、张培恕、陈进贵、李泽、郭世伦、刘宝星、韩洪银、周书华等以及转业军人刘世宗、刘文宪等,到文化大革命时最多时可能有20多人。以后又分成几个组,黄胜年则由裂变物理课题,扩大到有关中子物理的工作。

在这段时节间,有关单位到我组来实习的人也不少,如核工程院等多个单位都曾先后派人到我们组实习使用长中子计数管,裂变电离室等实测技术和实验方法。回去后都派上用场,核工程院的姚继虞,就是当时派来实习的,至今他每到北京都要来看看黄胜年,谈谈情况。来实习的人员中还有王锐、姚玉兰等。

黄胜年在工作中除有较强的使命感和责任感外，还对参加实验有着浓厚兴趣。我不止一次地听到他说"一拿起电烙铁，就高兴"。他对工作，倒也不是那么痴迷，是拿得起来，放得下的。记得有那么一段时间他和陆挺等人在周末玩扑克，一玩就是一通宵。他生重病后，有好些同志来征求他的意见，希望他能继续参加一些力所能及工作，诸如指导研究生的工作等。他总是说"后事自有后来人"。为的是让后来工作的同志放开手足。再有，做事严格是他工作的又一个特点，我们刚刚参加工作时赶上大跃进，做事总求快，多有不到位之处，他不好明说，总在暗暗地帮你。有一次地震时要搭建抗震棚，砌砖到拐角处，他就用一张报纸叠成直角放砖，让旁边看的人都好笑，觉得这是种书生气。这昭显的是一种书生的谐趣。

黄胜年平时很少题词，生病以后，在首日封上有过反映他信念"求真务实"的签名。

2004年黄胜年签名的首日封

再说一点我觉得黄胜年是一个毅力不凡、意志坚强的人，能经受曲折、工作认真的人。多少年来，他的强直性脊柱炎引发的全身疼痛，他都是强忍着，几乎每天都是靠吃止痛药后勉强骑车去上班，工作起来转移精力就忘记疼痛。再有他的勤劳，不大为人所知，他在生病后的十

黄胜年在80年代初学英语使用过的《英华大辞典》

多年中，多次有人要他题字，他都是以"勤"为核心着墨。他在80年代改革开放之初，为学英文，一本英汉字典，被他翻得很烂，说明他学习所下的工夫。

处在20世纪80年代左右的人普遍工资低，调工资的机会少，黄胜年当时是党支部委员。常参加调整工资的讨论，有一次，计划指标比应调人数少一个。黄胜年当然是在应提之中，他为了让这个同志能提上，就提出自己不提，而把名额让给了这个同志。最后黄胜年的调资名额是从院内的保留指标中给解决的。这事当时我不知道，后来是从当时一位在化学线工作的同志那里听到的，因那位同志自己没有提上，对黄胜年主动让位的调资情况而深受感动。

黄胜年由于受到良好的教育，有强烈的爱国心和事业感。在他的内心存在着一种潜在意识，有主动做些事情的愿望。对公益事情有一种自然就该去做的想法，如他在重病之后，每逢有要他参加的各种会议时，他都在事前认真准备发言。每有要求，总是尽量满足，并尽责尽力地去做好。他在生病以前担当的社会职务还是很多的，评审的事就不少。他总是尽量想法把事情做好。

全民超声波

1958年在"大跃进、人民公社、大炼钢铁"三大革命风暴的影响下，超声波运动也在其中乘势而起，特别在我们这个"四零一"（前原子能院的简称）地区，来势不小。当时主管物理、反应堆和加速器这一片的党委书记就竭力要在超声波的应用上搞出点名堂来。超声波是频率高于20 000赫兹的声波，它具有方向性好、穿透能力强、易于获得较集中的声能，它在水中传播距离远，可以用来测距、测速、清洗、焊接、碎石、杀菌等。但工业上要做出好的产品是一个问题，就是在今天也还没有得到非常广泛的应用，何况当时在我们这样一个研究所里边，要想去生产利用它，就更是不那么容易的。

黄胜年 1956 年从前苏联回国以后，在国内所开展的各项政治运动中，对这些频繁的没完没了的运动虽然他不是很理解，也总是认真地参加进去。诸如在反右派、反右倾的运动中都算得上是一个积极分子。加上群众关系不错，颇得当时各级领导的信任，例如当时的党委书记李毅同志就曾带黄胜年去出席在人民大会堂的庆祝大会，并让他在大会上发言。让他作裂变物理研究组题目的带头人，还担任党支部副书记（当时的书记是干部部长胡国春，因他事多，室里许多党支部的工作都是黄胜年在管），同时他还是物理反应堆加速器这一片党委会的党委委员。

在党委书记荆新苛领导下开党委会讨论要发动群众大搞超声波的应用时，黄胜年发表了一些他自己的看法，本来，在党委会上嘛，应该是可以畅所欲言，怎么说都是可以的（会上的具体情况我不清楚，也没有听黄胜年讲过）。然而就在此后，黄胜年就这因这件事被免除党委委员和党支部副书记的职务。当时也没有在群众中公布。我是偶然知道这个事的，那是因为有一天我要去零功率反应堆上做什么事。照例，去那里需要领导签字后才能进去，黄胜年作为党支部副书记是可以签这个字的。而且他的群众关系好，别人都愿意去找他。但在当我要求签字时，却被代替胡国春做支部书记的王庭夫告诉我："以后不要找黄胜年签字了。"从这里才知道黄胜年已不再是党委会的委员和党支部副书记了。后来是超声波运动也实在是搞不下去，对黄胜年的处理也就是只让他靠边站，没有作为批判的对象。记得当时黄胜年说过一句话："我是学超声波的，最后倒在超声波下。"

在这以后的一段时间他就没有再做什么党政的领导工作，只是全身心地投入到科研业务中，当然在当时每周的生活检讨会总是要参加的。记得在当时例行的生活检讨会上，就是开展批评与自我批评，每人都要把自己的缺点说一遍。黄胜年也是这么做的，但就有这么一次，他提出："我们也不能只说缺点，让大家都垂头丧气的，也应该说一点优点吧。"

这以后不久，就把这种形式主义的生活会就被取消了，这也算是一种不小的革新吧。当然和总的形势还是有关的。

教育是大事

黄胜年从他自己的成长过程中，从他的人生理念中，深刻地感到教育是关系到一个国家兴旺发达的大事，这可以从他许多类似的叙述中可以看到：

"教育太重要了，对于人类文明来说，教育是头等大事，没有教育，人类就不能进步，没有教育社会就不会发展。"

基于这种认识，当1982年国家提出为人才培养而开办研究生教育时，他就欣然接受了带研究生的事情。1986年当汪德熙先生要求他去研究生部工作后，他就很快投入到这一任务中去。1982年在他名义下招收的研究生有跃钢和敬克兴两人。按照计划，研究生学习的第一年是上基础课，第二年做课题研究，然后是写毕业论文。在当时我院还不具备给研究生上课的条件，学生来后只能借住在北大。作为研究生的导师，也就只能到北大去给他们上课，黄胜年负责讲中子物理，每周两次。由于当时的交通还不很方便，黄胜年就得每个星期两次早起赶班车去中关村北大上课，晚上坐班车回家。有时赶不上回来的班车就得在附近找个小店住一夜，第二天早上再回来上班。在当时他已经患有严重的强直性脊柱炎，这种来回跑是有一定难度的，为了教育他坚持下来了，而且从未迟到早退过一次。

他的学生跃钢回忆说：

"我还清楚地记得，每次大家赶着点儿，走进中子物理课的教室，黄老师就已经坐在那里等候了。他身材瘦小，还明显驼背，手里提着一个在那个时候也显老旧的双提袢，长方形的提兜，里面放着他的授课讲义。他看起来并没有脑海中科学家的"范儿"，但一讲起课来，他思路的条理，口齿的清晰，表述的精准便立刻把学生吸引住了。那时候我们对从远在南郊的所里赶到北大的辛苦并没有太多切身的体会，只感觉这几位来自"401"的老师都十分的认真和守时。黄老师显得尤其突出。他授课不急不徐，节奏把握得十分到位。听课的学生都感到非常舒服。每次课后学生们都会围在老师身旁提很多问题。有些问题是和课业有关的，但也有许多问题仅仅是为了了解所里的情况。因为那个时候我们来到所里不久就被送到北大修课，对于未来大家回所以后的生活和工作环境都好奇心十足。不论是什么样的问题，黄老师总能耐心予以解答。我们当时没有意识到，正是这些无穷无尽的问题经常延误了老师们赶车回所的时机，给老师们造成了许多不便甚至是劳苦。

那个期间我对黄老师的治学态度深有敬佩。我们都知道几位授课老师在所里乃至中国核物理界都享有很高的声誉。在课后的提问中，因为大家理解角度不同，有些问题确有把老师们问住的时候。每逢这种情况发生，黄老师总会老实坦率地表示，这个问题我现在回答不了，我会在下次上课时争取给大家一个满意的答复。

而结果无一例外，的确如此。"

1986年以后考虑到研究生教育的需要，汪德熙院士提出在中国原子能研究院内开办核工业研究生部培养研究生，地点就定在原子能院生活区内新区、老区之间原地质部建的两栋简陋房子内。当时汪老找到黄胜年说："你到研究生部来工作吧。"黄胜年听后表示："让我再考虑一下，好吗？"汪老就说："教育的大事，你还考虑什么？"这就决定黄胜年要从科研工作中把部分精力转入到研究生部的管理工作上去。

要办研究生部，当时除开原地质部两座房子外，一切都是从头做起。筹建这些具体事情都是黄胜年和汪老商定后，由黄胜年去实施。首先就是要把办事机构和教师队伍组建好，才谈得上招生上课之事。

对教师队伍的调配，由于他多年从事原子能院《原子能科学技术》的编审，还有多年院科技委主任的工作的经验，对院内科研项目的人员情况有比较多的了解，诸如核物理、核化学化工、反应堆工程、辐射防护等。这就对各科教师的聘任起了作用，把一些在各学科建树高的人员聘请来讲课。诸如聘请华大平教数学，包宗渝担任中子物理，而他自己则讲核物理实验方法。

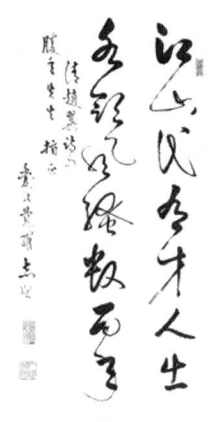

爱新觉罗题词

在研究生部筹备初期，黄胜年的主要工作还是在北区研究室参加课题组的科学研究工作。直到在研究生部正式给学生开课后，他的办公室才逐步移到研究生部的那个独自一人的副主任办公室。在寒暑假学生放假时，他仍回到北区的研究室，尽可能地多参加实验研究工作。

在研究生部的工作中，他注重让学生能得到全面的发展，了解当时各学科发展的新情况，以提高学生广泛的兴趣，他请各方面前沿的科学家和社会贤达来给学生作报告。如请到核理论物理的权威专家彭桓武、北航著名教授渠川璐作学术报告，还请到清朝和硕豫亲王多铎十世孙子爱新觉罗志昭作书法讲座。为此爱新觉罗还赐字送给黄胜年。面对这样的提词，黄胜年的反应是担当不起。

由于他对教育重要性的认识。大凡有利于教育的事，他都乐意去做。如当国家决定举办希望工程，号召资助贫困地区学生，用来解决上学困难的时候；他捐助了自己并不多的收入，资助了几个湖南乡下的学生上学；如有学生来信询问招生情况，他都会一一作答。他还尽力捐赠国家希望工程，我家在农村，在当时农村生活很艰苦。我大哥有两个孙子具有读书的天赋，但送孩子上高等学校有很大的困难。在种情况下，我们就帮助两个孩子完成大专的学习。其中大的一个叫叶伟，他在专科毕业之后，还完成了成人大学本科的学习。他参加工作以后，工作很好，深受领导和同志的赞赏。在一次出差中，在设备的安装工作完成后，他作为组长，对工程质量不完全放心，又单独一人再去复查一遍，不料该厂管理紊乱，安全生产意识太差，竟有人在无任何通知情况下，明明知道该设备正在检修，尚未正式验收，却将该设备的送电开关合上了，叶伟毫不知情，刚接触设备就被电击，不幸遇难身亡，令亲人闻讯后都悲痛欲绝。另一个侄孙叶海，学习也不错，考入大学专科，学制三年。对叶伟的学习我们作了部分资助，而叶海三年的大学专科学业都是在我们资助下完成的。

黄胜年对研究生的培养

黄胜年因切身深受到教育带来的好处,而对教育工作的情有独钟。在80年代初国家恢复研究生制度后,他就很乐于将自己的一部分时间投入到这项工作中去。前面提到,1982年,核工业研究生部还没有建立,而研究生前期教育还是在北大的时候,他就开始到北大去给研究生上"中子物理"和"实验方法"两门课。而"中子物理"的任教,一直到他因脑溢血不能上课为止。

在60年代他曾帮助何泽慧先生带过研究生许谨诚。因文化大革命中断的研究生制度到80年代初恢复,此时他可以自己招研究生了,就在他名下招过的研究生有跃钢、敬克兴、柳卫平、陈景华、隋庆常、袁遐林等6人,直到1990年因生病而停止。对于作研究生导师、带学生的体会,他写过一篇《作研究生导师的体会》的文章,发表在1990年的《核工业高教研究》杂志上。

1986年初他开始协同汪德熙先生创办核工业研究生部。研究生部的工作是一切从头做起,困难很多。因认为教学工作是一个国家培养人才的基础,他也就很执意把它做好。与此同时,他还兼任核物理所的科技委主任,也还参加一些科研课题组的工作。这就造成负担过重,加上他认真负责的作风,终于积劳成疾,严重透支身体健康,最后导致严重脑溢血,身体右侧完全瘫痪,最后不得不离开他热爱的工作岗位。尽管这样,在他瘫痪以后,他还是尽可能做一些与教育有益的事。每当参加研究生部学生的开学或结业的典礼,他都要讲讲他自己的一些求学经历,来鼓励大家求学向上,激励学生们学成之后报效祖国。

他带研究生的做法是将学生交给一个课题组去参加实际工作,在实践中经受锻炼。研究题目是根据所在组的工作和条件拟定的,其中调研和课题讨论是学习的主要部分,而论文的撰写则是研究生学习的重要一环。论文的写作,是以实践为基础的。研究生写的论文他都是要反复修改,认为没有问题后再提交研究生答辩委员会进行论文答辩。

除开科研工作外,对研究生某些个人爱好,能帮上忙的地方他都尽量去做。例如他在一个偶然场合发现"大弟子"跃钢填写的诗词韵律有些问题,便主动找到跃钢提出自己的看法,并建议做进一步的讨论。

父母情怀

黄胜年在1950年北上进入清华大学读书以后就很少回家了。1952年去前苏联学习前,按说是可以先南下回家看看的。大概由于当时的时势,再加上离家时间还不算太长,就直接北上去前苏联求学,而没有南下回家。1956年,他在结业随实习团回国以后,按理讲他也是应该回家看望他父母的,但他也没有回去,只到济南去看过一下他的姐姐。

1964年我们结婚的前夕,他曾提出过要和我同去上海看望他父母和亲戚。当时因考虑到在结婚之前两人同去可能不太方便,他就一个人先回到上海,和父母商量我们的婚事。结婚后我和他一起也就只去过一次上海他的家。时间大概是在1972年年初,当林彪事件之后的第二年春天,我们从"五七干校"回到原工作岗位后,以接孩子的名义去了上海。当时他父母住在淮海中路704号二层楼上,有一间大约40平米的住房,在楼梯间上隔出一小间作为带厕所的厨房。到上海后,出于对大海的向往和我的无知,提出要去海边看看。上海实际上是在黄浦江边,离真正的大海边还是很远。为了满足我的愿望,他带着我到了黄浦江边,乘渡船到黄浦江的东岸。到那里一看,就只见一大片的农田,根本没有海的影子。这才意识大海是根本看不到的。

记得有那么一回事,对我的印象还是深刻的。轮渡过黄浦江上船之前照例是先买票,票价大约是

1972年叶宗垣和胜年母亲的照片

五角钱一张，当时渡船要上船的人很多，黄胜年顺手拿出一张的人民币大团结（十元一张的，当时都这么叫）买票，拿到票后扭头就往船上走，在快到上船时，售票员找到我们说："这是找给你们的零钱"，就把零钱退还给了我们。事后我常忆及此事，感慨当时的社会风气实在是好，再者我们两人也是够大意的。

1962 年胜年曾陪同他妈妈和姐姐，到过杭州。当时他的弟弟黄振年在浙江大学工作。这是他进清华大学以来，唯一的一次和姐、弟陪同母游玩，使得大家都玩得很高兴。

1962 年黄胜年（右1）和母亲姐弟及外甥在杭州

当时他即兴写过诗二首：见诗选《泥湿上步留痕》。

在 20 世纪 80 年代，我们国家实行对外改革开放，胜年的姐姐因是一个著名的妇产科医生，就被派去支援坦桑尼亚。她在那里工作做得很好，她说她做过一个切除几斤重的子宫肌瘤手术。在 1981 年，完成任务回国。胜年也利用少有的休假，会同弟弟请假回到上海，促成了全家少有的一次团聚。下图是他们相聚时的照片，照片背面（扫描在图右）是他父亲加的备注。

1981 年全家团聚时的照片，图右为他父亲照片背面写的的备注

备注为：1981年岁次辛酉，秋间太年自海外归，胜年得探亲假，相约振年共来欢聚，是二十年来又一次的天伦乐事，偶计余俩暨儿女总龄，巧值三佰，益增话趣，攝是帧以记盛。

中秋后一日圣时剑秋仝誌

就在1982年左右，彩色电视机刚刚面市不久，胜年为了他的父母能在有生之年看到这一新的科技发展成果。将我们家仅有的一点现金，寄去上海，请他弟弟去买一台彩电，供他父母能在有生之年能看到高科技产品，这也就是对父母的一点报答。

这以后不久，父亲病情逐渐加重，其间他也回去看望过，但总因工作不能久待，侍候父亲的重担就一直落在他弟弟身上。在1983年的一天，突然接到父亲病重的信息，我陪同他去北京火车站买票回家。他到家一看，室内已经没有父亲的影子。这时才被告知遗体已送殡仪馆。非常遗憾，他没有跟父亲见上最后一面。事后，他跟我谈起去买火车票时的一个小插曲：当我们在火车站买车票时，车站的票已经售完，而等着买票的人很多。碰巧有一个人要退票，这样要买票的人，都呼啦一下子围了上去，把买票人团团围住。这个拿票的人一看这阵势就逃走了，跑出约有一条街，回头一看，别人都已散去，而只有胜年却是一步不落紧紧跟在他身后。到最后，票就卖给了胜年。而他却试图善解人意，他说："这是因为人家看到我弯曲的身体，可怜我，才卖给我的。"

胜年的父母对于有这么一个儿子一直是引以为自豪的，对儿子不能待在自己身边，也是充分理解的。但总有一个遗憾，那就是胜年的身体太差。他母亲常说："阿幸的身体太差！"作为儿子虽不能在身边伺候，书信的来往总也没有断过，胜年拿到工资后的第一件事就是给家里寄钱。他父母也总是挂念着儿子，总惦记儿子需要点什么东西。

1969年全国在林彪一号命令的驱使下，全国掀起大规模的知识分子下乡思想改造运动。我家就成为思想改造的对象，当时我们有一个儿子刚刚出生4个月，由我母亲带着。这样我一家4口连同锅碗瓢盆一锅端走。下乡以后和社员家同吃同住，当时农村的生活还是相当清苦的。在这种情况下，小孩的营养就成了大问题。为了能让孩子和老人的生活得好些，我们就把祖孙两人送到成都农村我的老家。也是为了第三代吧，远在上海胜年的父母就担负起给孙子寄奶粉和糖的事。这样做一直到1971年年底，我们从农村回到单位工作为止。70年代，因胜年严重的强直性脊椎炎带来的病痛，加上北京冬天天气很冷，他家还把他们自用的羽绒被，从上海寄来给黄胜年使用。

早在1968年胜年父母曾来北京，本想在儿子家住住，也看看北京。但当时正值文化大革命打、砸、抢的时期。不知怎的，刚刚把父母接到家，就有人来敲门，说是你们家来了国民党军官，大有要抄家之势。不得已只好在第二天就把他们送走。1985年在他父亲去世后，他母亲才来我家小住过几个月。他母亲没有到过北方，到我们家后，看到西边的大山很兴奋，说："我还没有见过这么高大的山。"

1991年在黄胜年患脑溢血的第二年春天，他母亲就在患中风后的第七天去世，因当时黄胜年还正在病中，而没有及时告诉他。事后他弟弟专程来京通报此事。这时他先是哭了一场。后来，他若有所思的说："我生病没有让我妈知道，她病逝也没让我知道，我们是'互骗'了。"

总的说来，黄胜年是把工作放在家庭之上的。面对家庭是尽可能地多做一点，但总有力不能及之处。他弟弟在大学毕业后，原分配在杭州浙江大学教学，为了照顾父母才调到上海医疗器械专科学校任校长的。他们的父母生病、送终都是由他弟弟来担当的，他们的家有他弟弟的全力维护，家的生活算是过得很幸福美满。而所有的亲戚也都对他家有这样的好儿女而倍加赞美。

光荣的"五七"战士

为实践毛泽东在文化大革命中有关"五七"指示的精神，在全国各地都掀起了知识分子到农村去的浪潮。从1964年到1973年的近十年时间，在原子能研究院前后有四批知识分子下到农村去，名为"思想改造的大运动"。其中黄胜年和我就赶上了下放中人数最多的两次。

1964年10月14日，大家多年为之期盼并为之奋斗的我国第一个原子弹爆炸了，消息传来后，大家都自动走出室外互相庆贺。就在这一年，在王光美社教试点的指导下，我们研究所也派来了一个社教试点小组，其中有徐乃欣、苏兴普等，到我们当时所在的中子物理研究室四组进行社教试点。其目标就是针对组长黄胜年。这个小组下来后就找积极分子谈话。这个过程大概有一个多月时间，就又来了一个知识分子到农村去运动。黄胜年和我就在这时到了河南信阳乡下，住在农民家中实行"三同"（同吃、同住、同劳动）。

我和张秀丽、麦秀莲等住在靠近信阳的陈湖，黄胜年和陈宝林等住在信阳的姚寨。这次下放要求是"三同"，配合当地派下来的干部搞"四清"。清理村干部的"四不清"问题。就是调查干部家庭的经济收支情况，具体到玩牌时的输赢都要查清，弄得那些干部非常紧张。在黄胜年所在的姚寨就有那么一个干部因为想不通，自戕死在和下放人员同住的床上，到第二天早上才被人发现。

1965年在信阳所在劳动小组合照，后排右1为黄胜年

在当时大家都是一心一意地来改造自己的思想。就在这时，黄胜年还深情地写了三首诗词，见诗选"泥湿步留痕"部分。从这些诗词中，不难看出黄胜年对待劳动下放的意志和决心。在这次下放的第二年，即1965年10月我们就回到北京原单位，继续工作。

第二次下放是在1969年11月到1972年，下放地先后为湖北潜江和钟祥。1969年在林彪第一号命令"把干部下放到农村去"下，干部下放到农村又一次成为一个下放的高潮。这次下放和上次不同的是：它已不是简单地到农村实行"三同"，而是连同户口彻底迁走，落户当地。所有下放的人都要带着全家老小锅碗瓢盆一锅端去落户，只有工资还暂时照发。而每个单位还有一个带队的人作为管理和与地方的联系人。

我和胜年还带着我母亲和一个刚刚四个月的小孩，这样和其他人相比麻烦就更多了一些。1969年11月14日，按规定这一天是北京来暖气的前一天。大概是为了减少下放人员的留恋，上级安排我们在这一天出发。我们全家四口随下放队伍乘专车从北京来到武汉，再乘坐轮船上行到潜江。住在一贫农家的堂屋内。房子不算小，但很破烂。当天晚上我们四人就睡在一个大木板上。后来又换了一家稍为好一些的堂屋，住在随队带去的上下铺床上。母亲带小孩子睡在下铺，我睡上铺，黄胜年则去隔壁和孙汉城同住在一个上下铺床上。而当时吃饭是在大队部有专人负责，每次吃饭都是要去大约十分钟路程的大队部打回来吃。

吃住是这样，更重要的还是要参加劳动，既定目标是要以自己生产来养活自己。每天都要出工劳动，没有休息日。我们所在的这个小队是种菜，当时年轻，我自己慢慢干活倒也不是大问题。苦的是黄胜年，他身体瘦弱，又有风湿病。那种弯腰咬牙切齿挑水的样子，实在让人目不忍睹。但那时的政治气氛是接受贫下中农再教育，要改造思想，再难也得坚持。大家都很同情他，有那么一次，我看不过去，上去帮他挑水到要浇的菜地上。黄胜年的身体也就是在这次劳动下放的过程中大大加重他的腰病的弯屈程度。

四个月大的小孩由我母亲照管，胜年和我则参加劳动。小孩吃的食品则是由胜年的弟弟从上海寄来的奶粉加点米汤。有一次为小孩的事，我和我母亲发生一点矛盾，我母亲一生气，就说要回成都去，气头上说走就走。这时黄胜年在旁边看不过去，赶紧去说服我母亲，把她追了回来。毕竟是因为生活条件太差，我母亲总说要走。不得已只好由我护送祖孙两人乘火车沿京广线转道陇海线到成都，再到达我的成都乡下老家。在回程中我由重庆乘轮船到宜昌，再坐汽车到潜江。这是我一生唯一一次有幸看到难忘的三峡风光。

在潜江一年以后，整个下放队伍转到湖北钟祥，在这里更像是安家，所有我们这些下放人员都吃住在一个小村子里，周围有"属于"我们下放队伍的田地和树木,带有家属的学员就住在用布帘隔着带有上下铺的小隔间内,而我和胜年则分别住在集体宿舍里。比较起来,在这里的生活相比之前的落户总算要好一些。

在这期间中国国内发生了两件大事:一是中美断交多年之后,1971年美国国务卿基辛格博士访华,"美国来求中国了"。二是"九·一三"事件,即林彪在1971年9月13日摔死在蒙古温都尔汗。干部下放是林副主席的第一号命令。政治环境决定了他成为负面人物后,其命令理当终止。1972年春节前我们全部下放人员就由落户的钟祥回到原来的科研单位工作了。

在整个的下放期间,黄胜年都是以积极的态度在劳动中改造思想,克服种种困难中走过来的。

1978年庐山之行

我们国家在1976年粉碎"四人帮"之后,各项工作逐渐走上正轨,科研工作也不例外。1978年召开的全国科学技术大会,被誉为科学春天的到来。对于我们国家的核物理这门学科,除了在北京的原子能所之外,在兰州和上海也有相应的专业研究机构。在这种情况下,兄弟单位之间开展学术交流,就显得很有必要了。1972年在兰州召开过一次全国核物理大会,1978年选定在江西庐山召开第二次会议。这次会议我和胜年都提交了学术报告。我的报告是:"^{238}U自发裂变衰变常数测量",黄胜年的报告是"^{252}Cf自发裂变时发射的轻带电粒子",这样就有幸一起去参加了这个会议。

庐山,位于江西鄱阳湖的北岸。大自然以它的神奇伟力,创造了神奇的庐山。于平地之间兀然拔立的块垒式山峰,形成了庐山叠嶂九层、崇岭万仞的赫赫气势,伴生出峰诡不穷、怪石不绝的刚阳之美。远看,庐山有如一山飞峙大江边;近看,千峰携手紧相连;横看,铁壁铜墙立湖岸;侧看,擎天一柱耸云间。正如宋代大文豪苏东坡诗云:"横看成岭侧成峰,远远高低各不同,不识庐山真面目,只缘身在此山中。"这样好的地方，当然是人人想去的。这次大会开会和住宿都是安排在庐山会议原址上，足见党中央对这次大会的重视！对于身体好的同志来说，这次来庐山既是开会，还是一个很好的旅游机会，可以抽时间，把景点都玩个遍。同去的胡仁宇就是每天早起一个小时，爬到山顶锻炼身体，观赏风景后，再回来吃早饭。

黄胜年也很喜欢和向往庐山这个地方的，但他是会议的主持人之一，总是以工作为重，没能太多把时间花在游玩上。在会议期间，按照安排，每天上、下午甚至晚上都有报告或者讨论，但总还给出些时间让大家出去游览。有一天会议安排休息，在我的要求下，我们俩人来到含鄱口，从山上往下观看鄱阳湖的奇观，这是我们两人第一次也是最后一次看到这种宏大的景观，深为有这么一次难得的机会而感到高兴。

1978年叶宗垣在庐山含鄱口

由于黄胜年知识面广，经他看过的东西，大都能很快记住，加上他是会议的组织者之一，善于和大家联系，经过这次会议他和许多平时接触不多的同志都有了进一步的交往。从中使他学到了更多的东西。

70年代也是黄胜年风湿病的发病期，就在庐山会议期间，在一次听完报告后他突发腰部巨痛而站不起来了。由于大家的关心，立刻找了一个板车，把他送到相关的医疗处进行治疗，其间约有二天的时间，疼痛有所缓解以后再回到正常的会议中来。就在这以前四年左右，在一个医生的建议下，为了防止驼背进一步发展，去定制一个钢背心。为穿近十斤重的钢背心，他吃了不少苦头，这次开会照样穿着。尽管这样，还是免不了病情再度复发。主治大夫见到黄胜年穿的钢制背心后，提出了他的看法：有了钢背心的支撑，人体的本身的功能就受到限制，不利于肌体自身的恢复。黄胜年听了以后，觉得有道理，此后就再没有穿过它，如今"钢背心"成为一件遗物了。事实上那时黄胜年的腰背已经从底椎到颈椎全部僵直，在以后的许多年，黄胜年都是靠吃止痛药来维持生活和工作。

类似的会议在这以后还举办过多次，1995年就在黄胜年已经病后的第六个年头还在北京开过一次国际核物理大会，当时他因生病活动不便而不能直接参加。为增进国际同行间的友情，他由我陪同并请周祖英来做翻译。使他得以会见了克罗地亚的米兰维奇，和匈牙利的契凯（J.Csikai）一行进行了很好的交谈并共进午餐。

1987年北戴河休假

随着改革开放的进展，在各个方面都有着明显的起色，人们的生活水平也有着较大的提高。对于我们这些科研事业单位的工作人员来说，其中一项福利待遇就是规定每年有两个礼拜的休假。1987年的春天我从瑞典工作回来后，身心有些疲惫，而那时胜年的身体状况亦还好，虽然工作忙，但为了陪我，他也决定和我一块儿休假。正好，原子能研究院在北戴河给职工建了一个疗养所。我便和胜年两人就在这年的夏天，第一次到北戴河度假，这也是我们最后一次共同度假。事实上，就在第二年，1988年年初，在没有任何先兆的情况下，单位突然宣布要我退休。

黄胜年在北戴河海滩边

1990年黄胜年患上重病，就再也谈不到一起疗养休假的事了。

北戴河因受海洋气侯的影响，夏无酷暑，冬无严寒，常年保持一级天气质量，没有污染，没有噪声，其环境优美气候宜人。特别是在夏天它是一个避暑的好去处。在这里常有国家领导人来度假，1985 年，黄胜年的老同学胡仁宇就在这里接受过中央领导的接见。我们能有这样一个机会来到这里，当然是一件很值得高兴的事。

我们住在离海滩很近的一个招待所的双人间内。北戴河海滩沙质比较好，坡度也比较平缓，是一个很优美的天然海水浴场。我们住处离海滩很近，但因胜年的身体不好，我们也都不会游泳，每天就只是在沙滩边上看看，照照相。早晨早早起来看红日。看到祖国有这么美好的地方。心旷神怡，心情十分舒畅。

在北戴河，我们除了在海滩附近的山上游玩以外，还去了离北戴河不远的山海关。在山海关城楼上，由于黄胜年对名人字迹的爱好，他对"天下第一关"这个长 5 米多，高 1.5 米的古今巨匾给予了特别的关注。

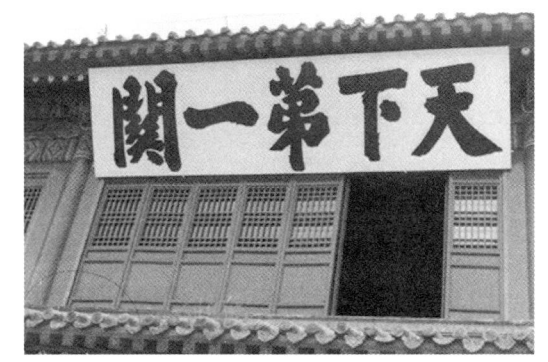

山海关上的巨匾

在天下第一关城楼上，可雄视四野。登上城楼二楼，可俯视山海关城全貌及关外的原野。向北望，遥见角山长城角的雄姿；在南边的大海也朦胧可以见到。东头的鹰角石是北戴河一大胜景。这是一座屹立于海边的孤峰，石骨嶙峋，陡峭如削，形如鹰立，故名鹰角石。在鹰角亭边，我们拍了一张在当时还是比较少有的、在一个景点沿三个方向合成的一张照片，这张照片很受我二哥一家的赞赏。

大凡到北戴河的游人，

黄胜年和叶宗垣在鹰角亭的三合一照

有几处名胜总是要走到的,其中就有孟姜女庙览胜。前来瞻仰孟姜女者众多,并为其忠贞节烈而感动。在孟姜女塑像前,胜年跟我讲起了孟姜女的故事:秦朝时,有一善良美丽的女子,名叫孟姜女。一天,她救下了一位躲避抓劳工的范喜良。这个范喜良知书达理,眉清目秀,后来两人经父母同意结为夫妻。但就在成婚那天,范喜良又被官府抓去修长城,孟姜女悲愤交加,决定去寻找丈夫。一路上经过风风雨雨,终于走到长城边。但经打听得知,范喜良已因劳累致死,而被埋在长城脚下。孟姜女闻后,悲痛欲绝,大哭三天三夜,感动了上苍,使得压埋范郎的那一段长城被哭倒了,孟姜女终于见到了丈夫。人们为了纪念这一位忠贞节烈的妇女,就在此建立了孟姜女塑像。

在北戴河的山林中游玩时,我们碰见一个剪纸艺人,他为我剪了一个人像剪纸,看上去还真的有点像。

总之,这可算是我们两人的一次蜜月之行,在这次旅行中,用我从瑞典回国后在出国人员供应处购买的一个较好照像机,拍了我俩有史以来最多的照片。

1988年成都龙泉驿之行

1988年全国核数据例会在成都召开。黄胜年从国家决定建立核数据库开始,他就热心于这一有重要意义的工作,并且是核数据委员会委员之一。另外他还做过一些核数据的编评工作,因此几乎所有的核数据会议都有他出席做报告并主持部分会议。

这一年他照例参加了在成都四川大学召开的核数据会议,并主持中子物理数据测试的报告和讨论。在这次会议上,他还做了一个关于实验工作中"优质"的报告,讲述在中子数目测量中选用探测效率高,响应时间短,本底小的液体闪烁探测系统。不用说他对会议是专注的,在会议期间他是忙碌的。对于黄胜年在核数据工作的作用,当时负责核数据研究室主任蔡敦九评价说"黄胜年和丁大钊同样在核数据的工作中起到了奠基的作用"。1995年病后的黄胜年还为核数据中心题词。

会议结束的前一天,照例是组织大家去旅游,这次是去峨眉山。峨眉山是几乎所有的人都向往去的地方。对于富有诗情画意的黄胜年来说,这也是一个来之不易的机会。然而他放弃这个难得的机会,选择了另一个去处,那就是我的故乡,成都东郊的龙泉驿。那里是我土生土长的地方,还有我母亲当时正住在那里。

开会的头上几天,胜年就和住在成都青羊宫的我二哥约定,要去离川大约25千米的龙泉驿乡下,他要去看看我打小成长的生活环境,当然更主要的是去看望我母亲,当时她已是84岁的老人了。

我家的房子面对青山,山上有我从小就向往的长东寺,从

1995年黄胜年在病后为核数据中心题词

1988年4月四川大学核数据会议照 前排中是黄胜年

1988年4月黄胜年在川大主持中子物理讨论

远处看去是一片茂盛的松树林。背靠成都平原，物产很丰富，是一个人杰地灵的好地方。胜年由我二哥陪同去龙泉驿时，由于当时农村的生活条件较差，只能在龙泉驿镇上打个点，算是吃午饭。

我母亲因为带外孙，多年住在北京，因此黄胜年在他工作以后和我母亲生活在一起的时间，比他和他自己的母亲生活在一起的时间要多得多，这样他们之间也就有了相当的默契和感情，他去看她也算是理所当然的事。

1964年下半年，我们俩人结婚时，我母亲还在老家。结婚后不久，因社教试点，我俩就下放到河南信阳劳动，当时农村正搞社教试点，我们一边劳动，也参加一点社教试点的事。我母亲在我们走后不久来到"401"（原子能院在当地的简称）我家的小屋子里。她来这里是可以帮人带小孩，当保姆，弄点积蓄。一年后我们结束了下放劳动回到了原工作单位，我母亲就和我们住在一起了。

我的老家原是一个大家庭，我的祖父是一个秀才，我伯父母无子女，因此我叫我伯母为"妈妈"。而叫我自己的母亲为"婶婶"，胜年也跟着叫"婶婶"，这倒是容易上口。

我母亲是一个农村妇女，不识字，与黄胜年的母亲完全是属于不同类型的人，但他对我母亲十分尊重，对她做的饭菜总说好吃。1969年我们有了个儿子，名叫黄海峰，小名松松，这个儿子一直由我母亲带着，几乎所有的事全由她管。就在这年的知识分子下放农村的运动中，由于黄胜年的关系，我们全家带户口一锅端到湖北潜江安家落户。刚到时因为黄胜年是一个改造对象，住的条件非常差，三个人睡在一个家庭困难，房子很破人家的堂屋中。就有那么一次我和我母亲因为带孩子的事产生一点口角，我母亲生气，丢下孩子就要回成都。当时我还未明白过来怎么回事，黄胜年就跑去给她说好话，把她追回来。而他这次借机会去到成都郊区去看望我的母亲，去看望我成长的地方，使我的母亲和我哥哥都很受感动。没想到他能放弃去峨眉山而到我们这个农村来，从这点上可以看出黄胜年具有良好的修养。他懂得对自己妻子的爱也应该包括对妻子家人的尊敬和爱戴。

黄胜年在乡下的短时间里，看到了我小时的乡村生活环境．而他自己儿时就以自己对乡村生活的向往，写过一篇《乡居消夏赋》，但写出了当时只是一个少年或在太仓城里，或偶赴城外，对乡间消夏的一种向往，还没有真实的体验。这次从成都回来后，他又以一个平民的报恩思想写了一篇与我有关的感受。

龙泉驿之行
1988 年 4 月

娄东少年未成名　　君住龙泉傍锦城
第三差似青溪女　　家在龙泉山下住
笃义新事史迹存　　英风犹拂青杠树

山前驿路宛龙长　　西接华阳东简阳
傍路清清塘无数　　年年塘上洗衣裳
寒家只有布衣裳　　荆钗不受金闺妒

黄大年加注：

其中，"驿"指古代邮局，其功能较现在邮局宽泛。"茑"(niao)，"茑义"指亲情关系。前六句写夫唱妇随，科学春天创佳绩，犹如英风伴巨树，有疾风知劲松之义。后六句写路遥知马力，和龙泉驿的功能暗合。此驿站是连接蜀地和沿海地区的重要驿站。末了点题：日久见人心，但不是重点。因此整首诗构思巧妙。

本来在这次会议上，我也有一个报告，但就在这一年，在没有任何先兆的情况下，单位强行让我退休。（就是因为这个退休，把我本应在第二年提升研究员的机会取消了，这影响了我整个退休期间应享受的生活和医疗待遇。）这时正巧在图书馆碰见在深圳大学工作的老同学老同事王豫生，她正要开展有关核测试的工作，用得着我这样一个有经验的人去帮她做点事。这样，我就在成都会议的前几天去了深圳，而没有和黄胜年同去成都参加这个核数据会议。

1990 年维也纳之行

1990 年在维也纳召开国际核数据咨询会议，黄胜年代表中国核数据中心出席。这次他有三天时间参加会议讨论，有三天时间去匈牙利参观访问。

10 月 18 日那天他原是要从北京乘飞机到柏林后再转机去维也纳，但在当地时间晚上 12：00 到达柏林，一下飞机就出现问题。原来是柏林转机的程序出了问题，需多方交涉，这对于只懂得英语和俄语的黄胜年来说也并非易事。别人见他这样瘦小体弱的中国人，也不会为难他，但对胜年来说初到一个异国他乡，总是困难的，费不少时间去折腾，因而得不到应有的休息。就是在到达维也纳以后，从住所到开会的地方也有很远的路程，每天早出晚归，也是很劳累的。

在维也纳，有同事王大海夫妇在当地工作。他们和黄胜年是一起在原子能院中子物理研究室共同工作过三十多年，任过核物理研究所的所长，在 1986 年王大海从原子能研究院派到 IAEA（国际原子能机构）去的中国官员。还有另外一位老同事骆成林也在那里工作，早于 1980 年他就主办在职人员的英语口语学习

1990 年黄胜年在维也纳

1990 年黄胜年去维也纳的手记

班，在这些年里从原子能院出国的人员中，大都是受到过他的培训的。他们夫妇和王大海夫妇一样身在国外工作，一旦遇到国内来人就是不是亲人胜似亲人，对于黄胜年的到来总是照顾得唯恐不周，尽量在吃住行给予了方便。

黄胜年在维也纳"国际核数据咨询会议"上开会三天以后，就转道去匈牙利访问，先坐飞机到布达佩斯，再改乘火车到德布累森匈牙利原子能研究所所在地，会见老朋友契凯。他要在这里做报告，和同行座谈，还到朋友家中与其家人共同聚餐。在这些活动中，黄胜年主动介绍我们国家的各种风情，诸如古籍、景点等，以他的外语水平，大致可以做到畅谈。在这些交谈中他也了解了这些国家的大致情况：诸如东欧国家当时处于动乱之中，人心不定，物价上涨，工人罢工等。正是因为工人罢工使他从匈牙利回国的飞机一度受阻，担心起如何回国。而从所看到的一点情况，了解到这些国家特别是瑞士比起中国来还是要好得多，比如他们的住房宽敞，大体上每家都有自己的即便是不是很好的私家汽车。

1984年黄胜年（右2）等会见匈牙利科学家契凯（右4）

黄胜年这次出差，由于事多，多地奔波，使他不能睡好觉，他自己说每天平均也就能睡上2～3小时，这给他本来瘦弱的身体雪上加霜。当他后来脑溢血住在医院时，别人送给他一个闹钟，他就感慨地说，要是当时去维也纳有这么一个闹钟就好了。意思是说有闹钟就可以安心睡觉，不用担心睡过头。

由于出差的劳累，回来后又接替研究生部主任，加上年终总结等的紧张工作，使得在那年即1990年12月26日下午终于不堪重负，在接待采访人员时突发脑溢血。从此为自己多年来勤奋紧张的工作生活画上一个句号。

顺便提一下，就是在这一年，原子能所的副所长戴传曾先生，在当年的十月去维也纳开会回国不久，就因突发感冒而在友谊医院去世。相比之下黄胜年虽是重病，却留下生命和一手一足，还多活了近20年的时间，算是幸运的了。

愧对院士

黄胜年生病以后，发生一件事对他说来是一生非常重要的事情。那就是当选中国科学院学部委员（后称中科院院士）。在他生病住在海军医院的时候，正是中国科学院在酝酿增选学部委员事宜，这是中科院1980年第一次选院士十年之后的首次增选学部委员。这期间钱三强和何泽慧先生曾到医院来看望他。我记得当时钱先生说过一句话："我和泽慧都将推荐你当学部委员，像你这样的病人在中关村很多，都会很快好起来的。"后来的情况我们都不知道，直到有一天接到他同学庆承瑞的电话："祝贺你已当选学部委员。"此后相当长时间我听到他常对别人说的一句话是："我不配。"但当选学部委员，是对他多年工作的一种肯定，这对他以后的康复是有很重要的精神支撑作用。

对于当选学部委员，事后他有所感慨地说："这次当选可能是除开二位（指钱三强，何泽慧）先生的推荐外，就是代钱先生写《重原子核三分裂与四分裂的发现》一书，在书的发布会上有一个发言，讲写这本书的体会，给了大家一个好感。当时参加这个发布会的人中有不少是科学院的老学部委员。"

在他身体刚刚有所康复，这突如其来的喜讯带给他不止是荣誉，更是一种鞭策。他知道应在力所能及的范围里，尽可能做点事。

从康复中心回到家中继续休养，在肢体上有所康复，行动上稍好一些，但脑力的康复还有一个过程。他是八月从医院回来，一直到十月以后说话的能力才慢慢有所恢复。而思维能力的恢复，还更滞后一些。本来，作为院士可以有一笔用作科研项目的经费。在当时资金困难的情况下，这笔钱对任何科研项目都是很有用。就有同志建议他挂名参加科究题目的工作。但从认真做事、诚实做人的基本生活原则上考虑，黄胜年认为他自己已经无能为力来做好和科研相关的事情，于是表示不参与任何科研项目，研究生导师也不做。

除开科研工作外，他仍然尽力去做他力所能及的事情。研究生部在迎送研究生开会时请他去参加，他总要把准备工作做得全面细致。他向学生们介绍自己的成长经历，讲未来的科研发展前景和希望。因为自身行动不便，为了给别人减少麻烦，他每次都是早早动身。

对科学院的文件他都是认真地阅读，每次参加科学院会议，在会前他都认真准备。如在第一次参加的院士会上需要做一个科研工作报告，他用了好几天时间画图写讲稿。为参加院士评选，他看遍所有候选人的资料。同样为减少麻烦别人，他总是提早行动，是一个早到会场的人。一次，院士全体人员照像，人多很乱，他和另外一位坐轮椅的院士就坐在一个角落上说："我们不动就是对别人的帮助。"

有一次院士会议中间有江泽民等国家领导人在人民大会堂接见全体开会院士，这在很多人看来是难得的机会，但黄胜年因为自己行动不便怕影响大家，而没有去参加这次接见。

当选院士以后，在他的思想上总是把院士当作是一种责任，而不单单是荣誉。在身体有所康复以后，他就尽力去做他自己力所能及的事。在他第一次参加的院士会议上，就做了《原子核裂变的三分裂现象》的学术报告。在当时他的语言功能还没有完全恢复，但由于准备充分，讲得清楚，使大家都能听得明白。

介绍新院士是他义不容辞的义务，对他有意介绍的人选他都悉心收集和阅读候选人的资料，并和有关院士进行交流，总是以一种尽可能完美的心态去对待。对所有从科学院送来的文件，他都认真的阅读，大凡需要做的事，他都是要尽力去做。就如在当选院士以后，每年都有《科学时报》送给他，而在年终时要求评选当年的十大科技新闻，请院士进行评选，他都是在所不辞。每次院士开会他都认真参加，直到2007年，他再次发病住进医院为止。

和他同时当选的院士中有他的同学和同事李方华、李德平、胡仁宇，还有他的小学和中学同学邹世昌、沈国舫、李志坚以及化学分部的唐友祺等，在每次开会时，他们都有一番感慨之言。

大病后的日子

1990年12月26日下午2点多钟在核工业研究生部会议室，黄胜年接见来自衡阳工学院人员，中间去办公室接电话时，他身体右半部突然失去知觉，电话从手中掉了下来。他随即被送往医院，经检查右侧肢体完全不能动，说话口齿不清，初步诊断为脑中风。

这一天的中风成为他人生的一个转折点。早在80年代初他从搞核物理实验，逐渐转向科研工作的组织管理。从80年代早期，他任中子物理研究室主任，原子能院科技委委员，到后来担任研究生部副付主任、主任。工作上是层层加码。早在发病前的十月还去奥地利维也纳出席国际核数据咨询委员会，并顺访匈牙利。他去这些地方，因情况不熟习，转飞机，找一个住宿地，都很费事，得不到起码的休息。在这期间他还编写出版《重原子核的三分裂和四分裂》一书。

黄胜年发病之后研究生部、医院等各方面都进行了大力的抢救，先是送到海军医院，被诊断为左脑基底出血导致右侧肢体完全瘫痪、说话困难。而生病的时间正巧是春节，大夫要回家过年，就没能做手术，只能采取保守的输液治疗。二周后回到四〇一职工医院，继续治疗。在职工医院近三个月的时间里，一直是躺在床上。大夫说是可以坐起来的，但就没人敢来扶他坐起来，生怕扶得不好引起更多不适。后来还是在两个儿子的共同扶持下把他扶到床边坐下。这以后才慢慢下床，扶床边站立起来练习跨步。这可算是一个康复的开始。

为了能更快更好地康复，职工医院院长郭槐生大夫建议他到北京城南洋桥一个中日合办的康复医院。这个康复医院采用的是一套日本引进的康复锻炼方法。首先要求自己生活自理（不能使用护工），每天两小时肢体功能锻炼,有一定进展以后再进行说话的锻炼。

在职工医院刚刚能起床站立,一下子就要求生活自理,这种情况下的难度是可以想象的。当时就有那么一个女病人,因为不能适应,成天哭哭啼啼。此时的黄胜年凭借要站立起来的强烈愿望,竭尽全力去适应新环境的要求。记得他后来说:"适应的办法就是笨鸟先飞。"每天早早起床,在轮椅上做完饭前的洗漱后,就坐在轮椅上沿床边来回移动,把被子叠得方方正正的。早饭后,他就在别人之先,坐轮椅,上电梯争取尽快地到达锻炼场地。当时最先做的是练习走步,抬腿,后来才是手功能锻炼。一般下午的时间,他就用左手代替右手做写字练习。在练字时,他背诵他所喜欢的诗词,默写了他小时候练字字帖《雕桥庄歌》。这篇习作被当时的日本教练看中,要了过去,说是要作为左手写字的样本拿给别人看。

在康复中心锻炼了近四个月的时间后,回到家中。这时黄胜年恢复到能扶拐棍走路。而听、说的功能的基本恢复则又是几个月之后的事了。

回家后黄胜年继续自己做康复锻炼,每天用左手扶右手抬

1991年在康复中心

起放下,为的是避免右手肌肉萎缩;从二层楼下到一层,到住所周围的小道上走路约一小时。这段时间,周围的邻居每天都能看到他的身影。这种坚持不懈的锻炼直到18年后,他第二次发病为止。

在他生病后的第二年,也就是1991年年底他被选为中国科学院学部委员(后改称院士)。因为身体的原因,他辞去了研究生部主任的职务,也不再参加任何科研工作。只留下一个研究生部"顾问"的空头职务。这种情况下,他本可以不用再去做什么事,但由于他多年的做人原则

"人活着，就得做点事"，他就做点自己喜爱的、力所能及的写作之事。

黄胜年自幼爱好文学诗词，早在工作休暇之时，就写过一些诗词及诗词评论之类的东西。生病以后，他还迷上刚普及不久的电脑，电脑为他提供了一个写作新天地，弥补了左手写字的不方便。在生病之前，在他研究生部办公室内有过一部由DOS操作系统的电脑，他在上面写点东西，有时还玩点游戏。生病以后，单位领导说可让他搬回家使用，但他说他怕做不到"物有所值"而谢绝了。这时因我已退休，就把我在工作时使用的一台电脑借回在家暂时使用。

黄胜年康复回家后，在锻炼之余做的第一件事就是练习使用电脑，主要是学习打字输入。他的学习是认真的，也是费力的，为打字他学习使用"五笔字型输入"（拼音输入，学容易一些，但速度慢）。而用"五笔"是要有一个跨度，那就是要背一套键盘输入口诀。为此，黄胜年就利用康复锻炼的时间，一边锻炼，一边背诵"五笔"口绝"王旁青头戋（兼）五一……"。休息的时候就坐下来在键盘上输入他写过的诗词，开始很慢，但在坚持一段时间后，他的打字就做到应用自如了。

他每天的功课中还要看多份报纸，有《文汇报》、《科技日报》、《光明日报》、《北京晚报》等。当他看到晚报上登有诗词之类的东西，他还会饶有兴致地去参加讨论，将意见送到编辑部，而在不见回音后，也就只好作罢。

有了用电脑书写的技能，为他的下一步写作创造条件。但借来的电脑总是要还的，我就同儿子去城里买了一台稍为好一些，带有Windows操作系统的IBM旧电脑。这部电脑一直用到2003年非典时期才被换掉。这台新电脑既有文字编辑功能，也可以上互联网。这样在他面前又开辟一个新的天地。此前，他还高兴地写过一篇《六十六岁学电脑》的短文。

附：六十六岁初学电子计算机

一九九八年二月二十日，宗垣和平平到中关村北大资源楼去买了一台比较好的电脑。其配置为：CPU586/200M，16M内存，硬盘1.2G，8倍速光驱，龙珠WTA2000声霸卡，用14.4的调制解调器来联网。打印机则是原来的。买回来之后，全家立刻就兴奋起来。除了平平以外，都是很不懂的。我此前只在最早的 8086 旧机器上打打字而已，所以一上 Windows，就好似刘姥姥进了大观园，处处觉得新奇，又处处弄不清楚。过了一个星期，由于我们三人实在做不下去，迫不得已把平平请回来半天加一夜，才算学会了文字处理，播放 CD 和 VCD，以及最起码的"上网"。现在至少可以边听音乐边打字了。(1998.2.27)

从这里可以看到他对电脑的发展和使用的钟情。

90 年代初学用电脑

1996 年南方还愿之行

黄胜年从 1951 年到清华大学上学之日起，就很少回到上海老家探望，即使走一趟，也是匆匆忙忙，无暇去看望亲友和重访故里。1983 年他父亲去世，1991 年他母亲因突发中风，也就是在黄胜年脑溢血的第二年初去世，他都没能有机会为父母办丧葬之事，而书信的来往倒是不断的，一般每月都有一个来回。在 1996 年黄胜年自己经过六年的康复锻炼，病情趋于稳定的情况下，他决定我们一起去南方走一趟，由我陪同，他坐着轮椅，完成了一个为期二十多天的南方还愿之行。

胜年的弟弟黄振年工作生活都在上海，他的家是住在五层楼上，考虑到胜年上下楼的困难，首先把我们安排在一个招待所一层的一间住房里。这间房子在当时实际上已经有人住，当他们知道胜年是偏瘫的情况后，也就欣然的另住他屋。

头几天在振年的安排下，先后去了他的母校上海中学和故乡太仓市。

上海中学是当地一所出名的中等学校，有上百年的历史，培养出许多精英人才，在当时，仅是中国科学院和中国工程院的院士就有49人，中国人民解放军将领29人。校内有一个石碑记录着这些院士的名字。黄胜年的名子也在上边。

上海中学刻有院士名字的石碑

黄胜年见到今日的上海中学已今非昔比，校园面积就比他在校时大了许多，黄胜年昔日钟情的校门龙门楼，已经改称为先棉堂的黄道婆馆，仍保留着黄胜年记忆中的模样。一位工作人员告诉我们：上海中学目前仍然是升学率最高，出人才最多的学校，他说："学校所以出高才，在于能入学的学生就是高材生。"在上中参观期间，黄胜年还询问了许多他所怀念的当

上海中学校领导会见黄胜年

时教书老师的情况。当然，这些老师都早已退休，无缘相见了。

太仓是黄胜年出生的地方，他的脑海里对这里尚保留着许多美好的

回忆，在他的诗作《泥湿步留痕》中有着较多的叙述。这次去太仓，有机会见到多年不见的亲友、同学，去看了儿时上学、游玩和居住的地方。他们家的老房子，因为已成为别人家的住所，只能在外面看看、问问和回忆而已。房外靠河边的一口当时供全家吃用的水井倒是见到了。

在太仓他会见了表兄弟兼同学的时龙、时骏等至亲好友，还到墓园拜望了他们父母的坟冢。

1996年黄胜年在太仓和表兄时龙

在2010年我利用参观上海世博会的机会，由胜年侄儿黄海涛驾车带我再次去太仓，看到今日的太仓已是今非昔比，看上去比比皆是宽敞的马路和高大的楼房，这代替了昔日的普通平房。黄家的老房子已经不复存在，变成为一座漂亮花园的一角。唯一留下的只有他家对门、原太仓豪绅王阁老房子的

1996年在南京姐姐家，黄胜年在中间

正门，也许是作为太仓的历史遗迹而留下的。今天的太仓还设有一个档案馆，馆内收藏不少文物，其中也存有黄胜年的遗痕。

在上海时黄胜年还看望了他的两个舅舅及多年未见的甥侄，当然别有一番滋味。在我们到达上海旅馆的同一天，胜年的姐姐也从南京同时到达，陪同我们一块旅行。

胜年南行的第二站是南京他姐姐家。他姐姐是在1987年由扬州迁到南京的，我们坐了6小时的火车才到达他姐姐家。他姐夫也在同一天由扬州到达。

这以前我只路过南京，没有进到城内，这次趁着胜年有他姐姐的陪伴，我就只身去了南京的钟鼓楼和中山陵。中山陵地处高山要爬近400个台阶才能瞻仰到中山陵墓。胜年的祖父就是因为瞻仰中山陵，爬台阶体力消耗过度而去世的。由于实在太高，当我2010年第二次去南京时就不敢再去"会当凌绝顶"了。

2004年春节

2003年国家要为院士改善住房。这样，我家搬进了一座为专家盖的独居小楼房。房子有上下两层，建筑面积约200平方米，使用面积约140平方米。这栋楼房在我们所在的原子能院区是空前的。黄胜年认为他自己不配住这样的房子，他是不愿意搬家的。而我则认为我们家原住在二层楼上，不适合他偏瘫的身体。为了减少他上下楼的困难，在我的主张和安排下，在2003年的3月左右，搬到了这套对我们而言，并不是太适用的高档住宅。而且这一年正是"非典"传播流行，请人搬家也还颇费了一些周折。

2003年两个儿子的工作也还算顺利，老大平平作为年轻的接班人，跟队到东北欧去参观调研。他带回一本圣彼得堡画册，很受黄胜年的喜爱，还要我把其中一幅矗立在大湖边上切斯马纪念柱画片作成大的图片挂在室内墙上。在这

圣彼得堡大湖边上的切斯马纪念柱

一年，小儿子海峰也是得到领导的信任，去南方出差办事。

在这一年，我们还在北京城内买了一间面积不算大、但设备齐全的住房，成为在城内的一个立足点。这处房子在胜年生病住在友谊医院期间，为我们护理休息提供了很大的方便。如今成为孙子上学的住宿地。

这一年黄胜年还是按照常规每天到室外马路上、招待所走一圈回来。他的病情也大致随着年龄的增长有所发展，现在看来也许是达到康复的顶峰。到第二年，汪德熙院士搬来住进这个专家楼。本来以为他们之间可以有一些交流的机会了，谁知当黄胜年去看望汪老时，进门前就有那么一阵动弹不得（似乎是一次小的中风），过一会儿就缓过来了，没有太注意。而且当时汪老的身体也不是太好，这就没能实现交流的愿望。从这以后黄胜年的身体状况也就逐渐走下坡路，似乎就一天不如一天。所以这一年可算是我们家的黄金时间，在那个春节我们有一张全家照。就在这一年黄胜年还陪同何泽慧、张焕乔等参拜老前辈钱三强先生的墓地。

黄胜年生病期间的生活起居，大体上他都能自理，在当时也没有请人护理，全是我操持日常家庭生活。有时他还能帮助做些他认为力所能及的事情。就有那么一天，他想去收阳台上晒的衣服，没能站稳而摔倒在背后的阳台门上，将右手上臂的股骨摔裂。幸好是原瘫痪的右臂，对生活起居没有太大的影响。因他原是生病的身体，对摔裂右臂的康复也比正常人更多一些的时间，大约用了将近半年才大体恢复。

结束语

胜年的一生，是务实求真、勤奋治学、诲人不倦的一生，在核物理这个科学殿堂里，有教训、有挫折、有坦途，但最重要的是有一定的成果，对祖国核事业的发展有一定的贡献。遗憾的是：他的健康状态太差，病魔缠身，长期带病超负荷运转，透支了体力，过早地离开了我们，让所有亲属悲痛万分。

以上是我在怀念黄胜年时，想到的一些情况，记在这里，备忘。

（叶宗垣）

第三节 忆

蒙胜年以诗集相赠,遗撼的是鄙人一生没写过诗,无以为报,只好胡诌一首,勿见笑是幸!

波罗的海守白夜,沙皇故园好休闲。
欢声笑语犹在耳,往事春梦已如烟。

五十年来风和雨,实验室里苦与甜。
而今只盼人长久,小区相望共婵娟。

桢 2007.3.1

(杨 桢)

第四节 胜年在前苏联当"科学家面包干"的留学生活片断

从1952年秋天到1955年夏天我和胜年在前苏联列宁格勒大学物理系同班学习,接着因为国家要发展原子能事业,把我们调到前苏联科学院热工实验室学习原子能,成了当时国内组织的原子能实习团的学员,继续做同学。到1956年夏天他先回国,我于同年年底回国,都在现在改名为"中核集团原子能研究院"的中国科学院近代物理所二部工作,从同学变成了同事。后来我被调到国务院核电办公室工作,我和他就不在同一个单位工作了,但是我们一直保持着老朋友关系,有机会就见面谈心。

胜年回国后一直从事核裂变物理等方面的研究工作并取得了极优秀的成就,被选为中国科学院院士,国内外对他的成就给了很高的评价。我们在列大的前苏联同学也是这样评价他的。我回国后与列大的前苏联同学有书信往来,文化大革命动乱期间被迫中断了联系。20世纪90年代中一个同学作为电子直线加速器专家来国内指导工作，到北京找到了我，恢复了联系，此后十多年我们的书信联系没有再中断过。列大物理系1956年毕业同学一共225人，中国同学除我和胜年外还有李方华、庆承瑞和顾以藩，一共5人。我和胜年、顾以藩都于1955年秋天被调到原子能实习团去学习，没有在列大毕业，但列大的同学们都是一直把我们当作与他们同时毕业的同班同学来看待的。1956年毕业后他们每隔一段时间就举行一次同班同学聚会。到2006年年初他们筹备毕业五十年大庆聚会时，给我们发来了邀请函，希望我们去现已改名为圣彼德堡的列城出席聚会。当时胜年和顾以藩的健康情况都不好，不能前往，我和另外两位女同学有事也没有去，错过了这次机会，是件憾事。事后同学们给我寄来一本具有同学录性质的纪念册，内容很丰富。书中先登载了圣彼德堡大学（即原来的列大）校长、物理系主任和物理研究所所长等校方领导人的祝贺信，介绍了物理系五十年来变化的情况和纪念已逝世的老师文章后，接着用《我们的成就》这篇专文分别介绍同学取得的成就。文中首先说明，同学中有俄罗斯科学院院士一名，中国科学院院士两名，博士19名，副博士53名，许多同学在高等院校和研究所担任教授和研究员。文中对担任院士和有博士学位同学分别简要介绍他们学位、职务、成就和受奖情况。中国的院士是黄胜年和李方华，由于胜年的研究工作有一定保密性，书中没有对此加以注明，只注明了他曾任核工业研究生部的主任。书中登载了少数同学的照片，其中有胜年在1954年参加五一游行的照片和我1954年和同学们一起在什维尔尼克集体农庄参加劳动的照片。从书中的内容可以看出，同学们对胜年取得的成就是给了很高的评价的。

　　胜年的成就是怎样取得的？我对此深有体会。这是他长期坚持不懈努力奋斗的结果。列大物理系要学五年，一到二年级只上公共课，不分专业，从三年级起分专业上专业课。我是1951年入学的，从一年级读起，胜年在国内清华大学上过一年级，所以1952年入学后插入二年级。我们同级，课程内容多，安排得很紧，一个星期中六天，每天平均八小时左右上课，包括实验课和体育课与政治学习在内。我记得有一个学期我们有一天从早上9点上课到晚上9点，12个小时不断，连吃午饭的时间都没安排，只能在上课休息的10分钟时间去小卖部买点面包汽水做午餐。不少课程都有课外作业要带回宿舍去做，宿舍中有名为"红角"的自习室可用。每天的课外作业没有四五个小时是做不完的，前苏联同学中极少有人做完这些作业。宿舍中红角的位子只有床位的五至六分之一，大多数同学干脆就不去做作业，老师对作业的检查并不抓得很紧，考起试来许多同学就靠作弊混过去。作弊的办法很简单，以公共课为例，考试用的是口试制，一门课的考题一般30～40分钟，考生抽取一种考题后先在考场准备好后去老师处面试。一个年级一般10个班组用同一组考题。作弊的同学只要在一个班组考完后逐个询问考完试的同学，考题就都知道了，准备好答题小抄去应答。考出好成绩很容易。列大物理系考试有一个流传很广的真实故事，是后来成了前苏联科学院院士的著名数学女教授拉德任斯卡娅在二年级讲数学课，一年级学生不认识她。一次她去一年级主考时让她的助教代她去考，她自己坐到考场后面一位女同学身旁边，这位女同学不认识她（她当时只有28岁，年轻漂亮，实在难以想象她是主考老师），就拿出小抄来准备答题，准备完了对她说，我要去应考了。教授说，不必去了，你就在我这里考吧。这次考试的结果不说也是知道的，女同学考了个不及格的2分，被赶出了考场。我和胜年认为，祖国以极高的代价选派我们来前苏联学习，为的是学成归国可以为国家的建设尽力。我们为了报效祖国重任在肩，如不努力学好我们回国无法向祖国和人民交代。因此，老师给的作业必须做完做好，不懂的地方可以去图书馆查书，可以互相讨论，不睡觉也要做好，考试作弊则是绝对不可以。由于作业太多，我和胜年就把作业分成两份来做，做完了互相交换并讨论结果，这样可以节省不少时间。他做得比我快，我做过统计，十道题一般是他做完六个时，我才做完四个。就是这样每天晚上我们都要做到凌晨两三点才能做完，那时红角内除了我们就基本没有人了。这样，每天晚上我们只能睡四五个小时，早上八点必须起来，否则就赶不上上课了。星期天我们也很少休息。前苏联同学们不赞成我们的做法，认为这种宿舍、食堂、课堂三点一线的生活枯燥无味，不去电影院，不去逛公园也不参加跳舞会的学习是不知道享受生活的苦行僧生活，太不可取。于是给我们取了一个"科学家面包干"的称号。对他们不理解我们的处境和心情的做法我们知道了只好笑笑。我们的努力没有白费。每次每门功课考试的结果都是优秀（即最高分5分）除了体育课，没有例外。

  升入三年级后因为学的专业不同，我和胜年在一起做作业的时间少了，但他不分昼夜拼命艰苦学习干得更多了。每天只睡四五个小时，坚持的时间长了连我也感到太累，就增加了休息时间，并劝他也多拿点时间休息，他不同意。我说得多了，他就提出一个时间守恒理论，说时间是个常数，用来休息时间会过去，用来学习时间也是过去，我为什么不可以把我的时间多用来学习？我说你把身体弄坏了，学得再好也没有用了。他说这你就不必管了。我说服不了他，只好让他继续拼下去，等过了三十多年我们见面时他的身体已经很差，我说在前苏联时我就劝你注意身体健康你听不进去，现在怎样？你如早听我的建议，你不是就能多为国家做许多新的贡献吗？他叹息说，现在来不及了，我这时也没好办法，只能陪他叹息，请他多多保重，祝他身体能尽快恢复健康了。

  据我所知，当时列大的中国留学同学都和胜年与我一样，怀着要报效祖国的心情努力学习而取得了优良的学习成绩。但像胜年那样拼命学的人却是极少的，甚至是绝无仅有的。我没有能够帮助他更好地注意身体以致本来可能为祖国作出更多贡献的他过早地离开了我们，我对此深感遗憾。

  为了探索研究未知世界中的新事物，一个科学工作者应该遇事多问几个为什么，要解决问题就要先提出问题，在不墨守陈规这方面胜年做得比我好得多。在前苏联时我深信前苏联共产党和我党中央的各位领导人都是绝对不会犯错误的高明人士，主要负责人更是完美无缺的圣贤，这种把问题简单化、绝对化的思想在很长时间内妨碍了我在研究问题时自己的思考。大致是1953年中，我从国内友人信件中得知高岗出了问题，这时此事尚未公布，我就感到难以理解。胜年说我当时大喊"这怎么可能"！他对此就比较平静。斯大林尚在人世时前苏联对他搞个人崇拜，同班同学顾以藩说斯大林有这么大的权力，要是他犯错误后果一定很严重。我认为他这种想法很幼稚甚至荒谬，就狠狠地给了他一顿批评，胜年当时在场，没有支持我的看法做法。这是他善于开动思想提出问题的表现，他在科研工作中正是这样做的。

胜年为人谦逊平和，从不在人前宣扬自己长处和成就。他曾是清华大学全校入学考试的状元，但是我和他相处多年，他从来没有对我透露过这件事，直到几年前我看到他写的叙述自己生平的《未湮没的径迹》一书我才知道这位同学曾是清华状元。他写过很多诗词一事我也一直不知道，直到他的诗文集出版我才知道他是个诗人。这也许是因为我在诗词方面一窍不通，他认为我在这方面孺子不可教，和我谈诗词没有意义的缘故吧。

胜年已经离开我们了，但他的音容笑貌一直留在我的身边，我永远记得和怀念这位已经离去的老友。

（罗安仁）

第五节　与黄胜年同志一起工作的日日夜夜

记铀 238 自发裂变中子数的测量过程

1962 年秋，黄胜年同志对我说，我们要一起测定每次铀 238 自发裂变释放的瞬发中子数（ν 值）。他说，这项工作虽然不是国家下达的一线任务，但是，我们要主动配合国家需要，提前把我们想到的重要核数据测量出来，以备后用。以铀为核材料的装置中，总有铀 238 存在，精确测定一定质量天然铀自发释放中子的速率，对核装置的设计、可靠性和人员安全都很重要。这一参数，已有的测量结果和理论值相差甚远，测量值为铀 238 每次自发裂变平均释放 2.1 个中子，理论计算为 1.6 个。澄清这一矛盾，既有实用价值，也有理论意义。

黄胜年同志当时是我的组长（中国科学院原子能研究所中子物理室裂变物理组组长）。此前，我们一起（还有王豫生和周友朴）完成了裂变谱中子引起铀235和钍232裂变时放出的瞬时中子平均数目的测量工作，其中，铀235裂变释放的中子数目的工作是上级下达的一线任务，钍232裂变释放的中子数目的工作是为探讨我国地下蕴藏的大量钍矿是否可以用作核燃料。这项工作也是黄胜年等同志提出并主动配合国家需要完成的。黄胜年说，在下一个任务下达之前，我们要挤时间完成铀238释放中子数目的工作。

自发裂变是重原子核（如铀238）在不受外界粒子轰击的情况下自发地分裂（裂变）成两个或三个新原子核的过程，自发裂变与中子轰击产生的诱发裂变相似，除释放巨大能量外，也释放若干个中子。由于铀238原子核自发分裂的几率很小，需要使用大量铀238来测定每次自发裂变释放的中子数。为此，我们制作了一个大电离室，用它记录自发裂变产生的电脉冲。电离室内装了45个双面镀了天然铀的镀片，共含天然铀3～4克，与其相间的46个铝片作收集极。采用天然铀是由于其中绝大部分核素（占99.27%）是铀238，为要测定的核素。另外还有少量铀235（占0.72%）和极少量铀234（占0.01%以下）。由已有核参数知道，天然铀中的少量铀235和铀234对铀238自发裂变中子数值测定的影响可以忽略。而且，热中子引起铀235裂变释放的瞬时中子平均数目是已知的，用它可以刻度中子探测器的效率。由于使用的铀量大，电离室大，电极多，极间电容大，使得自发裂变产生的电脉冲小，裂变数目又很少（每10分钟6～7个），测量就非常困难。

为了测定每次铀238自发裂变释放的中子数目，首先要记录铀238自发裂变数目，同时要记录裂变中释放的中子数目，以前者除后者，考虑到中子的探测效率，就可求得每次自发裂变释放的中子数目。测量中，中子探测器已无大问题，而用大电离室可靠地记录裂变事件出现很大困难。很显然，如果把不是铀238自发裂变的脉冲（如电干扰脉冲或阿尔法（α）堆垒脉冲，统称假裂变脉冲）误记为裂变脉冲，此时并无中子释放，两数相除所得的商较小，得到的"每次自发裂变释放的中子数目"将小于真值。另外，如果把中子或宇宙射线入射到铀原子核产生的裂变记入，此时得到的"每次自发裂变释放的中子数目"将大于真值，当然，我们对这些可能的情况做了计算和防备。

ν（中子数目）值的正式测量从 1962 年冬季开始。测量中途为解决电干扰问题耽误了一段时间，直至 1963 年 3 月完成测量。为了避免各种不利情况的影响，我们选在人们下班之后的晚上和夜间进行测量，即每天晚上 5 点上班，第二天上午 9 点下班。测量中，经常对裂变记录仪器的稳定性、中子探测效率的稳定性、裂变脉冲以及中子脉冲出现的统计规律进行监测。测量的第一阶段得到的结果为每次铀 238 自发裂变释放的中子平均数目为 1.6 个，与国外理论预言相一致。我心里有点高兴，但黄胜年说：我们要进一步检查各个量的测量是否还有问题。此时，他已注意到定标器上记录的裂变脉冲有时同时记两个，而且，一次记两个的次数似乎多了点。另外，裂变脉冲的统计分布似乎比泊松（理论）分布宽了点。我们并没有满足于"测量结果与理论预言一致"，而是开始了更严密地测量。除了对各个量所用的测量仪器进行严密检查和监测外，还开始用示波器对电离室产生的脉冲是否真裂变脉冲进行观察。做法是：一个人用眼睛盯住示波器屏，每来一个脉冲立即报告"一个"或"假的"，另一个人看着三个定标器（分别记录裂变数、符合中子数和本底中子数），立即报告"一个"或"两个"（指定标器记录了几个裂变脉冲）。如果裂变脉冲为真的，所有定标器记数有效；如果裂变脉冲为"假的"，新记录的裂变脉冲和中子脉冲要扣除。看示波器的人要把头和示波器用黑布蒙起来，目不转睛地盯住荧光屏。谁也不知道裂变脉冲什么时候来。一旦眨眼的瞬间裂变脉冲来了，就看不清真假，会给数据造成混乱。所以，看示波器的人是很累的。我们每小时轮换一次。在我们一秒不漏地监视下，假裂变脉冲真的在示波器上出现了。发生的时间是夜里 12 点前后。黄胜年断定是相邻厂房工作人员下班或交接班时开关电器产生的。后来，又证实，另一厂房工作人员在午夜下班或交接班时，开关加速器也产生电干扰脉冲，被电离室和相连仪器记录为"裂变"。我们把这些假脉冲扣除后，得到的每次自发裂变释放的中子数为 2.1。由于未在其他方面发现问题，做了必要修正后，我们接受了这一结果。当然，为了数据的质量，减少各种电干扰的影响，我们还采取了许多措施，比如，原来用300伏交流稳压电源给电离室供电，改成用干电池供电；前级放大器的灯丝改用电池供电；所有仪器用交流稳压器供电；为了使两个门线路的门宽保持相同，经常用示波器测量两道门的宽度，看是否有变化，还用脉冲发生器检查通过两道门的脉冲数是否一样多；为了检查中子探测器的效率是否有变化，经常用Po-Be中子源插入中子探测器看中子记数的变化是否符合钋210的半衰期，并把对铀235裂变和铀238自发裂变中子数的测量交替进行，以消除或减小中子探测效率变化造成的影响；每天正式测量之前测量脉冲高度分布（甄别曲线），然后选定脉冲记录高度，不使α堆累脉冲进入。可以说，每一个可能对测量数据产生影响的因素都设置了一种或两种预防和检查方法进行监测。我也体会到，做物理测量，不是让仪器自己做，而是人要全身心投入进去，密切注视实验的每一细节，这样才能得到可靠的结果。

为了得到对国家有用的核数据，黄胜年和我全程用示波器监视，两个人的眼睛疲劳过度，视力下降，原来带100多度眼镜，都变成了300多度。但我们都感到，只要国家需要，我们都可付出。这件事，可能连我们的家属都不知道。300多度的眼睛并未阻止我们继续完成后来的任务。

与黄胜年同志一起工作的日日夜夜是在我参加工作的头几年，与他朝夕相处，一起排除一个个工作中的困难，完成了上级交给的和主动配合的任务，从中，我懂得了如何从事科学研究。后来，我一直按着他的样子做每一项工作。

本来想与他一起写一些工作的回忆，现在只能我自己写了。感谢黄胜年同志的身教、言教和他的榜样作用对我一生的影响。

（郭士伦）

第六节　从冷聚变探索看黄胜年院士的科学风采

黄胜年院士驾鹤西行已一年了，仿佛他在那遥远的地方仍做着他的研究和教学。他的英容笑貌和科学家的风度依然留在我们这些一起工作过多年的同事和好友的记忆中。

那是1989年4月1日，西方人称这天为愚人节，美国犹他州州大学教授Fleishmann和Pons等在记者会发布新闻，发表他们的冷聚变实验结果。立即引起一场风波，国内外科学界掀起探索冷聚变热潮。核能领域的科学家当然非常关心冷聚变问题并也很有兴趣，因为这关系到在常温下是否能实现原子核的聚变反应，其意义重大，也是过去很难想象的一种新的现象。国际和国内相当多的实验室开始了实验研究和理论预言工作。最直接的实验工作就是重复Fleishmann和Pons的实验。用金属钯做阴极电解氘水，如果发生氘－氘聚变反应，就一定能产生能量为2.5 MeV的中子。那么在实验中如果能探测到2.5 MeV中子，也就肯定产生了聚变反应。没过多久，美国、意大利等一些大国的实验室，还有我国的一些实验室都通过报纸和电视等传媒报道了已观察到了冷聚变现象。其中我们原子能院也有一个实验室宣称测量到中子计数，当时实验者和参观者都兴高采烈，并将这一振奋人心的消息报告给核工业部领导以及一些著名的核能科学家，准备召开庆祝会。就在这极端兴奋时刻，黄胜年先生勇敢的提出，为了验证现象的真假，将电解池移开，看中子探测器是否仍有计数？果然，当移走了电解池，中子探测器仍然保持不变的计数。这时在场的人们才恍然大悟，观察到的是假计数，说明没有聚变反应产生。原准备的庆祝会变成分析总结会。黄胜年就是这样一位核物理学家，对物理现象很敏感，关键时刻能冷静下来实是求事地分析，很敏捷地找出一种一针见血的方法来证明观察到的现象是真是伪。

黄胜年作为核科学家非常关注冷聚变现象，在冷聚变探索高潮时，经过深入的研究，他在中国原子能科学研究院做了一个关于冷聚变现象的学术报告。根据他掌握的知识和本院几个实验室的实验工作的进展，特别核物理所和放化所两个实验，他们的探测器效率较高，都没观察到冷聚变现象。他勇敢的断言 Fleishmann 和 Pons 公开的冷聚变现象是没有的。如果这种冷聚变现象存在的话，我们的实验会观察到的，可到现在还未观察到。当人们正沉醉在争先恐后想找到实验证据来证明冷聚变观象的存在的热潮时，黄胜年给出了警人的结论，这似乎很难令人接受，就是亲身做实验的人们也不敢下这个结论，因为否定一个现象比证明一个现象更难，总怀疑自己的实验没做到家。事实证明黄胜年的判断是正确的。事过一年以后，美国核能科学领域的多位权威科学家才联合明确地给出冷聚变是不可能实现的结论。这说明黄胜年对科学现象观察的敏锐，了解的深入，判断的准确，才能在极短的时间内有勇气给出正确的结论。

一位聪明人走了，愿生长在这块土地上的人们把聪明才智献给科学事业吧！

原载《原子能院报》2010年1月15日第4版

（李 泽）

第七节 亦师亦兄润无声

——回忆与黄胜年老师相处的岁月

1964年年初，北大技物系派送十多名六年制的应届毕业生到原子能研究所（二部）做毕业论文，我被分配到该所第二研究室第四组（2-4组）。导师是叶宗垣，组长是黄胜年。组内的老同志私下对我说，黄老师是钱三强所长与何泽慧主任的得意门生，大家都称他为"老权威"。因为他俄语和英语都能读，写，听，说；学识渊博，基础扎实，学术水平高；思路敏捷，分析问题透彻。但他有时对人很严厉，批评人不顾及情面，提问题有时很尖刻，使人难堪，是一个可敬而又可畏的师长。

我暗自庆幸，导师是叶宗垣。我觉得叶老师很随和，不摆老师架子，像大姐。有问题向她请教时，不但耐心解答，有时还亲自带我去图书馆，教我如何查文献。实验中出了差错，也从不厉声训斥。有一次在实验时，我不小心，一块薄膜源掉在地上摔破了，我感到如天降大祸，手足无措。她闻声连忙跑过来，教我如何收拾残局及去污。

  2-4组的办公室和实验室就在重水反应堆一层的西侧，做实验很方便。但天有不测风云，就在我到后不久，安装在孔道内照射的钚靶泄漏，剂量人员检测中发现我们做实验的场区，实验室和办公室全沾污了。而且因为放射性无色无味，事故发生时又未觉察，被污染的衣裤鞋袜带到了生活区，殃及到宿舍。污染人员之多，区域之广，成为建所以来最大的放射性事故。这样放射性去污就成了2-4组的头等大事。我们这些做论文的学生（当时还有中科大核物理专业的二名同学）也都放下论文工作和老同志一道全力投入去污。因为我们年轻，被分配擦洗实验室的天花板和墙壁，工作前从头到脚全副武装，特别是戴上防粉尘的多层过滤口罩，呼吸不畅，干了一小会就汗流满身，气喘吁吁。环顾实验室的老同志，不分男女和身体强弱，一个个都在埋头擦洗，从早到晚，从星期一到星期六，人人都毫无怨言。

  记得发现事故的初期，黄老师已去西北出差了，但很快组里便接到他的来信，对去污提出了具体部署。不久他便风尘仆仆地赶回来了。这时他已身患类风湿病，身体瘦弱，并出现驼背。他不顾旅途劳累和病痛，一来便投入去污，且专挑重活脏活干。反应堆孔道周围的屏蔽墙是用加重的水泥块垒起来的，我觉得水泥块比他的身体还重，他却和身强力壮的同志一道去搬。

  整个去污工作持续了好几个月，但组里对我们做论文的同学做了周到安排，保证我们的工作时间，使得论文按要求如期完成。除了所安防处和反应堆的剂量组在现场监测外，2-4组既没有雇佣临时工，也没有请求有关单位的支援，大家不怨天，不尤人，团结一致，自力更生，对场区、实验室、办公室以及南区宿舍进行了彻底的清除。所清除的放射性废物堆成小山头。在组长的领导下，2-4组在灾害面前不动摇不气馁，也不"等靠要"的精神，使我深受教育。

在毕业论文答辩后离开 2-4 组前，黄老师问我毕业后有何打算，我说志愿到青海或新疆工作。他点点头说，本来他希望我毕业后留在 2-4 组工作，但既然我已下了决心去国防第一线，他表示理解和支持。

但技物系在宣布毕业分配名单时，我们这些在原子能所做毕业论文的同学，除个别留校外，都被分配到该所工作。于是，在 1964 年 9 月初，我又回到了 2-4 组。很快我们又得到通知，所有新分配来的大学生都要去河南信阳参加"四清"工作和劳动锻炼一年。同去的人员中除了新生还有许多老同志，其中就包括黄老师和叶老师。

我在 2-4 组做毕业论文时，黄老师和我都住男集体宿舍（不同的楼），都是步行上班。一次在路上碰见一起走时，他笑着说"你的名字不错，丁声耀，声名赫赫！"，他又说他父亲给他取名"胜年"，是希望早日盼到中国抗战胜利之年。还有一次我问他身体情况，他略带迟疑地说，天气不好时，腰背疼痛。我问他是怎么造成的，他详细谈了患类风湿病的经过。原来钱所长因建所需要，让他提前回国。回国后，让他去筹建所图书馆，有一次大约是初冬季节，他押运一批图书回所，坐在敞篷车上，结果受了风寒，开始没有太注意，后来就愈演愈烈，变成痼疾了。

得知黄老师要到农村劳动，我暗自担心，但劳动大队有好几百人，我们并不在同一个中队，很少见面。到河南信阳以后，发现那里的环境很差，一天仅吃两餐粥，几乎没有菜，而劳动强度却很大，把人当牛去拉犁。像我这种从小在农村长大的也受不了，何况他从小生活在城市，还有病。当劳动大队集中时，我设法找他问身体情况，每次见到他，他总是面带微笑，还显得较轻松，见面不谈如何辛苦，谈的是自己受到的教育和农村见闻。

1965 年秋，劳动大队回京后，我被所党委任命为二室党支部副书记，成了室领导。经过一段时间，我了解到，在 1963 年，部里曾派工作组到原子能所包括二室在内的一些单位搞社教试点，黄老师是业务大组长，又是"四大金刚"之一，受到了明显的冲击。后来工作组走了，留下不少后遗症。回二室后，我还像过去一样，见面就叫黄老师、叶老师，他们则不像以前那么自然了，说："你现在是领导，不要这样称呼我们了!"

由于社教试点的影响,原来二室的党支部书记已经无法抓工作,何先生常常一个人关在办公室里,包括黄老师在内的一些业务大组长也是得过且过,室里经常有吵架的现象。我隐隐感到二室有山雨欲来风满楼之势。经过约一个月的实际考察和思考,我向党委写了一份长达几千字的报告,分析了二室当前存在的问题,提出了应采取的对策与措施。党委很重视,主持工作的刘书林副书记做出了书面批示,认为报告写得好,鼓励我大胆开展工作。不久党委任命政治部副主任任大明担任二室党支部书记,派我去山西太原二机部干校进修。半年后,当我进修结业,回到原子能所时,文化大革命已经开始,工作场区到处是大字报,大标语。我发现所和室的政治生态已经面目全非,刘书林和任大明遭群众围攻,任大明还被戴高帽游行。据说,写大字报批判黄老师的也不少,说他是白天马列主义,晚上封资修,反动学术权威等。我曾力图组织党员,稳住二室动荡的局势,但局势却愈演愈烈。1967年1月,二室造反派宣布夺权,我也就靠边站了。

这时,我突然感到一身轻松,首先向造反派请假,回江西老家看望病危的父亲。由于农村缺医少药,父亲病得那么重却连病因也不知。我回家的第二天他便去世了。母亲、嫂嫂和姐姐哭声一片,我想起从小父亲视我如掌上明珠,养育之恩未报,我却半生碌碌,一事无成,不禁潸然泪下。

父亲临终前为未能亲眼见到儿媳而遗憾,嘱咐我要早日完婚,那时我们已年近30岁了。1968年1月我们在离东四不远的一个小四合院内举行婚礼,爱人在单位人缘好,她的同事把那间无人住的破旧平房整理清扫并粉刷一新,还送了锅碗瓢盆及炊具作为贺礼。举行婚礼那天,爱人单位来了很多人,小小的屋内挤得水泄不通,连屋外都站着不少人,邻居热情地帮着招待客人。环顾四周,却没有一个我的亲友。因为我的单位远在郊区,交通不便,我没有邀请他们。但意想不到的是婚后第一个星期天黄老师和叶老师却花费好几个小时找到我们的住处来道喜,并送了一对精致的茶杯和一本俄文版的毛主席语录。

夺权之后，我大约当了两年多的逍遥派，平时除了参加上级规定的活动外，也偷偷地学英语看专业书。有一次我发现黄老师一个人躲在实验室的一个角落里焊仪器，就跟他一道干点业务工作。当时2-4组在室里算得上是一个大组，人员最多时曾达20多人，文革前，何先生经常光顾，他的研究生托黄老师带。但2-4组也是一个穷组，我的印象，组里除了从英国进口一台双线示波器外，没有别的像样设备，连我做论文使用的主放大器也是叶老师自己焊的。我想这和何先生、黄老师一贯主张自力更生，艰苦奋斗的指导思想不无关系。当时2-4组正在研制一台用于测量重核裂变时发出的瞬发平均中子数的载钆液体闪烁计数器。这台设备主体是一个自制的直径为60厘米的铝球，球内装载100多升的有机闪烁体，球表面对称地开六个玻璃窗，窗外接六个大面积的光电管，整台装置再加上铅和石蜡组成的屏蔽系统，差不多占据一个小房间。所有的部件除了大面积光电管从英国进口外，全是国产，很多都由实验工厂和自己动手加工而成。为焊接六个光电管管座，黄老师默默地日复一日地埋头苦干。由于他心灵手巧，工作一丝不苟，所焊的焊点就像雨滴一样圆滑，这些光电管管座先后经过数十人多年反复使用，一直保持良好的工作状态。我们年轻人无不暗自叹服。

建造过程中，遇到许多技术难关，例如配置长久不沉淀的载钆有机溶液，给球内壁喷涂具有高光反射系数而又经得起有机溶液长期浸泡不溶解不脱落的反射层。为此，全题目组人员倾注了大量的心血，付出长时间的劳动，常常夜以继日的苦战。

为喷涂符合要求的反射层，我们也殚精竭力，不辞辛苦。记得1967年夏天，正是骄阳似火的时候，黄老师和我在重水反应堆大楼南边的水泥地上，把氧化钛粉溶在蒸馏水中，然后把喷枪的橡皮管接到压缩空气瓶内，朝着铝球内壁均匀地喷射。喷了一层等太阳晒干了，又开始喷第二层，前后连续干了十多天，有时遇上雷雨天气，所喷的溶液便发霉，只好洗掉重来。经过反复多次，最终取得了较为满意的结果，使用了相当长的时间。

此后在长达20多年的时间内，多达数十名的科研人员应用这一载钆液体闪烁计数探测系统做了卓有成效的工作，取得了国防所需的核数据，和国外许多先进的实验室进行学术交流，先后在国内外著名的学术刊物上发表了数十篇重要文章，也取得了众多的科技奖项。作为一台自制的大型探测器，它的性价比在二室的科研史上是很突出的。

1969年在恢复党组织生活后，我被所军管会和工宣队任命为二室临时党支部书记，成为室的第一责任人。不久，上级交给一项重要任务：动员和组织几乎占全室一半人员的战备下放。下放人员中老同志居多，而且携家带口去农村，似有一去不复返之意，全部家当都带走。动员和组织工作异常艰巨和复杂。当时我面临的一个难题是黄老师和叶老师的下放问题。他们家中有一个才几个月的婴儿和一位年老体衰的母亲。我注意到黄老师的健康也一天不如一天。闭着眼睛把他们驱逐到农村，他们如何应对农村的恶劣环境？我多次找室工宣队反映实际困难，最后同意这次不让他们下放。但不久有人到所军管会告状，最后黄老师被列入下放人员的名单。走的那天，我们去他们家里帮助整理和搬运行李，临走时看到那幅扶老携幼的惨景，心头突然有一股说不出的滋味。但黄老师却显得很淡定，频频向送行者点头，表示谢意。

1972年所里给二室派来了党支部书记。室主任仍是何先生，但她明确表示不想再回二室了。我被任命为室副主任，主持室里的科研生产工作。这时的二室和所内其他单位一样，文革还在继续，但多数人——特别是"九·一三"事件之后——已厌倦那无休止的所谓"斗争"和"批判"。人心思定，希望重新回实验室从事正常的科研工作，我因势利导他们转向科研，组织了五个调研组，探讨二室科研工作所面临的新形势和任务以及如何迎头赶上国外先进实验室在有关领域的科学和技术的新发展。

不久传来了对1969年战备下放人员可以根据单位工作的需要，有计划分批逐步回调。我感到如久旱逢甘霖，因为二室当时的业务骨干大部分都在湖北干校。党内进行了一系列讨论，列出了拟调回人员的名单，也初步落实了回室人员的工作安排，其中，讨论最多的是对黄老师的安排。在何先生决定不回二室的情况下，二室的科研管理由谁主持？就我的学识、经验和能力显然承担不了。我认识到，尽管文革以来，二室科研停顿了，和国外的差距也拉大了，但二室基本的科研队伍还保留良好，人才济济；实验室科研条件也未受到严重破坏。关键在于把骨干人才放到关键岗位上去，把原有的条件很好地利用起来。当务之急是选出一个合适的领军人物。我认为能担当此重任的应该是黄老师。他从清华到留苏，学识渊博，基础扎实，担任业务大组长多年；还一度当过二室党支部副书记，有丰富的管理经验和独立解决实际问题的能力。经过党内酝酿后，我向上级领导进行了汇报，他们认为建议很好，但要做好群众特别是在社教试点和文革初期对他意见强烈的职工的思想工作，以便水到渠成。为慎重起见，我们建议在适当时候（不能太早）调回，先恢复2-4组业务大组长的职务，经过几个月后提升为室副主任，逐步过渡到主持室的全面工作，然后再晋升为室主任。

这一过程进展得很顺利，1972年年初黄老师从干校回来后开始还有些谨小慎微，慢慢地便放开手脚投入工作了。室里的群众中大多数欢迎他当领导，少数开始有些担心，怕穿小鞋；但在实际交往中体会到黄老师总是秉公办事，并主动帮助他们解决实际问题，内心的隔阂也就逐渐消除了。黄老师在担任副室主任后不久，我因患肝炎住院，这样他就顺理成章地主持二室科研生产的全面工作了。

很快黄老师便在领导岗位上崭露头角。例如，1971年前后，我曾发动2-4组（当时因老同志下放了，基本上都是年轻同志）翻译一本英文专著"Nuclear fission"（Vandenbosch & Huizenga著，美国科学出版社出版），目的是通过对该书的翻译，既提高有关核裂变的专业知识，又提高年轻同志的英语水平。但由于主观和客观的许多原因进展缓慢，特别是译稿的审校工作基本未落实。黄老师对我原来的安排并未作重大变更，但做了很多细致具体的工作，主动帮助解决翻译过程中出现的问题，并主动承担起审校和编辑的工作，加快了翻译的进度，提高了质量。译稿送原子能出版社后，得到了好评。这是我室文革后出版的第一本译著，它成为使用至今的一本专业参考书。

针对文革前和文革中的许多科研成果没有及时总结整理和建档，实验数据散落在科研人员记录本中,时间久了,难免有失散的现象,黄老师深入各课题组,了解情况,安排有关人员集中力量总结整理实验数据并建立科技档案。经审校对具有学术交流价值的档案,令有关人员写成学术论文,送《原子能科学技术》等有关刊物发表。所成果管理处对二室的做法深表赞同,并发了公文,通报表扬。

黄老师在组织和指挥二室的科研工作时,总是兢兢业业,一丝不苟。他从全室大局出发,力求多出成果和人才。例如他通过核工业主管部门和核工程院,核测试所有关领导的接触,深入了解上级部门和国防单位的需求,针对二室各课题组和业务骨干的条件,及时地做出必要的安排,使得我们不失时机地拿到项目和经费。他从不计较个人得失或以权谋私,自己不当项目负责人,只是做好全室的业务保障工作。

因工作需要,他接待外宾较多,出国机会也多。他常常通过各种途径为二室业务对口,工作能力较强的同事联系到国外有关实验室去参加培训或长期工作,但却没有把任何"肥差"留给自己或以合作名义长期滞留不归。

为了表彰黄老师的先进事迹,院党委曾多次评他为优秀党员。他还先后被评为原子能院和核工业部的劳动模范。

我和黄老师合作的第一阶段,互相配合很默契。在办公会上,开诚布公,畅说欲言,遇到麻烦时,都愿去解决最辣手的问题。由于我们有不同的经历,有时需要各自发挥自身的优势。取长补短,密切配合,往往取得很好的效果。我感到能作为黄老师的工作伙伴,真是三生有幸。但这种良好的关系,突然出现了龃龉。起因是这样:1969年年初,我参加了部里的一项绝密科研任务,在地下核试验场区工作长达四个月。回所后,通过文献调研,我认为利用地下核爆炸测量快中子截面是一个很好的课题。由于当时黄老师等许多老同志已去湖北干校,无法和他们沟通,只是找了一些年轻同志磋商。几经酝酿,我把建议向所里和部里主管国防科研的领导作了汇报,上级觉得可以考虑,于是我组织了十几位符合绝密工作条件的年轻同志进行筹建,他们除了书本调研外,还先后分组到有关工厂,讨论研制中子飞行管道,到北京综合仪器厂讨论研制探测器和核电子学等问题。但就在准备工作似乎一帆风顺地进行时，在一次汇报会上，我突然听到当时担任室学术秘书的王大海说，该项目似应刹车。我听着听着一股无名火从心头爆发，突然站起来，当着众人的面狠狠地批评了他；但我发现黄老师却不动声色的坐在那里。我意识到他显然不同意我的做法，我感到很窝火，便匆匆地走了。王大海一直是我敬重的老同志之一。1972年正式成立室领导班子后，我们面临科研工作百废待举的局面。王大海受命任室学术秘书，工作尽心尽责，任劳任怨，和我配合很默契。那天我一时失去理智，当众发火，使他下不了台。事后，我深感愧疚；但他却以德报怨，一如既往地真诚地待我。一直到现在，我们还保持着良好的私人关系。

事后，在室领导的办公会上，黄老师做了长篇发言，其中许多话至今我仍然记忆犹新。他说，兵书上最忌讳的是屯兵于坚壁高垒之前，仰攻不下，又进退不得的困境。利用地下核爆炸测中子截面似乎是个好项目，且美国早已开展此项工作，取得大量宝贵的数据，现在前苏联也在大力开展。但是我们应该清醒地预计到工作中会遇到的困难。在茫茫的戈壁滩上，那么复杂的测量设备如何安装调试，且核爆时间极短，又不能重复，怎样获得可靠的数据？与其耗费了大量的人力物力而进退两难，不如现在及早刹车，把人力物力投向更合适的项目。我深知这样的意见对你很残酷，但总比若干年后，耗费了十多名年轻同志的宝贵青春而一无所获要好。与其一路哭，不如一家哭，只能请你谅解了。我默默地听着，无言以对。

恰恰在此前后，所里酝酿物理线要上两个大项目，13MV串列加速器和100 MV电子加速器。室里分工黄老师和王大海参加前者，我参加后一项目并任物理组调研组长。几年之后，经过所领导及二室、七室和201室的许多业务骨干的努力，建成了著名的串列加速器核物理实验室，但电子加速器却不了了之，最后胎死腹中。

这时我深感人生道路坎坷而曲折。我们这一代，可以说是长于国家多事之秋，政治运动多，下放劳动多，即使毕业于名校，在学术上，也未经很严格很精心的培训。我更是一出校门，便漂浮在上面，遇事既少真知灼见也欠深思熟虑，所以到处碰壁。亡羊补牢犹未晚，我下决心补课，这一想法得到黄老师和其他领导的大力支持和热情鼓励。我像一个普通科技人员一样参加载钆液体闪烁计数器项目组。当时项目组共四位组员，组长提出每人主持一到两个小题目，同时又参加到别人所负责的项目中，分工合作。这是我一生中所遇到的最和谐最精干的集体。在工作中，他们给了我很多指导和帮助。短短几年中，我们出了不少成果，在国内外刊物上发表了不少学术论文。我首次以第一作者在《原子核物理》上发表了两篇文章，很快它们均在"Chinese Physics"以英文发表。

1984年年初，由物理部的二位领导丁大钊和黄胜年以及室主任孙汉城三人共同写亲笔信推荐，美国伊利诺大学物理系核物理实验室聘我为客座助理研究员，合同一年，后又延聘一年。回所后，我被任命为计量测试部副主任，不久又升为主任。这时黄老师已到核工业研究生部担任副主任和主任。虽然不在一个单位，但我们之间仍保持密切联系。我们单位的许多重大科研项目立项或成果评审都请他作为专家出席。他只要时间允许，总是有求必应，会上会下给我们提出许多中肯的意见，为计量测试部的发展付出了不少心血，受到大家的称赞。

2009年1月12日，我们怀着悲痛的心情到八宝山向黄老师告别。当我进入灵堂，耳边响起低回的哀乐，默默目视黄老师那清瘦而安详的脸庞，往事在脑海一一涌现；再看站在旁边的叶老师，我禁不住热泪盈眶，不能自已。回所后仍然沉浸在悲痛之中，成小诗一首，记录当时的心境：

> 如切如磋忆犹新，亦师亦兄润无声。
> 秋阳黄叶丽亦凄，人世相处赖真诚。

斯人已逝，音容如昨；魂兮归来，鉴此孤诚！

（丁声耀）

第八节 我在裂变物理组的工作

1967年夏天,我提出想回家探亲,正巧我们组里打算有意让我出差上海,这次外出可谓两者兼顾。我组有关同志(黄胜年)十分担心的是,闪烁液体探测器的关键原料之一的丙酸镉生产是否受影响?它涉及即将开展的科研任务,关系重大。

7月20日,我到达上海,首先办事,直奔北京东路444号。这里是二机部在上海的供应办事处所在地。我找到有关人员(许葛民、陆瑞庆)说明来意,他们当即开出介绍函,上面写着:兹介绍陈进贵、陆瑞庆同志俩人前来你厂为联系丙酸镉,请尽早交货及说明闪烁液体性能,请惠洽并予协助为荷,此致上海试剂总厂。介绍函背面上写有"找技术科王珉同志,(67)化剂035号合同丙酸镉8公斤"字样。

我考虑早点完成任务,提议下午即去上海化学试剂总厂。陆瑞庆欣然同意,由他领路去光复西路1249号化学试剂总厂,找到相关人员,表达我们要急用此批货的心情,事情顺利办妥。

1968年,我组直径60厘米球形载镉液体闪烁探测器建成了。配合改进后的脉冲数目分析器以及其他仪器,首先用它测量了"钚240自发裂变中子数目概率分布",结果与半经验理论计算的高斯分布很好符合。用概率分布或直接测得的该核素中子平均数目与国际上发表值一致。这说明我们实验技术水平大大提高。该项实验研究取得圆满成功,从数据处理我们又可从此样品获得自发裂变中子平均数的 υ 值。

乘胜追击,扩大战果。我们利用这套经过严格考验的探测装置,测量了铀238自发裂变时发射中子数目概率的分布,向这个低质量数的偶—偶自发裂变核挑战(铀238自发裂变率很低,困难多,而更高的超钚源难以解决)。此值迄今未见有过文献报道。此话真凑巧,我们的论文发表在《物理学报》,1974年。中间去干校二年,两年之后,即1976年前苏联人也做了类似的工作,发表在他们的《核物理杂志》上。他们仍然沿用石蜡计数管的老探测器，其探测中子效率低，数据质量很差。但这从另一个角度思考，外国人都在抓紧时间，未见报道不等于没有人做。

实验方案与钚240的相类同。多极电离室内尽管装上克量级的天然铀样品，因铀238自发裂变衰期为10^{16}年，裂变率仍然相当之低，约3分钟来一个，少得可怜，样品量再加大又不大实际，我仍只好耐心地测量，不得不付出持续十几天的劳动。

高效率的液体闪烁探测器（η=69.1%）造成本底脉冲太多，改善防护降低本底后还竟达每秒1 000以上，多得要命。装置放在远离反应堆、加速器的53#楼的一间普通实验室内，周围堆有铅砖和铁砖作屏蔽，采取了许多措施，把本底降到可接受的水平，这些本底的存在不影响大局。

我们在种种不利的条件下（还包括业务冲击政治的帽子、器材供应不上、工厂加工不保证时间等因素）测出了比较满意的实验数据。令人欣慰的是，按中子平均数积分方式求得的γ值，与以前我组测过的值作比较，在误差范围内是相符的。这说明实验测定的结果（数据）是可信的。这里我们实质上获得了这个课题额外的"副产品"，即该天然铀样品中子本底值。中子本底主要来自铀238自发裂变的中子，也有来自材料中轻元素的（α，n）反应的中子，显然它牵涉到核装料铀235的浓缩度和纯度。这是一个重要的核数据，所以说任务与学科有时"混合"在一起的，很难分清的。

两篇裂变中子数目分布（也称多重性）文章，作为姐妹篇发表在中国物理学会杂志《物理学报》第23卷第一期上（1974年1月）。文章列出了国际上发表的其他偶—偶核相关数据。我们的实验数据经处理获得概率分布的分布宽度，与钚（Pu）、锔（Cm）、锎（Cf）、镄（Fm）的分布宽度作分析比较发现，我们实验所得到铀（U）的分布宽比那些的都显得窄！如果作出分布宽度与中子平均数γ的关系图，显示出呈明显的上升趋势，不具线性关系（超过误差范围）！给出这个信息是有意思的，随着偶—偶核的变化而自发裂变平均中子数与其数目分布宽度之间存在着不统一的趋势变化关系。

我们研究组与这以前做的钚240工作，实验条件相同，不会存在系统性偏差问题。钚 240 的中子数目分佈工作确实可用高斯曲线近似描述，分布宽度也偏离"正常"，而铀 238 的却明显地比钚 240 的窄得多。换句话说，重核自发裂变的中子数目概率都能相当好地落在同一的高斯分布曲线上，唯独铀 238 例外。

时隔多年，1989 年 10 月，我在核科技情报所工作期间，意外地收到一本外文资料，封面上即有 PHYSICS OF NEUTRON EMISSION IN FISSION 字样（裂变过程中的中子发射物理）。再一看发现，它是由国际原子能机构下属的国际核数据委员会以科研报告集或者会议记录汇编的形式编辑出版的（IAEA, INDC, International Nuclear Data Committee）。

我接着打开书浏览，以了解其来龙去脉。原来，在 INDC 的推荐下，IAEA 于 1988 年 5 月 24 日至 27 日在日本茨城（Mito City）召集关于裂变过程中的中子发射物理的咨询会议（黄胜年是中国代表参加了此次会议）。裂变中子多重性分布是其中的专题之一。

目录显示：

TOPIC2：2.4 Neutron multiplicity of U-238 Spontaneous fission，作者及单位：Huang Shengnian、Chen Jinggui、Han Hongyin（IAE Beijin, China），即黄胜年、陈进贵、韩洪银（中国，北京原子能研究所）。继续往下搜索时看到：

TOPIC3：Competition between neutron and g-ray emission，其下 3.2 Neutron and gamma ray emission in ^{252}Cf fcrnay fission，作者及单位：Han Hongyin, Huang Shengnian, Meng Jiangchen, Bao Zongyu, Ye Zongyuan（IAE Beijing, China）。这时我意识到，我们裂变物理组的研究成果已居国际原子能机构文献库中落户了。

（陈进贵）

第九节 忆黄胜年老师二三事

我第一次见到黄胜年老师是他从干校回来。文革末期，正在恢复科研秩序，当时室里组织各种学术活动，请老同志作报告。黄胜年老师作关于裂变物理的报告，他表述得那么清楚，物理图像那么清晰，我听了以后非常佩服，他的报告给我们这些当时的年轻人留下了非常深刻的印象。惊讶之处还有经过文革那么多年，在干校又劳动了这些年，仍没有淡忘和模糊他学习和从事的专业，这说明这些知识已经深深地植根于他的血液里了。

在他被调去研究生院工作以及后来患脑溢血以后，他还一如既往地对老二室的工作非常关心。关心室里科研工作的进展，也非常关心室里年轻人的成长。当时博士生导师很少，我曾多次建议他招收几个研究生放在室里，我可以安排其他同志帮他带，这其实是很普遍的现象。但是他一再拒绝，他说，既然他自己没有精力去指导学生，已不在科研第一线工作，就不招收了。这是他一贯的实事求是和对工作负责精神的体现。

1982年，我在院里英语班学习，想请黄老师到英语班给学员用英语作报告，报告以后接受大家提问，增加大家练习英语的机会。当我向他说明这一目的后，他立即答应了。这是我第一次听他用英语报告。我们只知道他曾经在前苏联学习好几年，他的俄语很好，但并没有在欧美国家学习和工作的经历。听了他的报告后感到非常惊讶，他的英语发音非常纯正，表达也非常流利。我问他如何才能发音准确，他告诉我，每当他碰到一个生词或是对发音没有把握的词，就查字典，按照字典上所标的音读个一二十遍，加强印象。这和他一贯的认真负责、一丝不苟的精神是一致的。

他患脑溢血后，右侧半身不遂。为了不给或少给家人添麻烦和给社会再做些贡献，他一直坚持锻炼，练习扶着墙走路，更加了不起的是练习用左手写字。当我看到他用左手写的文稿时，简直不敢相信，这和他过去用右手写的一样好，这是花了多少心血练成的啊！后来他又学习使用计算机，用左手敲击键盘，学习五笔输入。他病重后出版的诗文集基本上是他在生病期间写作和整理的。黄老师的顽强不屈和执着的精神无处不在。

虽然黄老师离我们而远去了，但是，他的音容笑貌、他的言行在我的脑海里还是那么清晰可见，留下难以湮灭的径迹。他的高尚品德将永照后人。

原载《原子能院报》2010年1月15日总第911期第4版

《金色年华》纪念中国原子能院建院六十年征文集 原子能出版 2010年239页

（周祖英）

第十节 走过泥湿地

在这之前我已经接到黄老师去世的消息，之后潜心想写点什么，作为我自己对老师的纪念，但一直没有找到一个满意的着墨处，终于，这个讣告让我看到了自己委身的地方，从而也看清了属于我下笔的那一方素白。我这才意识到，原来，我也许是企图在我的文字里兼顾他生前的那些辉煌，但我自己又无法站在一个足够的高度上。我的立足点注定我只能哆哆嗦嗦地写下我自己和黄老师在生活中的那点琐碎接触，也许这正是我潜意识中迟迟不敢动笔的原因，因为怕琐言碎字埋失了那篇大文章。

其实，老师现在有知，未必那么在意上面那篇大文章。一个真正的怀念，不需要地位比照它的深浅，也无需权势昭显它的靓丽。我相信真正的怀念是一片素色，白底，上面蠕动着一丝丝黑色的生活痕迹，甚至都不是白底，只是一片泥色，能够分辨的不过是那一脚一脚踏出来的不同的深浅罢了。

你不是看过那篇《泥湿步留痕》吗？

趔趔趄趄，我也跟着黄老师走过几步泥湿地。

到"401"不久，有一天室里有人通知我和同年考到原子能所的师弟去见黄老师。进门后，黄老师开门见山："今天叫你们来是给你们一个小测验，我要看看你们的英文发音怎么样？"说完拿出一个简单的英语读物让我们俩各念一段。念完后，老师的评语很认真，但也十分有趣，评师弟："你的发音比我想象的好多了，我以为四川口音会对有些英语发音有影响，但看来对你来说好像行。"

我插科打诨:"我呢?也好于您预期?还是不如您预期?"

"你是内蒙古人,我对内蒙古人说话腔调不熟悉,所以没有预期。"

没预期,也没评价。有点失望,还有点忐忑。"预期"是一根标杆,可以从那里量起,师弟站在标杆旁,高出一节,师傅满意,甚至是惊喜。我没标杆,自己蠢在那儿作了标杆,有点没着没落。打那儿以后,落下个毛病,一说英语,就有点胆战心惊,潜意识里老想找根标杆靠一靠。

夏天,一天晚饭后,从食堂出来,拎着饭盒和同室的一个年轻人往办公室晃悠,路过回旋加速器楼,被楼口一个年轻人叫住:"听说你能写两下,我们出黑板报,剩下个空,没稿子了,你给补点什么。"过去一看,果然,剩下个空,长方形,还是纵向。

"要不胡诌首诗吧?"我其实最不会写诗,但剩下的空,连横向长方形都不是,好像存心为诗剩的。

"好,好,好,就写诗。"在场的人有五六个,都随声附和。

挠挠头皮,想了八句话,每句话正好七个字,排成八行添进那个黑板空里,天衣无缝。众人一片声喝彩。有点得意,摇摇晃晃进了办公室。

第二天中午,又是吃完饭,和同室的一个年轻人从食堂里出来,往办公室晃悠。走到回旋加速器楼前,迎面碰上黄老师。黄老师从他的26小坤车上跳下来,叫我,我站住,有点胆怯的笑。

"你文章写得还不错。"黄老师开口。我有点糊涂,看着身旁的自行车流前赴后继,汹涌澎湃。纳闷儿:这当前儿,正是中午下班吃饭时间,现在找我谈话,不至于就是为夸我文章写得还可以吧?莫非是我今天中午本没有实验,却违例去吃了个"提前午餐",被老爷子抓了现行,要先礼后兵?

"不过你那诗写得可不行,七律是要讲究平仄对仗的。你那哪能叫七律,会叫人笑的。有机会我可以和你讨论讨论。"话说完,一蹁腿儿,上了26型小坤车,已经滑出去十几米了。

我彻底"晕菜","七律"?我什么时候写七律来着?这当口同室胡师妹路过,正好看了这一出,笑得意味深长。看我木呆呆,提醒:"昨天黑板报。"我顿悟,冲进楼门,抬头,果然看到那首打油诗上写着《七律

×××××××××》下面还署着我的俗名。

"你文章写得还不错",大概可以作为诗水平的"预期"了,这次可有机会给自己立了个标杆,却无意中拿一首打油诗比在了那根标杆旁。真是栽得无怨无悔。

这事发生后,我对黄老师在诗上的功夫有了一种惊怵的感觉。我知道他是个极认真的人,自己没有这份功力,断不会对别人虚加评论。尽管如此,我并没有真的为此寻找机会去讨教过他。其一是因为我对诗的兴趣始终寥寥,再者自觉在诗方面全无根底。讨教是一种功力毗邻间的切磋,是一种轻力佐持下的提携。无须有将人从泥沼中拔力相救的艰辛。犹如你仅有初中物理的基础,端的没必要去讨教锎 252 的裂变谱是怎么测出来的。

我是直到几年前才收到叶老师寄来的《泥湿步留痕》,真正领教了老师在旧体诗上的功力。但那也是一种局外的观摩,虽感叹其大势磅礴,却不能真正体会其中的精致,甚至还有很多字根本就不认识。

我有一次到物理部办公室,进门后,正听到一位秘书感慨:"老黄这个人真是难得,不像某某,我那次把他的职称据实写成副研究员,惹得他老大不高兴,唠唠叨叨了好几次。"我问发生了什么事。秘书回答说,她们正在向上报科研成果,在一项成果报告上,把黄胜年的职称写成了"研究员",老黄认为不妥,非要改回"副研究员"。其时黄老师的研究员职称已经批了,只是正式文件还没有下达。

"没有下达就不能算。"黄老师如是说。

我记得,我最后一次见到黄老师大概是在 20 世纪 90 年代末。我回国后抽出一天时间去看望他和叶老师。那时他已经经过中风的磨难,右半身不遂。但却用左手练出一笔好字。我想他的确是个天赐聪慧的人,但他真正的个人魅力是他一生的认真和坚韧。

我总觉得,一个认真的人一定是个好人。一个坚韧的人一定是个能够有所成就,受人尊敬的人。一个认真而且坚韧的人一定是个既能对得起自己,也能对得起他周围的人甚至整个社会的人。

我不想用悲痛来形容我对黄老师离去的心情。他一生都在泥湿地上走得十分乐观,但也十分艰难,到生命的最后时刻,他已经被深深地陷在泥里,动身不得。他太累了,他已经到了力不从心走不下去的程度了,更重要的也许是,他自己也不想再走下去了。

就在那里停下来,和泥湿地融在一起。这也许是黄胜年,一个科学家最好的归宿。

(此文是黄胜年的研究生跃钢写的博客,他目前在美国工作。)

(跃 钢)

第十一节 一个学生的回忆

黄老师是原子能院德高望重的学者,大学毕业后,我选择了念黄老师的研究生。记得那时出国风很重,我也抱怨国内条件不好,他却说有能力的人在哪里都是能够做出成就的,当时这话我印象很深,不过到了现在我才真正理解,这不就是他一生的写照吗?

我在日本做访问学者时,黄老师借访问的机会来看我,对我工作挺满意。记得他还在我小小的榻榻米房间照了张相,给了我很大的鼓励。此后,我忙于自己的工作,黄老师则一心在研究生院教书育人。黄老师生病住进海军总医院后,我们这些学生轮流过去照顾,他与疾病作斗争的乐观精神让我们钦佩不已。

黄老师对晚辈要求严格,但一向爱护后生,注重提携年轻人。例如他曾热心推荐我去申报一个荣誉称号,并多次帮助我修改材料,使我受益匪浅。

后来,黄老师已行动不便,但仍用电脑笔耕不倦。我看到电脑较小,便提出所里出资买台大的,因为老师是物理所的高级顾问。不料老师一口回绝,认为他身体不佳,难为所里再做贡献。此事反映了老师的高风亮节。

此后,看了老师的回忆录和诗作,才知道老师除在学术上德高望重之外,还有学贯中西的一面。我的师兄近来著书立作颇丰,想必是得他真传。我却未曾在此方面请教,感到遗憾。

看来，黄老师的几个学生均严谨低调，学有所成，老师的教诲功不可没。今后，我们还会努力工作，把老师的严谨求实精神传承下去。这次，王甘棠老师费心写出黄老师的传记，实在是造福后人的善举，作为老师的学生，写此拙文，聊表对黄老师的怀念。

（柳卫平）

第十二节　缅怀黄老

1958年8月份，我分配在2室241组，组长是室主任何泽慧，副组长是黄胜年，组员有王豫生、叶宗垣等，来后第一项任务是我们四个人在反应堆上的零号孔道边加防护砖，是重水泥砖，每块25公斤。当时黄胜年比较瘦，身体也不好，他照样一个人搬，女同志后来就两个人抬，我们4个人一下午就垒起来一个做实验用的防护墙。他们就往里边搬仪器，查线路。他忙于做实验，还要教我焊接技术。黄胜年不但给我讲焊接的基本知识，还手把手的教我，开始焊3个前级放大器，后来焊300伏的稳压电源。他是二室的党支部副书记，书记是干部处的处长胡国春，其实他把工作都全部担起来了。他都是利用中午的时间看报纸，当时是大跃进年代，每天晚上都要加班干到十点钟，根本就没有星期日，做实验他同样参加倒班，下来后他同样是在办公室工作。大家都知道他很少休息，每天24小时他休息没有超过6个小时，他的精力很好，他讲过每天若有28个小时有多好。

我在他领导下工作两年，他就好比是一个兄长，对我非常关心，在1958年冬天，他看到我没有棉衣，他给我20元叫我去买棉衣（当时我的工资是28元）。当时我谢绝，他说这是组织发给你的棉衣费，后来我问我们一起来的人，他们都说没有，其实这20元钱就是他自己的。春节放假时，他知道我是从农村来的，家比较远，就问我回家有没有同乡，在什么地方上车，在什么地方换车，路费有没有等，我都讲了有同乡，什么也不缺，他这才放心！他对我的学习也很关心，叫我上夜校，并亲自抽时间进行辅导，即使是在忙的时候还到宿舍来看我，看到我铺的单薄，就要给我拿垫子来，我坚决谢绝了。他身体不好，腰骨脊椎发炎都动不得，但好转一点，就到北区实验室，骑不了自行车就推着车走，后来我听说他背部都穿上了钢背心，在这种情况下，他还是那样忘我的工作。

在1990年4月科工委召开有关计量的"八五"规划会议，由我们放射性一级站参与组织（打头），有国防科工委十个大计量单位参加。由丁大钊、黄胜年任组长，他的身体已经很差了，他能够坐在那里坚持一天听报告，晚上还要加班审查报告，开了一个星期，他天天如此。那次会议开得很成功，跟他的辛苦和认真负责的精神是分不开的。他是院士，平易近人，身体残疾，经受着病痛的折磨，他从来都是坚强的工作，为国家做出了卓越的贡献。他是中国的保尔柯察金，他有坚强的毅力，无人能比的。

原载《原子能院报》2010年1月15日第4版
《金色年华》纪念中国原子能院建院六十年征文集 原子能出版社
2010年239页
（李广山）

第十三节　颂黄公（有感泥湿步留痕）

其一
幼习诗书读圣贤，辗转经日不堪言。
太仓初立鸿鹄志，莘莘学子清华园。

其二
神州百废多期盼，游子俄京记华年。
原子城内一腔血，核能创业实为坚。

其三
建功立业宏图展，立尽沧桑若许年。
泥湿步痕激晚辈，慰君无语名自传。

（王　宣）

第十四节　蘑菇云可以作证

1956年，国际高能物理会议在前苏联召开。此次会议上聚集了从世界各地前来参加会议的科学家们，他们大都是在国内外享有盛誉的高能物理方面的权威。

这时，在大会讲台上发言的是中国理论物理学家朱洪元先生。他那精辟的论述和独到的见解，引起了与会者的很大兴趣。

可是，人群中却有一个金发碧眼的先生鄙夷地从鼻子里哼了一声，说中国人根本做不了实验验证，就是做了也没有多大价值！这位先生的话被坐在一旁的中国留学生黄胜年听到了。

这话深深地伤害了一个中国青年的自尊心。事实胜于雄辩，他不屑跟那个外国人去争论。他一定要在国内做出优秀的实验，用实际行动来告诉全世界，中国的科学工作者一定能和别人一样攀登世界科学高峰！

黄胜年离开会场，直接来到当时正在前苏联访问的钱三强教授那儿，他激动地向钱教授诉说了刚才的事，提出要提前回国工作的请求。

"你回国后就跟我做裂变物理的实验。"

钱三强教授看着眼前这位四年前国家派到列宁格勒大学物理系学习，目前正在前苏联科学院热工实验室实习的倔强的年轻人，深深地为他的爱国热情和科学工作者的责任心所感动。他喜欢这种有志气有抱负的青年，于是说："那好吧，你回国后就跟我做裂变物理的实验吧。"

就这样，黄胜年踏入了实验核物理的天地。1958年秋，我国第一座研究性反应堆建成后，黄胜年在钱三强教授的指导下，取得了反应堆上的第一个研究成果——"热中子引起铀、钚裂变中子平均数的相对测量"。

1963年6月28日，何泽慧教授将一项紧急任务交给了黄胜年：在三个月内，为西北某单位建立一套金属铀本底中子的测量方法和装置。参加工作的除黄胜年外，另外两位是从使用单位来的，他们以前没有搞过中子测量工作。

黄胜年经过周密设计,将整个工作分成3个部分:一是选择、设计、加工和调试探测器系统;二是用多种方法对仪器进行刻度;三是准确测出中子增值和宇宙射线的影响。

黄胜年设计了4种不同的测量方法,以便能相互校验。其中有一种方法要用到两个光中子源,这就需要用到金属铍。金属铍是一种剧毒物质,对人体有极其严重的伤害,使用它必须有严密的防护设备,还要加倍谨慎小心,稍有不慎,后果不堪设想。

为了不让别的同志冒险,深夜,黄胜年独自一人来到实验室。他戴上口罩,用塑料布做了一个简单的防护罩,打开一瓶铍粉,小心翼翼地开始封装。仲夏的夜晚,暑气逼人,人们坐在室外,摇着扇子,还是热得无法忍受,实验室里更是沉闷难耐。不一会儿,黄胜年就已经汗流浃背,气喘吁吁了。他埋头操作。注意力高度集中,不敢有丝毫的大意,甚至顾不上擦一擦满头的汗水,终于将铍粉安全地封装完毕。为了防止别人受伤害,他又细心地把塑料布等用品作了妥善的埋藏处理。

探测系统加工好了,为了抢时间,黄胜年又和其他同志一起动手罐装大屏蔽体。8月下旬,他们就完成了探测系统的安装调试,开始着手刻度实验。由于黄胜年作了充分的准备,测量工作进行得很顺利。宇宙线和中子增殖的影响问题也得到了满意的解决。9月下旬,一整套装置安全装箱发车,他们终于在规定的时间内完成了任务,准时将装置运往使用单位。

"核部件产品在本底中子指标上合格"

半年后,正是我国第一颗原子弹爆炸前夕,试制工作正紧张地进行着。第二机械工业部许多领导每天都是在车间里和技术人员、工人一起攻关。黄胜年也来到这里,与另外两位同志一起,对原子弹产品进行实验检测。这是一项绝对严谨精密的工作,不允许有丝毫的差错,任何一点失误都可能造成不可估量的损失。为此,姜圣阶总工程师专门约见了黄胜年,反复交代了检测要求。

正式测量前,他再一次调整了仪器,用几种中子源作了校核,做好了充分的准备。

加工完毕的部件运过来了，黄胜年戴上手套，双手捧起那已经成形的原子弹核心部件。

这部件凝聚着多少科学工作者的心血，倾注着多少人的希望和期待，有多少人为它默默地奉献着青春和生命！所有的眼光都注视着黄胜年的双手，他的心怦怦地跳着，一股激情涌了上来，热泪夺眶而出，大滴大滴的眼泪掉在白色的塑料地板上。

黄胜年深深地吸了一口气，稳了稳神，开始检测。一次，又一次。人们屏声息气，目不转睛地盯着他的一举一动，四周寂静无声，只听见时钟滴答滴答地走着。

经过反复测量，把各种可能的误差和修正因素都仔细推敲过后，黄胜年用微微发颤的声音报告说："核部件产品在本底中子指标上完全合格！"

1964年10月16日，我国第一颗原子弹爆炸成功，举国欢呼，世界震惊！黄胜年欣喜若狂，在这胜利的时刻，他不禁又一次想起了当年在前苏联时那个外国人说过的话。面对中国取得的举世瞩目的成就，那个外国人将会对自己说过的话感到惭愧。

原载《中国核工业报》2005年10月25日

（常甲辰）

第十五节　人物风彩　黄胜年

清华状元处世低调

黄胜年自幼聪明，1950年以状元的身份考取清华大学。1950年夏天，清华大学开学不久，物理系新生头一次在科学馆做物理实验，没多久门口来了好些助教，对一名男生指指点点。他们窃窃私语，"就是那个光头的"。

那个光头的学生叫黄胜年，他以为自己做错了什么事，后来一问，才知道这些老师是来看热闹的，他们好奇地想知道到底是哪个了不起的学生得了清华大学入学考试第一名。

那时，黄胜年才晓得自己考了第一名。

"他从不主动说状元的事，要不是看他的回忆录，我这辈子都不可能知道。"黄胜年的老同学，1952年一同留学前苏联的罗安仁说：黄胜年内向，处世低调，但也无法掩盖他的高智商。

罗安仁和黄胜年在前苏联列宁格勒大学物理系学习时，课业繁重，题目很难，常常白天上课，晚上做作业到凌晨两三点。两人一起做作业，黄胜年总是比罗安仁做得快一倍，让罗安仁很是佩服。

在前苏联读书时，考试是3分及格，4分良好，5分优秀。黄胜年和另一名同学李方华总是拿满分，两人后来都成为中国科学院院士。

自幼聪明总得高分

黄胜年的聪明劲在小时候就体现出来了。他自己曾说过，正经功课不肯去花力气，一般只在考试前临时抱抱佛脚，有的功课甚至能猜出老师大概会出些什么题，不太费劲也能拿到好分数。

小学五年级的一天，黄胜年坐在自家门槛上埋头看书，叔叔来到家跟母亲说，黄胜年那么认真在看什么？母亲担心他看不好的书，便一把抢过来，一看竟然是《聊斋志异》，一家人都很诧异，他能看懂吗？母亲后来还考了黄胜年，他竟样样都能说明白。

黄胜年的老师多次夸奖他聪明，但就是胆子小，害羞。

玩命工作不顾身体

1952年，黄胜年被选派前往前苏联列宁格勒大学物理系学习。1955年，钱三强率中国核科学技术代表团赴前苏联考察反应堆、加速器和核物理研究，黄胜年被选调到该团，并被派往前苏联理论与实验物理研究所实习核物理研究。

1956年，从前苏联回国后，黄胜年在钱三强和何泽慧的直接领导下，开始了中子物理与裂变物理的开创性实验研究。在没有直接参考资料的情况下，建立了实验方法和装置，测定和完成了大量用于武器研制所需要的基础数据，澄清了国外数据的分歧，并为中国第一颗原子弹的核装料完成了本底中子测量。长期以来，他作为中子与裂变领域的研究者和组织者，为核武器研制、核能开发利用以及核物理基础研究作出了重要贡献。

黄胜年工作起来不要命，一周常常三五次通宵工作。

"他经常忙到没有时间招待我。"黄振年来京探望哥哥，记忆最深的就是桌上一沓整整齐齐的餐票，上面写着："今日要工作到很晚，你想吃什么买什么自己看着办吧。"

黄胜年生前办公桌上有一个备忘录，写着一天之内所要做的事。"他的字很小，很秀气，一二三排列了几十条待办事项，很整齐，每做完一件就画一个钩。"同事刘芬说，一天到晚事情很多，所有事都亲力亲为。黄胜年说："用秘书，还得跟对方交代清楚，还不如自己做来得快。"

黄胜年在中子物理与裂变物理领域做过大量开创性的系统研究，曾为研制和发展核能利用提供了重要数据，还为军工任务建立了测定方法和装置，完成了中国第一颗原子弹金属铀部件的本底中子测定。还首次观察到锎252自发三分裂事件中轻带电粒子能量较低时伽玛与中子发射的异常等一系列新的现象，达到了国际先进水平。

在串列加速器核物理实验室建设中作为物理组副组长，负责中子测量厅的建设，作出了重要贡献。曾先后获全国科学大会奖，国防科学技术奖二等奖，五项部级科技进步奖二等奖。

坚持与病魔抗争

1956年冬，黄胜年在外出运资料的路上，因受凉，导致严重的强直性脊柱炎，身体难以直立，曾一度靠一副钢板支撑腰部。更不幸的是，1990年12月，他在核工业研究生部工作时突发脑溢血，又导致他右半身残疾。那时他跟罗安仁说，来不及珍惜身体了。

但是，身体羸弱的黄胜年坚持与病魔做斗争，同时还为院里作学术咨询和顾问工作，并锻炼用左手写字，操作电脑，写作并编辑出版《黄胜年诗文集》。

迷恋文学著就诗集

黄胜年不仅是一位严谨的科学家，而且对诗词文学也有很深的造诣。他在中学时期就开始写诗，有诗集《泥湿步留痕》。他还喜欢读诗，研究诗，评论诗，并写有《读诗偶记》。

黄胜年曾受命去西北工作，行程中要六渡黄河。他很兴奋，一路上诗兴大发，一共写了十多首七绝，总标题就叫《西行漫记》。第一首诗《出塞》，讲的就是他当时的心情："六渡黄河壮此行，非关出塞自长矜。一身万里无牵挂，却伴春风到漠营。"

1991年，他当选为中国科学院院士。人们给他取了个雅号叫"诗人院士"。

2009年1月8日，黄胜年在北京病逝，享年77岁。

在原子能院的工作经历

1955年至2009年，黄胜年在我院（所）工作，从事核物理基础和应用研究，历任我院中子物理研究室主任核物理所科技委主任、核工业研究生部主任、院学术顾问。

原载《院士风采录》庆祝中国原子能科学研究院建院六十周年
中国原子能科学研究院出版 2010年第216页

第十六节　悼念黄胜年

叶老师：

我在原子能院的同学杨真媛告诉我，黄胜年老师最近病故，12日已开了追悼会，闻知不胜悲痛。我和黄老师虽相识较晚，是20世纪80年代的事。我是学数学的，从事从数学物理方面的编辑四十年，因钱三强先生的《重原子核三分裂与四分裂的发现》一书我和黄老师走到一起来了。在该书的工作中，黄老师的知识之渊博，文学修养之高深，令我佩服。更兼黄老师为人谦和，我们在谈论书稿中相互尊敬，言谈中相互关心。一次谈到抗战时他住上海，竟然离我家只相隔两条街（约0.5公里），他在上海中学求学时的几位老师也是我熟悉的，这就更拉近了我们之间的距离。他长我八岁，近二十年来他对工作认真负责、一丝不苟，对学习新知刻苦勤奋，对病魔斗争的坚强意志。一直是我学习的榜样。现在，黄老师虽离我们仙逝，他将永远活在我的心中。千言万语不知从何说起，写了以上几句，以表我对黄老师的思念之情。

最后，也希望叶老师节哀，多保重。

专此，颂好

王文才　顿首
2009年1月22日

第十七节　我们为这位院士自豪

——推荐《黄胜年诗文集》

75岁的太仓同乡黄胜年先生，是新中国培养的核物理学家、中科院院士，曾为我国研制核武器、开发利用核能做过大量的基础研究和实验测定，是钱三强、何泽慧等前辈科学家所培养和倚重的后起之秀，担任过核物理所科技委主任和核工业研究生部主任，是一位关心教育，注重文理渗透、享誉内外而卓有成就的核物理学家。他的诗文集于今年 7 月出版，很值得我们太仓人、特别是青少年学子和家长们品读。

诗文集由 3 部分组成：

一、主要部分《我的求学经历》（未湮没的径迹），是他前半生的自传，约占本书 2/3 篇幅。作者以清新顺畅的文笔实写一个清贫、病弱孩子的成长史。他热情洋溢地描绘长辈们如何爱护他和影响、教育他；描绘省五中（太仓师范初中部）的优美环境（梧桐树、礼堂、一字楼、品字房等）和语文老师、图书馆对他的熏陶。在中学阶段，他不但打下了坚实的人格、知识基础，还同要好的同学冒险做过发射弹药的试验。他深情怀念居住在飞云桥畔的温馨时光。故乡、母校、亲长、学友长久保存在他纯朴的忆念中，正如陆长恩咏太师诗"桐叶离披绿有余，桐花曾惹旧时衣；桐枝挺秀根基壮，桐籽恋瓢志不违。"

上海中学高中毕业后，他以当年总分第一考入清华物理系。一年半后，被选拔赴苏留学。他顽强勤韧地攻克俄文、理论力学、超声波实验、原子物理等重重难关，有时一天上完 10 学时课，还要做作业到午夜。肺结核病复发了，疗养一阵再接着干。在保持优等成绩的同时，他加入了中国共产党，成为我国研制原子弹团队中的一名精兵。他一心扑在事业上，30 多岁才结婚，妻子也是同行。有趣的是：1958 年我国发行的原子反应堆邮票上，把他俩都摄入了，成为永恒的纪念。

他那坚韧不拔的毅力，还表现在患强直性脊柱炎后带病工作上，表现在 1990 年突发脑溢血后，现学五笔字型输入法写出这本诗文集。至今，他仍在与病魔顽强搏斗。

二、《泥湿步留痕》是他几十年的诗词集锦。投身理工、1991 年便荣膺中国科学院学部委员的他，一直喜欢中外诗词，并尝试用旧体诗词抒发心胸、描绘在国内外的丰富见闻。如 1954 年在列宁格勒写的《怀乡》："万里愁思一线牵，绕魂萦梦已经年。夜风吹壁撼衾枕，冷月穿窗照不眠。听曲来悲思归欤，登楼凝目只云烟。洲头虽有柔枝柳，怎似江南桃李妍？"自注："吹壁撼衾，想见此间之冷；绕魂萦梦，抑何幽思之深耶？"做什么事都一丝不苟的他，写诗填词也细心推求，使"思无邪"与艺术性珠联璧合。

三、《读诗偶记》30篇，是他的诗论、诗话，叙述自己的读诗心得，还译了一首普希金的小诗。爱好诗歌的人从中可获得启发，并对作者的人格魅力加深体认。

太仓的一流知识分子有许多优良素质，如：性格温谦又不失主见；纯朴勤韧、不声不响地克服重大困难，责任心特别强，无论动脑还是动手都细密周到，使人放心；一心为公，常常公而忘私，同时又维系好温馨和睦的家庭；淡泊名利，贫困时不坠上进之志，成功后仍然低调做人；各科发展比较全面，学理工的仍然钟情传统文化，常用它陶冶性情……吴健雄、顾仲超等是这样，黄胜年也这样。我们太仓人为这种士风的代代传承而自豪！

原载《太仓日报》2009年9月22日

第十八节 院士本色是诗家

——缅怀黄胜年院士

这是您离开的第一个清明节，您的骨灰还没有安葬。

1月8日，走完77年人生历程后，您永远地离开了。

"院士"，是您作为一个物理学家的最高荣誉。"完成了我国第一颗原子弹金属铀部件的本底中子测定，在中子物理与裂变物理领域做过大量开创性的系统研究，首次观察到轻带电粒子能量较低时伽马与中子发射的异常等一系列新的现象，达到了国际先进水平……"互联网上关于您的信息最多是对"核物理学家"身份的注脚。

您的拼命是出了名的，通宵工作是经常的事。您的备忘录上，经常列了几十项待办的事，可您唯独忘了照顾自己的身体。

1990年，突发脑溢血让您右半身偏瘫。12月26日，因为是毛主席诞辰纪念日而记忆深刻。"当时我正在画选票，突然有人跑来说他生病了，我扔下笔就跑到医院",对于您的老伴叶阿姨来说,彼时情景就如昨日。

相册上的您总是那么清瘦,到后来背也驼得越厉害,看了您的回忆录才知道,那是因为严重的强直性脊柱炎。有好几年,除了睡觉外都必须穿着钢背心,可这没有影响您的工作。但这次生病,您称之为"第二种残疾",让您"没有办法了"。

"没有办法的您"曾经很忧心,"一个人活在世界上,如果对社会、对人都不再有用,那还有什么意义?"不过还好,在叶阿姨和朋友们的鼓励下,您明白,对于挚爱您的人来说,活着,就是最好的安慰,何况"总有一些力所能及的事是我可以做的"。于是有了30万字的《黄胜年诗文集——一个科学院院士的情怀》。您眼中的夹竹桃:"也师君子也留红,半望西庭半倚东。省得年年春意绿,可怜斑叶晓风中。"形神兼备,笔力超迈。您写原子弹成功试制之谜:"合二而一从头论,一分为二见矛盾。六合满巨声,蘑菇冉冉云。三斤原子核,瞬息连环裂。四海共欢腾,威震两万吨。"诗意而直观……

掩卷沉思:院士本色是诗家。

遗憾的是,您从未给您的"三姐"叶阿姨写过一首诗,作过一篇词。"他总觉得写不好,表达不出那种感情,所以最终也没写成",幸好,您写不了的,"三姐"懂。

"他的墓碑上只会刻几个简单的字:院士黄胜年。"叶阿姨轻轻地说。

原载《科技日报》2010年4月3日

《科技日报》记者　操秀英

第十九节　科坛诗豪　院士情怀

今年金秋时节,我收到了黄胜年院士寄来的装帧精美的新著《黄胜年诗文集——一个科学院院士的情怀》(原子能出版社,2007年7月版),又一口气读完了这部30余万字的诗文,不禁百感交集。

院士本色是诗家。黄胜年巧妙运用诗词翰墨、时代歌弦,形象描绘了繁复的意象世界,深刻表现了瑰伟的时代主题,拓展出自身的诗化人生、文学富矿，用艺术与真爱雄辩地展示出他是一个大写的中国人，是科坛诗豪、人中杰俊。此书分三卷，一卷为《泥湿步留痕》，选编了黄胜年80首独标逸韵、辞美旨深的诗词，足见其古典诗词深厚的功底与纵横自如的文学创造力。二卷为《读诗偶记》，选用了31篇见解独特、言简意赅、阐发精微的诗词评论，多为视角新颖、痛快淋漓之力作。三卷为《未湮没的径迹》，实为回忆录，又分为八章：《逃难童年》《孤岛生活》《回到故乡》《初中时代》《上中三年》《清华园》《俄京立雪》《走进原子》，共83节，这一回忆录写至1956年。书里又附有37幅黄院士在各个历史时期的留影、彩照。图文并茂，引人入胜。通观全书，掩卷深思，脑际里顿时浮现出异彩纷呈的意象世界，美不胜收。黄胜年写诗作词时有神来之笔。如他在1948年写夹竹桃："也师君子也留红，半望西庭半倚东。省得年年春意绿．可怜斑叶晓风中。"形神兼备，笔力超迈，为一般诗家所不逮。又如他在1964年写嘉峪关："一出雄关泪不干，古来征战血漫漫。而今百族同天下，塞外江南家可安。"再如写青龙桥："万山嫩绿扑窗来，岭上长城溪上台。洞转峰回疑路绝，詹公曾此展奇才。"形象贴切，立意深邃，又信笔拈来，清丽自然。黄胜年酷爱古典诗词的创作研究，深受娄东诗派影响，且学家渊源绵厚，古典文学功底精湛，在诗学研究上亦别具一格，自成一体。黄胜年在诗作与诗论中，皆尽力表现出主体精神映象的神韵美、空灵美、混沌美，铸造大美，诗以咏志，生动再现出宏阔的精神世界与多彩的诗化人生。这也是这位大科学家的过人之处。

院士原本是科星。黄胜年灵活运用了科学具象、智慧法则，奋力构建了美妙的科幻天堂，鲜活道出了神圣的科坛独语，打造出特有的壮伟人生、科学世界。用求索与勤勉，生动地表明也是一个睿智的华夏英才，是科苑巨匠、国家栋梁。长啸浅吟总关情，诗界科魁孕华章。黄胜年这些洋溢着科学与智慧的诗作与诗论，充满了科学探索的回忆录，可以看出他的科学精神、历史感悟、文化视野、美学思考。他写于1965年的《菩萨蛮·仿胡乔木咏原子弹》中写道："合二而一从头论，一分为二见矛盾。六合满巨声，蘑菇冉冉云。三斤原子核，瞬息连环裂。四海共欢腾，威震两万吨。"用词的形式揭示了原子弹成功试制之谜。又如他痛悼钱三强老师："从牛到爱苦研求，居里门墙学最优。裂变三分新发现，世传佳话足千秋。"短短28个字把钱三强这个居里夫妇的高足、牛顿与爱因斯坦的传人的大科学家的辉煌一生表现得相当到位。世上科学家与诗人二者不可得兼，黄胜年却破了这个先例，他既是位科界泰斗，又是位诗坛俊杰。

院士本真乃哲人。黄胜年熟练运用了哲思隽语、理论自觉，成功创设了多元的哲学世界，深入揭示了广袤的思维空间，雕铸出圣洁的生命图腾、精神领地。用超越与坚守，深刻反映出他是一个头脑清醒的智者，是求索先锋、思辨奇才。黄胜年的诗作、诗论、回忆录皆充满着哲理与睿智，洋溢着大爱与深情。其诗论《英雄毕竟误苍生》、《鲁迅怀疑岂偶然》等皆是诗化的哲理小品，满是辩证色彩。黄胜年满怀凝思与遐想，用多视角、多色调的哲学思考竭力开垦出心田里一片沃土与净壤，在思想与艺术的自由王国里真实记述了一位哲人与院士的文学足迹。这种探求弥足珍贵。

一代科坛诗豪，万载院士情怀。这部院士、诗家、哲人用心力写就的文集将以其独具的特质与魅力烛照世人。

原载《文艺报》2007.10.257版

（贾永生）

第二十节　因为了介荡　所以感动

今天特别有冲动写一个很长很长的博客，因为昨天翻看了无意中得到的一本诗文集——《黄胜年诗文集》。虽然这本书我并没有看完，但是感慨却在心中汹涌着，让我一定要写下来或者说出来才能平静，如果不马上这样做，我实在无法控制自己继续读下去。

也许来我这里的读者并不知道黄胜年是谁，虽然在百度上能搜出来整整25页关于他的条目，但是在目前这个名人充斥的年代，我不知道这25页能不能证明他是一位名人。他是一位核物理学家，一位喜诗好文的院士。很遗憾，虽然和他服务于同一家单位，却从未谋面；很惭愧，虽然仰慕他的才情，但是对于他的主业核物理却一窍不通，所以不了解他为国家做出的主要贡献，只是很感激他出版了这本诗文集。

一位古稀之年的老人，研究核物理的，却可以写得一手好诗，应该是很难得的，但是几乎所有的人，包括我自己，都不会太意外，那个年代的科学家就是如此多才多艺的，李四光可以谱很好的曲子，汪德熙的钢琴弹得也非常棒，所以，今天我并不是想少见多怪的谈论黄先生的诗词，而是感慨于他在诗文集最后的那一段自传体的回忆录，那一段关于他求学时期的追忆。这段文字的题目叫《未湮没的径迹》，字面意思很容易理解，但是也许很多人都不知道，湮没和径迹都是核物理中的专业术语，老先生就是这样把研究融入于生活的，不着痕迹却深刻到骨子去了。

名人的自传我看过很多，给我的感觉和电视剧一样，不可信其有也不可信其无，到最后也不知道什么才是事情的真相。但是黄先生这篇未湮没的径迹却给了我这个20世纪80年代出生的人一个机会，去了解中国四五十年代，社会动荡中百姓的生活；去了解一个出身并不富庶的青少年的求学历程，了解他成长的乐趣和苦趣。黄先生是一位科学家，严谨求实是贯彻他一生的生活原则，所以我们可以完全信任他的描述，可以从他的回忆中了解中国一段真实的历史。任何一部电视剧、电影都让我们信不过，文人或者政客的作品就更加让人信不过，因为润色和修饰几乎成了他们的本能，但是我们却可以相信这位老科学家。

读这本书的收益很多，读起来也很有趣，但是在目前这个出版物泛滥的年代，我想以它平平常常的装帧和印刷，和那《泡沫之夏》比起来，简直太寒酸了，在各个书店是很难吸引大家眼球的，这是作者的损失，更是读者的损失。尽管我的力量微弱得近乎于没有，但是我还是想招呼一声，请大家有时间看看这本书，至少看看这本书末尾的《未湮没的径迹》。

读书的其他收获我会写在下一篇博文里，希望得到好朋友们的关注。

选自 SOHU 博客

Wed，16 Jan 2008 13：32：14 +0800

第二十一节　远亲未必不如近邻

妹弟黄胜年二三轶事

有这么一句流行很广的谚语："远亲不如近邻"。人们用这句话来说事，估计已有成百上千年历史了。在这里，远亲指的显然不是红楼梦中刘姥姥和贾府那种"贫居闹市无人问，富在深山有远亲"之类转了好几个大弯的亲戚，而是指相距很远的如像郎舅、连襟那样的至亲。照理讲，"亲"和"邻"不是同一个数量级的熟人朋友关系，为什么在人们印象中有时候"邻"还会胜过"亲"呢？这个问题的答案想必人人都清楚，毕竟，远水救不了近火嘛！用不着多讲，我这里想讲的是：凡事都有个度，不能过度绝对化，在某些特定情况下，远亲未必就不如近邻，设想一下：如果你的远亲是一位才华横溢、勤奋治学、忘我拼搏、威望高的学术带头人、顶尖高级知识分子，是一位爱国爱民、作风正派、平易近人、高风亮节、一身正气、两袖清风的公务人员，你会怎样看呢？在当今高科技全面普及的时代，能经常用手机电话传声，宽带网QQ视频传影，不论何时何地均能面对面地交谈，你能说这样的远亲一定会不如近邻吗？就拿我和妹弟胜年的情况来说吧：20世纪60年代初期相识，相处近五十个年头，一个在北京，一个在成都，典型的远亲吧！相聚见面的时间，满打满算也就那么十来次而已，可他的刻苦学习精神，坚韧不拔的毅力，不计名利，高风亮节的形象，我们看在眼里，记在心中，早已成了学习的楷模。难道说：这不就是远亲未必不如近邻的例证吗？为了怀念亲人，现将我个人了解的胜年的并不广为人知的二三件轶事列举如下：

难过的俄文关

胜年自幼勤奋好学，睿智聪颖，在中学阶段，语文、外语、数理化各科成绩在班上均拔头筹，1950年以全校入学考试总分第一的优秀成绩考入清华大学物理系，1952年上二年级时，又被学校推选为留苏生，进列宁格勒大学物理系学习。

在20世纪50年代初期，建国伊始，百废待兴，能有机会被组织上选中，赴前苏联留学，是多少热血沸腾的青年梦寐以求的天大喜事啊！人们在兴高采烈、极度兴奋之余，逐步冷静下来，开始认识到，去前苏联留学，前途当然是光明的，但道路却是不平坦的，谁都知道，去苏联留学，首先必须学俄语，闯俄文关。人们过去长时期学的是英语，大家都习惯了，现在一下子要转向俄语，改变语种，全得从头学起，困难之大，可想而知。据胜年回忆："当年俄文这个难关，大体上可分为生活关、阅读关和听课关这三道关口。相对而言，日常生活会话关比较容易过，因为去苏之前，通过北京俄专二部近半年的培训，基本生活用语都接触过，很快就过关了，教材阅读这道关难度较大，但亦勉强能够适应，理科教材好办一些，专业课知识难不了我，从英美教材过渡到苏联教材，深入下去亦不是太困难的事，难的是哲学、联共党史之类政治教材，文理分家嘛！文科教材文字叙述冗长乏味，语句结构复杂，俄义义法又非常繁琐，人们常用'法无定法'来形容它，并不算过分，俄文中的性、数、格，搅得人头昏脑涨。但这还算不上是最难的，实际上，最大的障碍还是听课关。道理很简单，阅读是自修，是个人行为，别人基础好，看得快，我虽然基础差、底子薄，但还可以用时间来换空间，只是多花一些时间而已，同样能达到目的，而听课就不是这么回事了，教授一个人讲，全班同学一起听，是集体行为，苏联是严格执行计划经济的国家，干什么都得讲个计划，一个系里面，开设什么课？讲那些内容？甚至每一节课应当讲多少内容，都规定得死死的，任何人都得保质保量地完成计划安排的任务，因此，讲课的教授从来都是抢速度、赶进度，惟恐完不成任务，一堂课下来，讲二十来页讲义是常事，别人听读能力强，能听懂教授讲课，这二十来页的内容，很快就消化了。你的口语听、读能力差，听不懂教授讲课，只好在课后自行补课，得多花多少精力、走多少弯路啊！事实上，同样要消化这部分内容，往往得多花费3～4倍的时间才行。"

胜年自幼就有一股闯劲、虎劲，只要认定了这个理，就会不惜一切代价、不惧任何艰难险阻、义无反顾地闯上去，就在这股不畏艰辛，坚韧不拔的毅力支配下，不到半年时间，就胜利闯过了这三道难关，能够轻松自如地对应苏联教授的讲课、并能提问及回答问题了，到期末考试时，不仅各门课均得了5分最高分，而且由于口语水平的显著提高，为两年后胜任我国科学家访苏代表团的翻译工作打下了坚实的基础。

综观在20世纪三四十年代至21世纪初这段时间里，全国学子学习外语，一般都经历过三或四易语种的情况。这可能是由于政治因素变迁要求的缘故罢。胜年在英转俄过程中迎难而上，成就了他核物理学的俄语专业翻译能力，而且他仍保留下早年学习伦敦口音英语的基础，并在几十年后用标准的伦敦口音英语作专业报告、与外国专家进行交流，可见他在语言的学习方面是很扎实的。

综观20世纪中叶至21世纪初，这六七十年时间，就全国学子学习外语而言，三易或四易语种的情况，胜年这一代人一般都经历过，他在上海经历得更多。这可能世界潮流诸政治因素的缘故罢。好在胜年在英转俄过程中应付得了，还成就了他核物理学的专业翻译，后来他早年学习的伦敦音发挥到了极致，不仅能应用自如的作专业报告，而且还能精确的回答外国学人专家的提问。胜年在语言方面同样体现了出色的才华，为祖国人民争了光。

历史不会重演，但总会惊人地相似

有一次，我同胜年谈到历史的问题。

他说："我喜欢历史，更喜欢名人特别是科学界著名科学家的历史，通过他们的勤奋事迹可以启发后人发奋图强、勇攀科学高峰的刻苦拼搏精神。先辈的人生道路是后辈的榜样，因此，后辈往往会复制出相似程度很高的人生轨迹。美国作家马克·吐温说过：'历史不会重演，但总会惊人地相似'。我很赞同他的观点。历史是个人走过的足迹的文字录影，当然不可能重演，但相似却是完全可能的。冒昧地讲，用我自己和华罗庚老前辈的人生轨迹作一次比较，就很能说明这个问题。

华罗庚先生是我国数学界的泰斗，是国际上公认的威信很高的数学特级大师，是德高望重的老一辈科学家、引路人。我个人很渺小，谈不上在原子能科学上有什么突出的贡献，只是一个名不见经传的小字辈而已，但我同华老的历史，虽然一个姓数，一个姓理，走的不是一个方向，但毕竟数理一家嘛？总是相互渗透、密不可分的，有相似的参照，是可以进行比拟的。我个人认为：我俩有两个经历看上去是惊人地相似的。一个是：华老家境不怎么好，初中毕业后，就辍学回家当店员了，后来，由于一次很偶然的机遇，被清华数学系主任熊庆来教授慧眼看中，才得以到清华发展，从工人作起，当过旁听生、任过助教、讲师、教授、直到研究员、数学研究所所长，是典型的通过自学成才的科学界泰斗，可他的手中却只有一张初中文凭。我也很喜欢自学，泡图书馆连续 3～5 个钟头不离席是常事，但从这一点看，我却比华老幸运一些，因为我念过正规高中、大学，听过不少名教授的课，少走了很多弯路。另外：我手中亦没有名牌大学的文凭，我高中毕业后考入清华，二年级时离开清华到前苏联列宁格勒大学，拿了一张清华的肄业证，在列大读五年级的时候，适逢由钱三强先生领导的科学家代表团赴前苏联参观访问，我和另外几个同学被上级安排去代表团工作，随代表团去有关的核工业考察学习，并做些翻译工作，就这样，暂时中断了毕业论文中的少数几个实验项目课题。到 1956 年即将回国办离校手续时才发现：虽然已学完物理系的理论课程，但毕业论文的实验项目尚未最后完成，未完成教学计划规定的全部环节，按校方规定，不能作为毕业，只能按肄业处理。学校教务处接待我的胖大婶以大妈般的亲切语气委婉地告诉我：'小伙子：冷静点，别那么固执了！何必那么急呢？推迟半年，完成了这几个实验课题项目再走，就可以领到毕业证了，你这样急着走，损失太大，太可惜了。说不定，今后你会后悔的'。可我当时只认定一个理：'梁园虽好，非久留之地'，是回国报效祖国的时候了，于是，婉转谢绝了胖大婶的好意，坚持放弃实验项目，要求立即休学回国。就这样，又一次和大学文凭擦肩而过，怀揣一张列宁格勒大学物理系的肄业证，就打道回府了，但比起来，我仍比华老幸运一些，毕竟我手中还有一张高中文凭。

我同华老的另一个相似是患急病的过程。

1985年6月，华老应邀赴日本讲学，在东京大学作学术报告，站在讲台上整整讲了1小时15分钟，报告结束后，在接受献花时，脑溢血发作，突然昏倒，经医生抢救无效，当晚就去世了，吾辈深感惋惜。无独有偶，我也有过类似的遭遇，1990年12月，在一次研究生部的接待兄弟单位访问中，接电话时突发脑溢血，当即不省人事。后来，经医生及时抢救，竟奇迹般地活过来了，这样，我又一次比华老幸运一些，只是在鬼门关前签了个到，又被阎王赶回人世了。"

再一次考验毅力

胜年这一次发病，虽然感谢白衣天使的全力抢救，半年后就基本康复了，但却落下了严重的后遗症：半身不遂，右侧上下肢全部瘫痪。

发病以后，胜年的右手、右足，就失去知觉了，走路只能靠手杖和左足缓慢地挪动，生活上吃饭、喝水、穿衣、脱衣等基本动作均只能靠左手慢慢地试探，但是，这些生活琐事根本难不倒意志坚强的胜年，很快就基本上适应了，最难的还是写字、操作电脑等做科研必需的操作手段。

胜年发病的时候，未到花甲之年，就在这一年，他被推选为中国科学院院士，按国家有关规定，院士以上级别的老专家不退休，可以一直工作下去，如果身体欠佳，行动不便，还可以在家中工作。胜年当时想：今年还不满六十岁，按本人身体状况，再活十来年应当说无多大问题吧！难道只能就这样成天无所事事，等到寿终正寝那一天吗？不行！

不行！我黄胜年是闲不住的人，一天不工作，心里就发慌，一定要站起来，坚强地活下去。当年的闯劲、再一次激励了他，下决心克服重重困难，用左手顶替右手，重新作一些科研育人工作。

多年来，人们均习惯用右手操作，左手只起辅助作用，虽然，有少量的人是"左撇子"，平时操作以左手为主，但写字却仍然只能用右手，很难看到用左手写字的人。胜年当时就发了个狠，右手不行就用左手，决心下死功夫、刻苦练习用左手写字。凭那股狠劲，经过一段时间的苦战，这道关口终于又胜利闯过了，左手写出来的文稿，除速度较慢外，与原来相比已无多大差距了。左手写字这道难关已过，电脑鼠标、键盘、拼音、打字之类的操作就是小菜一碟、易如反掌了。直到2007年3月，再次发病住进医院。记得在入院时他曾兴奋地对宗垣讲：我又多活了十七年的话，这一次大病后的拼搏：值！

淡泊明志，重义忘利

胜年一生，淡泊明志，重义忘利，业务上高标准、严要求，精益求精。生活上却是典型的低标准、低要求。他常常讲：名利如浮云，情义最可贵。生活上过得去就行了，业务上要向上看，向比自己强的人学习，生活福利上却应向下看，多看看经济、生活条件比自己差的人，多作一些比较，就会淡化名誉、地位、金钱及物质享受，就不会斤斤计较个人得失了。

下面以几件生活琐事为例，说明这个问题，作为本文的结束。

2000年前后，我大哥宗培的两个孙子叶伟、叶海分别考入高等学校，高昂的学费，让经济十分困难的大哥家发愁，不得已只好向远在北京的姑爷、姑婆求援，胜年知道后，立即表态："孩子们的学习，是头等大事，再苦也不能耽误孩子的学习，"当即承诺：承担叶伟的部分费用，叶海的全部费用，直到毕业为止。

1988年黄胜年来成都参加学术会议，会议结束时，主办方特意专门安排一次活动，组织代表们游览峨嵋山，这本是胜年心仪已久、老早就渴望去游览、一直未能如愿的事，可他考虑到九十高龄的岳母张国芳老人户口虽在北京，但现在居住在市郊龙泉区乡下大哥家中，是参加游览活动，还是去乡下探望老岳母呢？胜年考虑了很久，最后想到应当以亲情为重，于是，下决心放弃旅游，利用这一天时间去了龙泉，这一行动，失掉了游览全国驰名的四川著名景点的——峨嵋山的唯一一次机会，让我母亲、大哥一家人深受感动。后来，我去北京见到他谈及此事时，他笑了一下诙谐地说道："不无遗憾，绝不后悔。"

胜年1956年回国后，先是参加原子能院的筹建工作，后来，一直在院内作研究工作，说得上是建院的"开创者"了。原子能院地处北京远郊，交通不便，生活条件艰苦，最初住工棚，一年以后，部分职工宿舍完工，才算有了固定的住宅，后来又陆续修建了好几批宿舍，生活条件不断得到改善，他们也搬了好几次家，但每一次都是等到符合条件的同志全部都住进后才轮到安排他们自己的住房。直到20世纪80年代末，仍住在不足50平米的小三间宿舍里，就在那一年，我老伴吕婉兰同我校另一位老师去北京出差，抽空到原子能院住了一夜，那位老师目睹狭窄的住宅和陈旧的家具和电器设施，感慨万分，回校以后，大肆宣传："想不到一个科学家的家竟这么寒碜。"

胜年父母去世后，在上海远郊太仓县城内遗留有一套房产，按政策规定，他们三姐弟是法定继承人。20世纪90年代中叶，由于旧城改造，房屋拆迁，政府发下一笔近万元左右的补偿金，钱领下后，三姐弟均拿出充足的理由表示："坚决不要"。大姐太年说："我的经济条件较宽裕，我是老大，应当带个头，理应让给两个弟弟。"小弟振年说："我家在上海，住在父母留下的住宅，已经继承了父母的遗产，怎能再拿太仓的遗产呢？应当让哥姐继承。"胜年却表示："我住北京，离上海很远，在父母亲晚年时，多由姐、弟照顾，自己未尽孝道，至今仍深感遗憾，姐、弟辛辛苦苦地为父母做了很多事，尽了孝道，当然应当由姐、弟继承。"就这样，在电话中争来争去，始终无法达成协议。后来，有亲友出面，建议三姐弟平分，各拿三分之一，遗憾的是：这样公平合理的分配方案，三姐弟始终"坚决不要"，仍无法达成协议。结果是：这笔钱由上海振年寄给南京的大姐太年，大姐收到后又转寄给北京的大弟胜年，胜年收到后又寄回上海，以后，这笔钱就在沪、宁、京之间沿顺时针方向转了好几个圈，始终找不到安全着陆点。后来，有同志诙谐地同他开玩笑说道："你这个科学院院士，精通物理学、原子能专业知识，却不懂经济学的规律，你想想：每汇一次款，都得交纳 0.5 % 的汇费，难道说，你不知道你们这笔钱的总数会越变越小吗？你们这样搞，结果只能是为邮局作贡献啊？"他却笑呵呵地回答说："我懂，如同放射性元素的蜕变衰减规律一样，每汇一次款，将衰减 0.5%，这是正常现象，但这笔钱永远也不会衰减为零，距它衰减到总量的一半的半衰期还远着哩！"

胜年离开我们已两年多了，他一心为公的高大形象，求真务实的治学方法，猛冲猛打的闯关精神，艰苦朴素的生活作风，将永远留在我们的心中。

（叶宗诚）

第二十二节　我们一家

国难八年　我们一家

1. 逃难

我的生肖与父亲相同，生日与母亲相同，我小名就叫"同同"，父母昵称我"阿同"。

1936 年初，我七岁时，父亲因战乱失业在家，后经人介绍到当时江苏省政府所在地镇江，进入国民党通信兵部队任职。不久，母亲带着我和弟弟也从家乡江苏太仓来到镇江，并送我进入镇江实验小学就读。记得那年冬天的一个晚上，我们正准备上床睡觉，见父亲匆匆回来，对母亲耳边说："今晚睡觉要警醒，部队随时都可能开拔。"我年幼，当时不清楚发生了什么事。后来才知道，那天就是十二月十二日爱国将领张学良、杨虎城为逼迫蒋介石抗日，爆发"西安事变"的日子。

第二年"七七事变"后，家里家外气氛越来越紧张。学校停了课，原在故乡的祖父母、叔叔婶婶带着堂妹都来到镇江，准备逃难。"八·一三"淞沪战争以后，上海、太仓一带经常遭日机轰炸，日寇正沿着沪宁线向镇江、南京逼近。父亲所在的部队开拔在即，我们怎么办？大家商量很久，决定拜托父亲的一位同事，护送我们去他的家乡——苏北泰州农村，找一个偏僻的乡下躲避战祸。不久，父亲随部队出发了，我们也开始了流离颠沛的逃难生活。全家十一口人，祖父母已上了年纪，母亲刚生了我的小弟弟还不满两个月。五个孩子中，最大的我也只有八岁。我们先是乘船过了江，上岸后坐上独轮手推车，吱吱呀呀行进在田埂上。人多车多，路又窄又长，黑夜里北风吹着如刀割，饿着冻着，谁也不敢吱声。只有被母亲紧紧抱在胸前的小弟弟，不时传出哭声。好不容易到达目的地，来到一个叫司马镇的小村庄，受到村民们的热情接待，为我们准备了热气腾腾的饭菜。我睡在干燥松软的稻草上，感到既暖和又舒适。但是当地村民的生活非常贫困，天天吃胡萝卜和大麦、荞麦糊，只有过年时才能吃上一顿白米饭。我们在苏北农村盼望多日，终于收到父亲的来信，知道他随部队躲过了长沙大火，正逐步撤向重庆，离我们越来越远，无法去投奔相聚了。至此，亲人离散，天各一方。

我们在苏北乡下，虽然躲过了日军的枪炮，但是不断传来日寇的种种暴行，令人毛骨悚然日夜不安。我们也不敢外出，惟恐惹出事祸。因为无生活来源，也不能在此久留。故乡太仓已被日军占领，不甘心回去当亡国奴，只能另谋出路。当时太平洋战争尚未爆发，上海租界成为未被日本占领的"孤岛"。于是我们千方百计与居住在上海的亲戚联系。大约在1938年春夏之交，终于收到上海亲戚的回信，同意为我们安排在沪的落脚处。于是匆促整理行装，联系交通。先要坐小船通过封锁线，才能登上大轮船到沪。就在我们登上小船之际，传来警告，不能多带行李，要精简。于是就在河滩边上，翻箱倒笼，放下又拿起，精简又精简。慌乱中，我母亲遗失了一件背心，其中藏有她平时积聚的首饰等贵重物品，虽然不多，但也使我们失去了日后生活依靠之一。幸好还有一些纸币，在出发前缝入了我们孩子的小棉袄中，得以保存。在伸手不见五指的黑夜里，小船咿咿呀呀地在水面上划行。半夜通过封锁线时，岸上哨所里持枪的日伪军喔喔地喊着，递上"过境钱"后，才放行登上去上海的轮船。那一夜，我一直半睡半醒着，对眼前发生的一切，感到既害怕又好奇。

2. 在上海

我们家人口多，钱又少，想在上海的租界中挑选住房也很不易，因此到沪后搬过好几次家。最后搬到了辣斐德路（现复兴中路）402号二楼，十一口人挤住在一间房间和一个阳台上。我家在上海租界中有了落脚处后，各地亲朋好友转辗到沪投奔而来，常有叔叔伯伯前来寄宿。晚上，母亲和两个弟弟挤在靠门口的一张床上，我就睡在床前地上。祖父母、叔叔婶婶和两个堂妹挤在房间的另一半和阳台上。前来寄宿的叔伯们只能睡在房间外面楼梯拐角处，搭两张帆布床，中间还加一个地铺。祖母有一位守寡多年的堂妹，还常趁祖父不在家的时候前来与祖母并铺。可不久，家乡又来了母女三口，还带了一位其父亲去了抗日大后方、母亲已病故的侄子来上海就读高中。她们就只能借住在房子后门口没有窗户的汽车间里。记得母亲曾对我说，这位伯母深明大义，自己十分困难还要支持侄子来沪求学。这在兵荒马乱的岁月里，是件非常不容易的事。

家里来来往往的人很多，常常在一起交头接耳议论什么，孩子们并不太懂。事后才知道，大人们商量好了，伯伯叔叔们要纷纷投奔到抗日的大后方去。其中有我的小叔叔和姑夫。小叔叔年仅十八岁，刚从上海中学毕业。姑夫和我姑母结婚才一年多，有一个刚出生不久的儿子，但他却毅然别妻离子，冒着生命危险，跋山涉水，穿越日寇的封锁线，和许许多多青年一起奔向了抗日的大后方。

我家一路逃难，没有安定的生活，物价飞涨，生活艰难。祖父为养家糊口，一人去浦东高桥中学任教。高桥远离市区，靠近长江入海口，当时往返交通非常不便，只能每月回来一次，非常辛苦。我们小孩虽还不太懂事，但在艰苦的环境下，对我们身体健康造成了极大的损害。我和大弟弟生病连绵数月，发烧不退，食欲不佳，骨瘦如柴，虽经医生诊治也难以见效。祖父说我大概是患了伤寒症。由于我和大弟弟从小营养不良，体质虚弱，影响我们发育成长，也使得我和他一生多病。母亲产后得不到恢复，身体很差，无奶哺育我的小弟弟。后来幸好请到一位从苏北逃难来的奶妈喂养，才使他得以存活下来。可是我那最小的堂妹患病医治无效，不幸去世。楼下邻居家的一位小弟弟也得病去世。只见他家每当吃饭，餐桌上仍放着小弟弟用的碗筷，犹如他仍在。我们走过窗口见到，心酸不已。当时社会上流行一首歌："永别了，我的小弟弟"。这歌，在我家也流行了好一阵。

3. 上学

居所暂时安顿下来以后，祖父和母亲就忙着安排我们姐弟入学的事。要挑选教育名声好些、路近些，学费又付得起的学校，当然也非易事，因此也转过几次学。大弟弟学习成绩很好，放学时母亲去接他，常得到老师的夸奖，称赞他聪颖过人。放学回家后，有写大小楷书法等课外作业。母亲十分重视，不满意就要我们重写。我们都写得很认真，经常得到老师的表扬。上课时认真听讲，课文背得流利；学期结束，我和大弟弟都考了班级第一名。因此第二年，我获得学费半免，大弟弟获得学费全免的奖励。祖父非常高兴，称我们为好孩子，还特地领着我们一起去学校参加家长会。母亲虽然没有过多的夸奖，但我想她一定会很高兴地写信给父亲报告我们的学业成绩。母亲还领了我们姐弟三人去照相馆拍了张照片寄给父亲。我坐在地上两腿横放着，两个弟弟就站在我腿后面。父亲来信说："阿同如果站起来，估计已经长得很高了。"我们的形象深深印在了父亲心中。

在沦陷区，如果家里有人在大后方坚持抗日，是非常光荣的。父亲在重庆，要是有同学问起，嘴上不多说，我们心里却又高兴又骄傲。可在当时说话要十分小心。我们多么盼望父亲来信，告诉我们一些胜利的消息。但是父亲的信，除了报个平安，就是说他由于工作繁忙，要保护好公家财物不受损失，日机轰炸时都来不及去防空洞，只好躲在附近农村的田埂旁。万幸没有去防空洞！当我们在报纸上看到重庆防空洞大惨案的消息时，急得要哭，日夜不安。直到再次接到父亲的来信，仔细察看日期后才放下心来，真是家书抵万金啊！但是，不久后从上海去重庆投奔他的小叔叔来信说，父亲工作非常辛苦，加上日夜思念牵挂念我们，经常彻夜难眠，患了严重的神经衰弱症。后来父亲的身体愈来愈不好，只得在抗日战争胜利前两年离开了服役的部队，在友人的帮助下另谋了一份工作维持生计。

1941年冬，日军突袭珍珠港，爆发了太平洋战争，上海租界也成了日本占领区。物价不停飞涨，家里连买米的钱都凑不起来，在沪实在无法支撑下去。在太仓的外祖父和一位亲戚答应借点粮食和钱给我们。经商量后决定，我们还是返回故乡太仓去。

那是1942年的暑假，我小学毕业，刚满13岁，回到了我们的故乡太仓。

4. 回故乡

在故乡太仓城里有我们的"老宅"，即我七岁去镇江前居住的地方，但此时一半以上的房子已经被日本飞机炸毁。南边沿河一带与邻居家并排的房屋全部成了断墙残壁和一个大弹坑。当时邻居已经返回，筑起了隔墙，剩下我家的一片废墟里面堆满了砖瓦泥沙。祖母带领我们，在那炎热的夏天，从早到晚晒脱了皮，累弯了腰，终于填平了炸弹炸出的大坑，清除了垃圾。后又请了泥瓦匠师傅，对剩下的房屋做了简单的整修，总算能住人了。我们还搭起了厨房和小灶，用废砖叠起了一座"乱叠墙"，在原有的庭院里分隔出一个小小的"天井"，铺了一条通向河边的小道。"乱叠墙"外的一片空地就成了祖母的瓜菜园，也是孩子们乘凉和玩耍的地方。我们就在这里向祖父学到了一些植物学和星座的知识。祖父是一位资深的中学生物学教师。当年暑假他辞去了浦东高桥中学的教职，回到太仓中学任教。同时，我也考入了太仓中学，当上了一名中学生。

太仓中学是苏州地区的名校，成绩优秀的学生才能来此就读。我父亲和几位叔伯，都是从该校毕业的。校园风景优美，校舍古朴宽敞，学风浓厚上进，至今令我难忘。语文是我最高兴上的课。不少古文诗词韵味悠长，让我兴趣浓厚；对现代名人著作，也十分着迷，作文经常得到老师的好评。我在上海小学里学的是英语，转学后要强迫改学日语。发下的一册薄薄的日语书，从字母到课文很快就背得瓜滚烂熟。但听到同学间流传着"谁学日语,谁就是亡国奴"的话后,我就把日语课本撕得支离破碎,不久头脑里的日语也忘得一干二净了。在太仓生活比在上海平静、舒畅些,有点田园风光,和同学的交往也多起来了。但是,大家生活都非常艰难,一日三餐十分简单,即使逢年过节也好不了多少。记得语文课本里有《论语》的一句:"三月不知肉味"。脸色憔悴的语文老师念到这里,咂着嘴说:"我才真正三月不知肉味呢。"立刻引起我和同学们的同感,课堂上一片唏嘘声。

自从逃难以来,祖父母、叔叔婶婶和姑母都非常关心我们,也经常得到亲友们的帮助,但是一家生活的重担,大部分落到了我母亲柔弱的肩上。依靠亲友接济,时间长了终究不是个办法。她原是位师范毕业的小学老师,虽然三个孩子还小需要照顾,为了生计,回到太仓后不久便在太仓城中小学谋得一份教职,才有了一些微薄的经济来源。每天清晨我们被母亲轻声唤醒,她已做好了早饭,接着再把中饭做好,在米饭上蒸着中午的菜,中午我们放学回来就能吃上尚有余温的饭菜。晚上,母亲要在油灯下,忙着批改作业、备课,还要为我们姐弟三人缝补浆洗,裁衣做鞋至深夜。我们姐弟则躺在床上边背诵着课文,边迷迷糊糊进入梦乡。粮食吃完了,只得红着脸到亲友处借贷,亲友们见我家实在困难,尽管自己也不宽裕,但都能借些米给我们。我和大弟弟一起协助将米袋放在妈妈的肩膀上扛回家。母亲肩负的岂仅是一袋粮食的重量?我们姐弟自知家境困难,学习用功,成绩突出。当时社会上也有助学活动,开学前要面试,我和大弟弟均被列为面试对象,大弟弟得以学费全免,我则半免。大弟弟非常刻苦用功,整天关在屋内看书,身体十分瘦弱,经常生病。妈妈就劝他出去玩玩。她教我们用一枚缝衣针在灯火上烧红了弯成钓钩,捉来米虫做鱼饵,领着我们到小河边去钓鱼。可是后来,我们姐弟三人又染上了疟疾。我是得病最重的,前后两年夏天里,天天发烧。服了很多很苦的奎宁丸,在母亲的精心护理下,才算在初三那年停止发病。生活的艰辛,疾病的缠绕,使我们姐弟三人明显瘦小,发育不良,大大损伤了我们健康的基础,难以恢复。然而也使我们养成了坚强不屈的意志,勤俭节约吃苦耐劳的好习惯,有利于我们良好品质的成长。

一到暑假,那是我们最快乐的日子。大弟弟常去县图书馆和藏书多的亲戚家借古今中外各种图书来阅读。他的记忆力特别好,理解力也很强,读过还能背诵。祖父和叔叔常常向他提一些较深奥的问题也难不倒他。母亲从小在外祖父的指导下练习写字,她的毛笔字写得非常好。在她的熏陶下,我们姐弟写的字都有较大进步。记得有一年暑假里,一位远房亲戚要雇人抄写文章,见我字写得较端正秀丽,便让我抄写。这样,我既得到了锻炼,还能取得一些酬金贴补家用。

5. 团聚

苦难的日子一天天过去,熬到1944年底,抗日战争和世界反法西斯战争的形势发生了急剧转变。驻扎在太仓县城的日军频繁调动,还把我们赶出太仓中学校园,学校只能搬到另一处上课。战场形势的变化,老师在课堂上是不能公开讲的,仅有的一张《太仓日报》也不敢清楚地登载。但是消息却不胫而走,立即传遍各家各户。终于到了1945年8日15日这一天,日本宣布无条件投降。我们胜利了!我们胜利了!人们纷纷奔走相告,拥向街头共庆来之不易的胜利。

抗战胜利后,我们全家的欢乐是难以形容的,大家心里急切地盼望着父亲早日归来团聚。父亲来信渐渐多起来了,但人却迟迟未能回来。去重庆的姑夫和小叔叔回来后才知道,除了道路和交通拥挤的原因外,父亲为人谦和至极,总是安排让别人先走。但父亲就要回来了!这让我们更加地想念父亲,真可谓是望眼欲穿!

记得是1946年初夏的一天,午饭后我一人在客堂间里坐着看书,忽然听见有人唤我的小名:"这不是阿同吗?"我吃惊地抬起头,见有人正从塞门口进来,亲切的话语告诉我,他就是父亲!是父亲!!我一声叫喊,扑上前去。正在各自房中休息的祖父母、母亲、婶婶和弟妹们闻声一起奔跑出来,大家哇哇地叫着,脸上笑着却挂满了激动的泪水,握着手,牵着衣,真不知多少话从何处说起。至此合家团圆,国难八年,家难八年,终于画上了句号。

国难家也难,国兴家也兴。今年我76岁,儿孙齐全,生活幸福。我母亲为我一双儿女分别取名为卫、平,寓意为保卫和平,以此来教育后代,刻骨铭心地牢记历史经验教训,为中华民族的振兴奋斗不息!我们姐弟三人都事业有成。改革开放以来,中国的面貌发生了翻天覆的变化,中国百年强国之梦一定会实现。在庆祝抗日战争胜利60周年之际,适逢我父亲诞辰100周年、母亲诞辰98周年。在这喜庆的日子里,我深深地怀念他们,感谢他们,也让这篇短文能够告慰他们在天之灵!

我的弟弟——黄胜年

黄胜年,他是我的弟弟,亲爱的弟弟,手足同胞,因为我比他生日大两年多(虚岁三岁)。我们从小在一起生活、学习,经历了抗战前的六七年及抗战八年,真正做到有苦同当,有甘同享,感情十分亲密,性情也相同。对事物的爱好和厌恶都有同样的感觉。

弟弟一生下来十分瘦弱,从小就多病,祖父母、父母都曾经以为他"没治"了(治不好了)对他似有放弃治疗的想法。当年我们生病都是请住在域河对面一位挂牌的西医(在群众中很有口碑)诊治。虽然我家祖上也曾"悬壶",家里也流传着一些简单的中医故事。但我祖父(中学生物学教师)思想开放,崇尚科学,从不迷信这个。因此对西医、西药信任度很高。于是经过耐心的医治,再加上母亲十分周到的护理。我记得弟弟发热不退,母亲总是用2~3块冷热小毛巾替换着作额头冷热敷及全身擦拭。终于病情慢慢好转,稳定下来,只是身体瘦弱异常。长辈们当然喜不自禁,祖父更是欢喜不已。因为弟弟还是我家的"长孙"啊!由于他能恢复健康是件幸事,祖父母就称他为"幸",大家叫他"阿幸"。

病魔退去后,长辈们试着教他说话,并和他讲故事。谁知发现他竟是那么的聪明,记忆力、理解力比我这个大姐姐及同龄的许多孩子都要好。尤其是他性情乖巧、言语知趣、不讨人厌。母亲常说他十分善于观察"形势",理解别人的心理,说起话来常被人称赞不已,因此大家都称他为"乖囡"。因为他很消瘦,小脸十分讨喜,亲戚中的长辈每见到都说他长得"眉清目秀"。与他同岁的一位堂妹妹则又白又胖,人们说她为"粉装玉琢",可称一对可爱的孩子。我虽比他大两岁多,可我们常在种满了花草，小树和有荷花缸的院子里游玩。当时我约6岁，他也就3岁左右，一起拍了些照片，其中有一张是我站在他身边，两手按住他的肩和头，都笑嘻嘻的，多么高兴。70多年过去，其时其景其情、令人产生的回忆是何其之多！

弟弟非常幽默，时常做出一些逗人发笑的事来。记得我们的二婶是个小个子，弟弟比划着就好像自己可以将她抱起，以显示自己的臂力。但毕竟弟弟自己是个儿童，正巧有一天，

30年代黄胜年和他姐姐在一起

婶婶剪了一次发，感觉爽快，就说道："这正是全身一轻松！"，弟弟马上接口道"那应该我抱得动你了"，引得全家哈哈大笑不已。

早在60年代，弟弟与宗垣结婚不久来扬州看望我们，那时姐夫和他们都不很熟悉，尤其宗垣在这之前还未见过面。但就是这么一点接触，事后姐夫就对我讲：你这弟弟真是个人才，日后可以干大事。我问他可干什么大事？他说可以当"总理"！这不是夸张而是姐夫实在的感觉。但可惜的是健康的不佳阻碍了他的心愿，使他的事业半途受阻，身体的健康实在是一切的基础！

弟弟在我们姐弟兄妹中是个佼佼者，他与大家和睦相处，自己学习良好，成绩出众，但从不显示出骄傲。在上海读小学时，每日放学都要用毛笔写大小楷，如不认真，母亲必然会要求重写。我虽然字迹能通过母亲的认可，但对临摹书帖的文章和作者都是一无用心，写过就忘，不加追究。几十年后回忆起来，弟弟却背记清楚而且对文字内容理解深刻，我都无一记取，使我十分惭愧。有一次母亲到京小住，正好宗垣不在家，母亲发愁无人料理家务，谁知弟弟站起身来，前前后后忙个不停，不一会儿就把吃饭的饭菜均安排妥当。母亲就给我说，弟弟不单业务上行、家务也行，正是全面的能干。

妈妈常夸赞弟弟喜欢看书，无师自通。早在小学毕业后的暑假，就天天去县图书馆。馆里的书几乎被他翻个彻底。我是女孩要帮助母亲做家务不能外出，就要弟弟把好看的书借回来大家读读。他看书很快，低头不作声就蹲在客厅与天井的门槛旁，目不转睛的看着，我连个书名还未认清他已经看完了。我叔叔好奇地对我母亲说，你可知道阿幸在看什么书？母亲以为弟弟看的是"坏书"，赶紧抢来一看，才知原来那是文言文的《聊斋志异》！大人们又以为他不一定读得懂，叔叔就带头考他，谁知他回答得一清二楚，字义也能一一解释，深为大家钦佩。由此以后，我们姐弟二人一有空就到一位藏书最多的亲戚家，因这家家长是位国外留学的学者，所以带回不少书籍，非常开放。在他那儿，我们接触了不少外国的文学读物。只一个暑假的工夫，便把他家所藏的中外儿童读物都看完，丰富了我们不少文学知识。

弟弟不单是从书本上学习知识，外出旅游时，各处的字画、对联他都能仔细读一遍，而且仔细得连各家塞门头上的题字也不放过。我家从门房进来的塞门头上有四个字"厚德积福"，当时我对此理解不深，只是模糊感到我们全家的福气应由"厚德"积来。那时正值抗战，全家三代，生活清贫。父亲远在后方，经过辗转逃难，母亲和我们子女四人，生活十分窘迫，但长辈们的种种善行德行对我们子孙都是良好的教育，可称"读书之家、规矩之家"。使我们孩子从小心灵上就产生了种种"德行"，并自然而然地认为"本应如此"。及至长大成人后每每和弟弟回忆、谈起这四个字的含义和教义，都有不约而同的体味，是这四个字，使我们深感受益匪浅。

和我们一起生活有祖孙三代，其中堂房姐妹三位，他们因其父（我们的叔父）有职有工资，生活相比好些。当他们穿上新衣、新鞋尚在吵闹，不满意时，祖父母就拍拍桌子，说"看人家大房（即我父亲这一房）的三个孩子穿的什么？"。其时我们穿的都是母亲将旧衣改做的，鞋底是母亲非常辛苦一针一线"纳"出来的。鞋面则是我（我是大姐）在母亲的指导下缝制的，连鞋面与鞋底缝合都不请鞋匠师傅去做，因为那是要花钱的。父亲远在后方，祖父母都十分担心，害怕父亲遭到意外而影响我们母子三人的生活。祖父几次都大声说:"不怕,不怕!大房有这三个孩子在就行!"。不过事实上,我们全家后来不单生活上不错,而且我们姐弟三人(共六人)都有了较好的成就,回报社会,完全可告慰长眠地下的先祖们。

弟弟对人非常体贴,市面上刚有薄的羽绒服卖(穿在紧身,保暖性特强)就让宗垣给我买一件寄到南京,我一穿上身,那股暖流何止是薄薄的羽绒所具有的?使我心里说不出的高兴和满意。真觉得弟弟与弟妹怎么为我想得这么周到?因此几年来常将此衣穿着。今后还会穿着,穿着它犹如弟弟、弟妹的温情在身。

在我援外前,弟弟特地买来三本英语基础课本,他知道我英语基础不好,还特地讲解学习要点,叮嘱外语的重要。因此在外的二到三年中,我非常努力学习外语,日常处处还学了不少口语,不单完成了任务,还有了可能调到外语要求较高的工作单位。

弟弟是位十分谦让忍耐的人。儿时一起生活,物质上十分困苦,但我们姐弟之间丝毫没有多沾别人、麻烦别人的想法和行为。每天饭菜总是有限,即使逢年过节也没有充足丰富的荤食。记得妈妈说过:鸡蛋哪能吃两个。生活中即使有不便或不舒服之处,他也十分忍耐,不愿麻烦别人。记得母亲有一次告诉大家十分的歉意的事:一次阿幸从外地回故乡度假,他第二天起床,母亲发现他身上有大大小小的疙瘩,便猜想是被蚊虫所叮。问及原因,他才笑着说痒得厉害,一夜都未睡好。早上起来检查床褥,才发现被褥中爬了很多的蚂蚁,而晚上没有仔细检查。母亲问他为何不早早叫醒她?弟弟却笑了笑说,睡上床已经为时不早,大家都很疲劳、尤其是母亲,把她叫醒更换铺褥岂不更增加她的疲劳,熬到第二天也就只我一人受点罪,不影响其他人了。母亲听了大声叹气"阿幸太刻苦自己了"。当时我们都很年轻,不懂得对别人的照顾,特别是体味不到当时母亲的操劳,要是此等事件轮在我身上,我将如何对待之,至今我还是常常追问自己。弟弟是十分能观察别人心理的人。记得那年援外前,住在北京的一个招待所里。别人都忙参观名胜古迹,特别是都去了长城。我心里十分羡慕,可是由于自己的体力和下肢关节不很健好，只能在城里附近能参观。奇怪的是，弟弟开口对我说，不必有介于心"不到长城非好汉"，并不是真正的"非好汉"。我大吃一惊，心想你怎么会知道我的心事？直到近十年以后，有机会去北戴河疗养，并去了长城的源头——老龙头，我爬上了长城的起始点，去信告知弟弟，我终于爬上长城了！他也为此非常高兴！

  弟弟对长辈十分孝道，尊重。父亲因为工作关系，平时不在家，生活中与母亲关系格外亲密，及至父亲过世后，母亲去北京小住一阵，回来还赞口不绝地称"住来住去（指住上海，扬州等地）还是阿幸处为妥当（适意）"，可见他善于照顾老人，体贴老人。也因此他和二位舅舅感情也十分亲密。但因生活不在一起，不能常常见面谈话，使二位舅舅总也十分挂念着他。其实弟弟不论和谁都能谈得很"投机"。

  在亲戚中，有位表弟从小学感情甚好，多年之后，表弟和弟妹知道一些弟弟的工作性质和重任，非常想念，双双赴京探望。想象中弟弟工作重要，又在如此的单位任职，生活想必良好。谁知到京一看，瞎了眼！那时弟弟夫妻二人却与一对老夫妇共居一套并不宽大的二居室套房，表弟夫妇的到来使他们的过夜都成了问题，但聪明的弟弟想到与多年未见的表弟有很多话要谈，但如何按排睡觉呢？并无别法，幸好床铺为双人铺，只好四人横过睡在床上，既满足了说话的需要，又不耽误休息。事后双方回忆起来，都禁不住为此良策而大笑！

胜年琐事

  关于胜年的优点我可能还有补充，但我考虑还应该想到他的"缺点"方面。他那脾气中是否有点"犟""倔"得很吗？虽然他考虑事情很周到，但他拿定了的主意，也不易更改。我的意思是要考虑得更"全面"些，因为成年后，我和他不生活在一起，工作更不搭界，就不易说明什么，只有你能了解。实际上他的工作我很不了解，母亲比我了解得多，（因他跟父母亲讲得详细），例如他在中风前曾去欧美跑了一大圈，母亲非常高兴地向榴伯姑说过，但回来不久就发生了中风事件，榴姑就说"母亲太高兴了！"，我当时也判断他太忙太疲劳了，人不可以一直这么"紧拉弦"的，必须要一松一紧的，这也是他的缺点，太刻苦自己，太不注意自己的健康，不过这也是那个时期知识分子都不太注意健康的重要，寿命都很短，弟弟中风后我曾说我做姐姐太没叮嘱你们了。

　　总之以前要像现在这样大大提倡保健知识就好，但胜年和你总有点要求自己过分。就像2004年我来京发现你们生活仍然那么规正，中午休息时间不长，下午2点起来正常工作，没有很多的休闲时间。晚上上床却又较迟，胜年已是如此一个病人，却仍同我们大家的休息时间，不是要求太高了吗？这是我的感觉，不知你们是如何想的，直到现在已如此，是无法挽回的了。

　　经验教训；对营养饮食的要求，主要缺乏保健意识，对孩子只重智力不重健康。虽说知识分子很欠卫生知识，一天三顿很不讲究，尤其缺乏蔬菜水果。记得2004年我看你们时一天给他吃个香蕉已经觉得不差了。

　　我们姐弟三人的体质完全是由于抗战时期经济过分贫穷。但也与母亲（来自于外祖父家）的过分在饮食上的节约有关。对孩子的（全家人的）健康饮食过于节约，不知道应该重视营养，母亲常挂在嘴边的一句话是"小孩子有什么营养不营养"（意思只有老人才要讲究）母亲曾告诉我说：现在吃得这么好（在抗战胜利后父亲已经回来），还嫌不好？要是在外祖父家，良舅小时候上学回来肚子饿了，将挂在篮子里的冷饭偷着吃，被外祖父见了要打一顿的。我听了就有毛骨悚然的感觉，天啊，孩子肚子饿了吃点冷饭要挨打？母亲说过蛋岂能吃两只？实际上完整的咸鸭蛋都不许孩子们一人吃一个的。这次太仓来的老亲表妹她提起母亲就不断的说"她太节约了"。其实我们一家也只有母亲的节约才能使靠父亲不富的工资维持一家的生活，父亲对其他人的支持是十分大气的。记得振弟考取哈工大，去东北时的行装都东拼西揍，学习的生活费用都由我和胜年按时寄去。振年在东北伙食十分节约，头发都白了。振年的手表还是寿叔送的，他来扬州好像连一条像样的裤子都没有。我工作太忙太忙，已经拿了一段布料准备给他做的，但又偏偏忘了，未有时间去加工，等他走了才发现，至今我心里十分地愧疚。另外，我对胜年也有抱歉之处，就是那年他即将出发去前苏联，52年的夏天，曾来信（或电）要我支持他一点钱，因那时盛行"阶级路线，阶级斗争"，他说"他已与父母划清阶级了"（左得可怜），出国时需要点"生活费用"，但不愿向父母亲去要，（也未告诉他们去前苏联）希望我能支持他一些。我那时正是处于毕业前，正在"实习"刚刚有一文件"实习生可以有每月30元的生活费"，我刚好拿了2个月60元钱，已经花去生活费10元，所剩50元，不久即将参加学习班统一分配了。弟弟来电甚急，即时出发，要我快快汇钱去，我心里好不为难，给他多少钱呢？心里有点小气，很快跑到邮局汇了20元。但刚刚寄出又后悔异常，为什么不寄30元呢？自己只计算着分配工作后要花费一定的钱，应该手上有点准备，但脑子很笨，他不向父母去"汇报"，我又为什么不去"汇报"呢？但事已如此，后悔也来不及了。一直到很久之后，我回上海见父母正在商讨买茶叶寄去前苏联胜年处，我才放了心。总之，这是我对胜年的一件很大的抱歉，心里好不惭愧，虽然此后他从未提起过。

　　胜年的聪明好学是过人的，是显著的。他半生中的学习和工作成就也是杰出的，是我们姐妹辈中望尘莫及的。但是他的健康问题也应该从中吸取经验教训，除家庭遗传病（强直性脊柱炎）外未能重视加强全身健康，保护自己，使之加重和加速了健康的消耗，和其他疾病的发生。纵观他的一生，如果在几个关键处或是在工作中能正确处理了自己的体力，健康的话，或许现在的身体健康就不至于如此糟糕了。对自己的健康的正确判断和处理又与正确处理自己的专业的重要关键有什么不一样呢？万事有轻重之分，原则与非原则之分，比如工作中的关键处，要用自己的精力脑力思考解决，但工作中的有些体力或在天气恶劣的环境，可以用别的办法解决的时候，又何苦去消耗自己的健康来办事呢？使别人感觉你在"逞能"，也就是"过左"了，要知道你的体力与健康应该要做出更有价值的结果才值得！因此健康（也即体力）的消耗应该有精密的计算和指导。不过在那年代社会上似乎对健康意识还未大力提倡和宣传，社会上不少中年知识分子过早的死亡，原因好像多半由于过劳和保健意识的缺乏。

另外弟弟的谦逊品质也实在非常难得，非但不作夸张还要将自己的成就隐藏，仅仅悄悄告诉母亲（连我都不知道）更不要说向别人吹嘘了，可怜的弟弟，至今你的亲人们（亲戚的还有很多不熟悉的同事和朋友们）都在说你过分谦虚！谦虚过份了，也就是太刻苦自己了！谦虚过份也是不好的，别人怀疑你"作秀"。

我和弟弟各自上大学以后，聚首一处的日子不多，只有书信或回到父母身边才了解一些。

（黄太年）

第五章　亲朋师生同事共缅怀

附录

附录1　黄胜年生平活动年表

1932年2月10日	诞生于江苏太仓县城。
1932年3月	因淞沪抗战逃难到无锡乡下。
1936年	在镇江入幼稚园。
1937年	抗日战争爆发，全家逃难到苏北泰州乡下。
1938年	逃难到上海，入浙江旅沪小学插班二年级。
1941年	先后转入上海阜泰小学和萨坡赛小学。
1942年	回到太仓，入城中小学六年级。
1943年	小学毕业考入太仓师范附中。
1946年	初中毕业后因病休学一年。
1947年	考入上海中学高中理科。
1950年7月	加入中国共产主义青年团。
1950年9月	高中毕业，考入清华大学物理系。
1952年4月	调入北京俄文专科学校二部学习俄语。
1952年7月	加入中国共产党。
1952年10月	赴前苏联列宁格勒大学物理系学习。
1955年	在前苏联科学院理论与实验物理研究所实习。
1956年	从前苏联回国，分配到中国科学院物理研究所（中国原子能科学院前身）中子物理研究室工作。
1959年	晋升为助理研究员。
1960年	担任中子物理研究室党支部书记，被评为模范共产党员。
1964年	10月下放到河南信阳劳动一年。
1969年	下放湖北"五七干校"先后在潜江、钟祥劳动两年三个月。
1971年	病休二年，其间曾去青岛燕儿岛休养三个月。
1976年	患强直性关节炎。

1978 年	晋升为副研究员,被聘为原子能研究所学术委员会委员。
1978 年	在江西庐山参加全国核物理大会。
1981 年	任中子物理研究室主任。
1982 年	赴比利时安特卫普参加国际核数据会议,会后应邀赴英国剑桥大学访问,并出席"中子发现五十周年国际学术大会"。
1983 年	提升为研究员。
1984 年	担任核物理研究所科技委主任。
1985 年	应聘为高等学校原子核物理教材编审委员会委员。
1985 年 4 月	应聘为国防科工委学术委员会委员,计量测试专业组成员。
1985 年	出席在美国举行的国际核数据大会,会后访问了洛斯阿拉莫斯和斯坦福大学 SLAC 和加州 LBL 实验室;会见了钚的发现者西博格教授。
1985 年	任核工业研究生部副主任。
1986 年	应聘为中国核数据委员会委员。
1987 年 4 月	应聘为《中国军事百科全书》核武器学科撰写人。
1987 年 7 月	去北戴河疗养。
1987 年 10 月	应聘为国家自然科学基金会物理学科评审组成员。
1988 年	应邀赴日本水户出席国际原子能专家咨询会议和国际核数据会议。
1990 年 1 月	应聘为全国自然科学名词审定委员会委员。
1990 年 3 月	被聘为北京大学、清华大学和北京师范大学原子核研究中心学术委员会委员。
1990 年 10 月	应邀出席在维也纳召开的国际原子能机构(IAEA)的专家咨询会,并到匈牙利德布累斯科苏斯大学访问。
1990 年	被聘为博士生导师。

1990年12月	任核工业研究生部主任。
1990年12月26日	突发脑溢血,导致半身瘫痪。
1991年	享受国家颁发的特殊津贴。
1991年	当选为中国科学院学部委员(院士)。
1992年	任原子能院学术顾问,核工业研究生部顾问。
1992年	参加钱三强诞辰八十周年及铜像揭幕仪式。
2009年	1月8日病逝。

附录2 黄胜年主要著作和论文目录

（一）主要著作

1. 物理学讲座（一）
   进步青年（原中学生杂志），1951

2. 裂变物理概况
   原子能科学技术，1961，No.6，286

3. 介绍一种新型的固体径迹探测器
   原子能，1966，No.6，404

4. 谈谈原子能
   科学实验，1974，No.12，453

5. 原子核裂变发现四十年
   光明日报，1978年12月

6. 反应堆上的核物理研究工作
   在中国科学院中子讨论会上的报告，北京，1979年1月
   光明日报，1978年12月

7. 串列加速器上的中子工作
   在串列加速器物理工作讨论会上的报告，北京，1981年11月

8. 串列加速器与中子物理实验
   光明日报，1986年6月6日

9. 核裂变

   中国大百科全书，物理学卷，北京，1987，543

10. 裂变同质异能素

    中国大百科全书，物理学卷，北京，1987，765

11. 科学技术研究

    当代中国的核工业，中国社会科学出版社，北京，1987，357-409

12. 近年来国际核数据测量的新进展

    中子核数据测量会议文集，成都，1988年4月8日至12日

13. 物理实验中优值问题的探讨

    中子核数据测量会议文集，成都，1988年4月8日至12日

14. 当研究生导师的点滴体会

    核工业高教研究，1990

15. 四海共欢腾 威振两万吨

    原子能院报，1990，No.428，4

16. 关于本底中子测量任务的前前后后

    核军工科研史资料汇编（内部资料）

    中国原子能科学研究院，1991，339-342

17. 中子物理研究室军工工作简况

    核军工科研史资料汇编，1991，330-333

18. 这张邮票上有个我

    中国集邮报，2002年12月31日，第7版

    中国老年报，2002年9月6日，第3版

19. 黄胜年自述

    院士自述，上海教育出版社，1995，175-176

20. 钱三强传记

    葛能全　黄胜年

    《钱三强论文选集》，科学出版社，1993，243-251页

21. 老师教诲终生难忘

    黄胜年

    《院士成才启示录》，广东科技出版社，2003，230-231

    《新世纪的嘱托》，上海教育出版社，1999，137-138

22. 研究生部十周年随想

    黄胜年

    《核工业研究生部——十年校庆专刊》，1995，6

23. 我们所知道的钱三强和何泽慧先生

    黄胜年　顾以藩

    《物理》，1997，26（6），380

24. 两件小事

    黄胜年

    《<夕阳红>——庆祝李毅九十华诞文集》，中国原子能科学院，2003，28-31

25. 原子核

    黄胜年

    《中国军事百科全书——核武器分册》，军事科学出版社，1990，16-17

26. 《黄胜年诗文集》

    原子能出版社，2007

（二）主要论文目录

1. 一个用于宇宙线研究的气泡室

    JETP，V.31，1956，No.5，911

2. 金属铀的本底中子测定

    内部报告，1964

3. 原子核裂变物理学（原子能译丛第一期，黄胜年等译）

    原子能出版社，北京，1957

4. 热中子引起铀235及钚239裂变时瞬时中子平均数目的相对测量

    原子能科学技术，1960，No.1，1

5. 铀235及钚239裂变中子能谱的测量

    物理学报，1962，V.18，467

6. 热中子引起铀235裂变的瞬时中子数目分布几率的测量

    原子能科学技术，1961，No.11，585

7. 铀238对裂变谱中子的全截面测定

   原子能所报告，1963

8. 铀238自发裂变中子数

   原子能，1964，No.7，595

9. 裂变谱中子引起铀235，钍232裂变时放出瞬时中子平均数目测量

   原子能科学技术，1964，No.1，1

10. 裂变碎块的电荷分布与碎块动能

    物理学报，1966，V.22，245

11. 铀238自发裂变瞬时中子数目几率分布

    物理学报，1974，V.23，46

12. 铀235瞬发中子平均数在快中子能区随入射中子能量的变化

    内部报告，1974

13. 铀238瞬发中子平均数在快中子能区随入射中子能量的变化

    原子能科学技术，1975，No.4，362

14. 载镉闪烁液体探测器

    射线物理测量方法会议资料汇编，原子能出版社，北京，1975，145

15. 铀233，铀234，铀236裂变中子平均数实验数据编评报告

    原子能所报告，hsj-770，1977

16. 氘的（n，2n）反应截面数据编评报告

    原子能所报告，hsj-77096，1978

17. 几种中子源性能的比较

    在核数据测量与评价工作会议上的报告，桂林，1980年10月

18. 原子核裂变（Vandenbosch，Huizenga 原著，黄胜年等译）

    原子能出版社，北京，1980

19. ^{252}Cf 自发裂变时发射的轻带电粒子

    原子能研究所年报，1980，28

20. ^{252}Cf 自发裂变瞬发中子能谱测量

    原子核物理，1981，V.3，163

21. 锎252自转移源的制备

    原子能科学技术，1982，No.1，12

22. 锎252自发裂变碎片的动能与质量分布

    原子核物理，1982，V.4，41

23. 锎252自发裂变长程 α 粒子能谱与碎片之间的关联

    原子核物理，1983，V.5，142

24. 锎252自发裂变碎片质量分布上的精细结构

    原子核物理，1983，V.5，289

25. 锎252自发裂变伴随发射的轻带电粒子能量与碎片之间的关联

    原子核物理，1983，V.5，298

26. Fission-Fragment Kinetic Energy and Mass Distributions for Cf-252 Spontaneous Fission

    Chinese Physics, 1983, V.3, 129

27. Correlation Between the Spectrum of Long Range Alpha Particles and the Fragments in the Spontaneous Fission of Cf-252

    Chinese Physics, 1983, V.3, 987

28. The Fine Structure on the Fragment Mass Distribution of ^{252}Cf Spontaneous Fission

    Chinese Physics, 1984, V.4, 641

29. Correlation between Light Charged Particle's Energy and Fragments in Spontaneous Fission of ^{252}Cf

    Proceedings "International Conference on Nuclear Physics" Florence, 1983, 613

30. 锎252自发裂变长程α粒子能谱的低能结构研究

    原子核物理, 1985, V.7, 64

31. 锎252长程α粒子伴随裂变关联性质的细致研究

    原子核物理, 1985, V.7, 112

32. 锎252轻带电粒子伴随裂变中子发射性质研究

    原子核物理, 1985, V.7, 289

33. Characteristics of Triton Accompanied Fission of ^{252}Cf

    Proceedings "International Conference on Nuclear Data for Basic and Applied Sciences", Santa Fe, 1985, V.1, 369

34. Cross Section of ^{209}Bi（γ，n）Reaction Induced by Fe Thermal Neutron Capture Gamma Rays
    Proceedings "International Conference on Fast Neutron Physics", Dubrovnik, May 26-31, 1986, 292

35. The Kinetic Energy Correlation and the Behaviour of Neutron and Gamma Ray Emission in Ternary Fission of ^{252}Cf
    International Conference on Nuclear and Radio-Chemistry September 1-5, 1986, Beijing

36. 锎252氕及α伴随裂变瞬发γ线的发射特性
    原子核物理，1987，V.9，113

37. ^{209}Bi（γ，n）反应光中子产生截面的测量
    原子核物理，1988，V.10，114

38. 铀235，238，钚239（n，2n）反应截面测量问题
    内部报告，1988

39. Neutron Multiplicity of ^{238}U Spontaneous Fission
    黄胜年　陈进贵　韩洪银
    IAEA Consultants' Meeting on "Physics of Neutron Emission in Fission", May 24-27, 1988, Mito

40. Neutron and Gamma-Gay Emission in ^{252}Cf Ternary Fission
    IAEA Consultants' Meeting on "Physics of Neutron Emission in Fission", May 24-27, 1988, Mito

41. Product Yields of ^{232}Th Photofission Induced by Monochromatic Gamma-Rays

   Proceedings of the International Conference on Nuclear Data for Science and Technology, 30 May–3 June, 1988, Mito, 1151

42. The Measurement of ^{252}Cf Spontaneous Fission Neutron Spectrum in the Low Energy Region

   Han Hongyin, Huang Shengnian, Meng Jiangchen, Bao Zongyu, Ye Zongyuan (IAE Beijing, China)

   Proceedings of the International Conference on Nuclear Data for Science and Technology, 30 May–3 June, 1988, Mito, 755

43. 7.64 MeV γ 射线诱发钍 232 裂变的裂变产额测量

   原子核物理，1988，V.10，244

44. 微型快裂变室的研制

   核电子学与探测技术，1989，V.9，1

45. Correlation Characteristics of Triton and Long Range Alpha Particle Accompanied Fission of ^{252}Cf

   The International Conference "Fifty Years with Nuclear Fission", April 25–28, 1989, Gaithersburg

46. Measurement of the Prompt Neutron Spectrum of ^{238}U Fission Induduced by 12 MeV Neutrons

   The IAEA Consultants Meeting on the "Physics of Nuclear Fission", Oct. 22–24, 1990, Vienna

47. The Measurement of the Ratio $\Gamma f/\Gamma n$ and the Fission Barrier Height for p + ^{209}Bi

　　　Chinese Journal Nuclear Physics, 1990, V.12, 55

48. Measurement of Prompt Neutron Spectrum of ^{238}U Fission Induced by 10 MeV Neutrons

　　　Beijing International Symposium on Fast Neutron Physycs, Sept. 9-13, 1991

49. ^{209}Bi（γ，n）反应光中子产生截面的测量

　　　原子核物理，1988，V.10，114

50. 7.64 MeV γ 射线诱发钍232裂变的裂变产额测量

　　　原子核物理，1988，V.10，244

51. Measurement of the Prompt Neutron Spectrum of ^{238}U Fission Induduced by 12 MeV Neutrons

　　　The IAEA Consultants Meeting on the "Physics of Nuclear Fission", Oct. 22-24, 1990, Vienna

52. ^{252}Cf 冷裂变瞬发 γ 发射线

　　　韩洪银　李安利　陈景华　黄胜年

　　　高能物理和核物理，1995，10（01），8-15

53. ^{252}Cf 三分裂的中子和 γ 发射反常现象

　　　韩洪银　黄胜年

　　　高能物理和核物理，1998，22（3），193-199

54. Measurement of Prompt Neutron Spectra of ^{238}U Fission Induced by 10.17 and 12.12 Mev Neutrons
   核科学与技术（英文版）1944 年 5 月

55. 一个适用于裂变关联实验的孪生屏栅电离室
   韩洪银　包宗渝　陈景华　黄胜年
   原子能科学技术，1992，26（4）

56. ^{252}Cf 微型裂变室
   孟江辰　黄胜年
   核电子学与探测技术，1989，9（1）。1-6

57. ^{252}Cf 三分裂中的中子和 γ 发射反常现象
   韩洪银　黄胜年　沈冠仁　乔　英　孙　钢
   高能物理和核物理，1998，（3），139-199

附录3　这张邮票上有一个我

黄胜年

　　一九五八年年底，我国发行过一套特种纪念邮票。共两枚：一枚是原子反应堆，面值是八分；第二枚二十分，是回旋加速器。有意思的是，我和另外三位同事，居然会出现在这枚八分的纪念邮票上。虽然人的图形太小，又是背面或侧面，不了解具体情况的人，不会知道那几个穿白大褂的小不点儿是谁。但我们自己当然不会不知道。就在几个月前，《人民日报》头版头条刊登了我国第一个原子反应堆和第一个回旋加速器建成的消息，并在同版发表了"堆"和"器"的照片。拍摄反应堆照片的时候，我们组刚巧在堆的水平孔道上做筹备实验。而邮票的设计者是以这两张照片为蓝本的。我们四人就这样"荣幸地"进入了人们的集邮册。

　　正是那年夏天，当"大跃进"运动开展得如火如荼的时候，我们中国原子能研究所由前苏联援建的"一堆一器"快要建成了。我记得反应堆第一次达到临界，是在六月下旬的某一天。那天我碰到钱皋韵（我的学长或"师兄"，实际上是半师半友）从101（即反应堆厂房的代号）出来，看他疲惫的样子，心知他与朱光亚先生等一批人正在没日没夜地做"开堆"实验、即反应堆最初的启动实验呢。出乎我意料，钱立刻兴奋地告诉我："中国的第一个链式反应已经有了。"因此我也算是第一批得到这一大好消息的人之一。所外的报刊登载此事要以参考消息为最早，那时北京城里正在举行一个共青团方面的会议，我们研究所当时共青团的书记任大明去参加了，他在那里讲了这个情况。大概是会上有境外记者吧，他们立刻作了报道。第二天参考消息就刊登了，并称任大明为"年轻科学家"。全所的同志是又高兴又好笑，笑的是任大明忽然当了"年轻科学家"！过了几天，《人民日报》等才一起发表，这似乎是"七一"前后的事。而堆、器正式验收，是国庆前四天，即九月二十七日。那天陈毅、聂荣臻和郭沫若等领导人来了，大会就在大食堂里召开。因为是正式的，十分隆重，第二天报纸的报道当然也应该非常慎重。不过发表的反应堆照片上，却出现了似乎不该出现的四个"小人"。我猜想，由于"大跃进"时，做事样样求快，当年绝大多数人又都年轻，选照片的人仓促之间，来不及仔细考虑，就用了前不久拍摄的这一张照片。事后看来，这几个"小人"的任务是利用反应堆水平孔道的中子束做物理实验的，对反应堆的建成本身并没有功劳，为何要放上他们呢？虽未突出这些人，但这样总不太好。正是这点仓促和考虑不周，把我们印上了邮票。此后从第二年开始，凡是正式的反应堆照片，都统统换成为另一张没有人的，但是邮票上的图形却已不能改动了。

下面可以谈谈邮票上的人。自右至左是：黄胜年；叶宗垣（女）；杨惠风；最后坐着的是王豫生（女）。前两人正在安装调整中子探测器，后二人正在调整电子线路。总起来说，我们四个是一个研究小组，由钱三强和何泽慧先生领导，当年正在筹备做裂变物理、特别是裂变中子的实验。反应堆初开时，只有很低的功率，但中子的强度比以前（没有反应堆时）用"钋—铍中子源"已经大得多了。利用反应堆的水平孔道，尤其是我们那个零号孔道（热柱）的中子束来作探测器的调整试验是很合适的。照片上记录的就是我们当时实验筹备阶段的一个画面。

40多年过去了，这四个人当然都有了不少的改变。杨惠风离开得最早，反应堆建成没过多久，他就被调到中国科技大学去了，后来又换了工作单位，早已没有联系。王豫生干校回来离开了我们，到另一个研究室去了；20世纪80年代又从我们研究所支援到深圳大学，现在仍在广东。差不多每过一两年她会到北京来出差，常有机会与我们见面。剩下的两个不走了，结为夫妇，并在原子能所（后改原子能院）终老了。

最后，讲一讲邮票本身的事。记得"文化大革命"前我曾经有过一枚（反应堆的），但经过当年的折腾，从干校回来，再也找不着了。80年代初，我偶然与一位曾经在我室工作过的曹德彰同志谈起这件事，并说如果有人愿意的话，我可以用几倍的价格来购买或交换（我虽然不集邮，但也有一些外国邮票）。这枚"原子反应堆"，对一般人并没有什么特别的意义，可对于我们来说，却是非常难得的。曹是集邮的，他有一些邮友，因此我托了他。过了一段时间，在他的介绍之下，一位不认识的朋友来到我办公室，拿出了这枚"原子反应堆"。我把抽屉里的邮票全部拿出来，请他随便挑选，要多少都可以。这位同志觉得不能多要，只是在曹德彰再三劝说之下（说明黄不是集邮的，对这些不在乎），才挑走了两三枚。于是我又成了这枚宝贝邮票的一个拥有者。

90年代，因故结识了一位族弟黄大年，他是抚顺师范学院的老师，十分博学多才。虽未见过面，但书信往来，颇为相得。去年曾提起他也是一个集邮爱好者，我把上述情况告诉了他。没料到回信中他详详细细地把有关资料统统提供给了我。我这才认识到此套邮票之不寻常。

这套邮票编号是特28，发行日期是1958年12月30日。

设计者有三人：孙传哲（浙江宁波人，新中国第一位邮票设计家，已逝世，曾师从徐悲鸿、潘玉良）；刘硕仁（北京人，新中国第一批专业邮票设计家，且夫妻同业。其妻卢天娇，上海人，新中国第一位著名的女邮票设计家，均健在）；吴建坤（陕西大荔人，新中国第一批专业邮票设计家，今健在）。

雕刻者：孙经涌；孙鸿年（新中国微雕名家，情况未作介绍，现均不详）。

以前我观察邮票画面的线条很细，自作聪明地认为有可能是钢笔画。读大年信，才知是珍贵的雕刻版（50年代邮票中往往采用的工艺，亦称微雕版，现在不大用了）。

文革除外，五六十年代一般题材的邮票设计，均为一（套）票一人，多枚一套的也是如此。有些特殊题材的，也有多人设计一套的，但孙、刘、吴三人联手，仅此一套。足见此套邮票题材意义之重大。在新中国邮票设计史上，是绝无仅有的。

上面这些名家，我大都不认识。（徐悲鸿当然知道，潘玉良也稍稍了解一点点。）但据大年所说："孙、刘、吴三人联手，仅此一套，"那就弥足珍贵了。

原载：中国集邮报　2002年12月31日　第7版
中国老年报　2002年9月6日　第3版